훌륭한 관리자의 평범한 습관들

MANAGEMENT MATTERS:
FROM THE HUMDRUM TO THE BIG DECISIONS 1/E

훌륭한 관리자의 평범한 습관들

조직을 관리하는 일, 사람을 책임지는 일

필립 델브스 브러턴 지음 | 박영준 옮김

어크로스

감사의 글

이 책에 등장하는 많은 아이디어를 소개해주신 하버드 경영대학원의 교수님들 그리고 애플의 조엘 포돌니에게 감사드린다. 그리고 이 방대한 주제에 대한 많은 대화를 함께 나눈 기업가 정신과 교육을 위한 카우프만 재단의 칼 슈람, 데인 스탱글러, 닉 세권에게 감사드린다. 그리고 루크 브리지먼과 제임스 라일에게도 감사드린다. 관심을 가져주고 편집 및 아이디어에 도움을 준 파이낸셜 타임스의 알렉 러셀, 라비 마투, 해리엇 아놀드, 엠마 제이콥스, 고탐 멀카니에게도 감사드린다. 이 프로젝트를 시작할 수 있도록 해준 리즈 구스터, 승인의 도움을 준 리처드 피그덴, 작업을 마칠 수 있도록 도와준 니콜 이글턴과 멜라니 카터에게도 감사드린다. 그리고 언제나처럼 내 가족에게 감사를 표한다.

차례

PLAN

MEASURE

COORDINATE

SUCCESS

프롤로그

부사장과 청소부의 차이

1999년 섹스 스캔들로 대통령 자리를 내놓아야 할 위기에서 가까스로 벗어난 빌 클린턴Bill Clinton은 미 항공우주국NASA에 특별한 요청을 했다. 달 착륙 30주년 기념일에 즈음해 36억 년 묵은 달 암석 한 조각을 대통령 집무실 책상 위에 놓아둘 수 있게 해달라는 것이었다. 당시 백악관 내에서 열린 회의들은 험악한 분위기 속에서 진행되었다. 사람들은 모두 클린턴 대통령에게 화가 나 있었다. 워싱턴 정가에도 긴장감과 적대적 정서가 높아져 있었다. 이런 상황에서 달 암석은 사람들이 냉정을 되찾도록 해주었다. 클린턴은 이렇게 회고했다. "사람들이 또 흥분하기 시작하면 나는 이렇게 말했지요. '여러분, 여기 36억 년 된 돌덩어리를 보세요. 이 모든 일들도 곧 지나갈 겁니다. 잠시 쉬면서 흥분을 가라앉혀요. 그리고 이 상황에서 가장 합리적인 방안이 무언지 상의해봅시다.' 달 암석은 놀라울 정도로 분위기를 차분하게 만드는 효과를 발휘했습니다." 클린턴의 이야기는 기지 넘치는 관리의 전형을 보여준다.

축구팀 맨체스터 유나이티드 감독이었던 알렉스 퍼거슨Alex Ferguson 경은

2011년에 감독 취임 25주년을 맞이했다. 감독 재임 기간이 평균 2년 정도인 프로축구 세계에서 퍼거슨의 장수와 성공은 깊은 존경을 불러일으켰다. 영국의 신문들은 퍼거슨에 대한 찬사로 가득 찬 기사를 실었다. 경쟁팀이었던 사람들은 퍼거슨이 경기에서 보여준 우수한 전술적 역량에 대해 언급한 반면, 같은 팀에서 뛰었던 선수들은 대부분 관리자로서의 재능을 칭찬했다. 그는 선수들의 생각을 읽고 각자에게 가장 필요한 도움을 제공함으로써 최선의 경기력을 이끌어내는 능력이 탁월했다고 한다.

주변 사람들은 영국 글래스고의 가장 낙후된 지역에서 자라난 퍼거슨이 소년 시절부터 품었던 승리에 대한 '배고픔'을 성공 비결로 꼽았다. 퍼거슨은 그동안 수많은 우승컵을 들어 올렸지만 여전히 경기에서 패한 날은 잠을 이루지 못하고 울분을 터뜨렸다. 그러다 새벽이 찾아오면 그날의 패배에서 어떤 교훈을 얻어야 하는지 생각했다. 그는 자신이 세계화의 충격, 치솟는 선수들의 몸값, 스포츠 과학의 혁신 등 쉴 새 없이 불어닥친 변화에 잘 적응해왔다고 말한다. 퍼거슨에 따르면 관리란 고정된 기술이 아니다.

한편 경쟁팀 리버풀의 케니 달글리시Kenny Dalglish 감독은 '언제나 한결같은' 퍼거슨의 자세가 성공의 열쇠라고 말했다. 퍼거슨이 지닌 덕과 원칙은 결코 변하지 않았다. 다시 말해 그는 핵심적 요소에는 손을 대지 않은 채, 꼭 변화가 필요하다고 생각되는 부분만을 바꾸어왔다.

퍼거슨의 습관은 다른 사람들에게도 많은 영향을 미쳤다. "감독님은 팀에 생기를 불어넣습니다." 이전에 같은 팀이었던 한 선수는 이렇게 말했다. "감독님은 매일 아침 누구보다 먼저 클럽에 도착합니다. 그리고 늘 승리를 열망하지요. 그런 태도는 다른 사람들에게도 전파됩니다." 하지만 모두가 그의 습관을 즐겁게 받아들인 것은 아니다. 역시 같은 팀 선수였던 스티브 브루스Steve Bruce는 퍼거슨이 선수들에게 동기를 유발하기 위해 소위 '헤어드라이어 요법'을 사용했다고 말한다. "감독님은 선수들의 면전에 대고 소리를 지르곤 했지요. 선수들도 대꾸를 하지만 결국 그 언쟁에서 승리하는 사람은 언제나 감독님이었어요. 사실 그게 당연하고요. 감독님의 말은 선수들을 더 훌륭하고 강하게 만들기 위한 채찍이니까요." 하지만 퍼거슨은 해당 선수에게 나쁜 감정을 품는 일이 절대 없었다. 단지 다음번에 그 선수가 더 좋은 경기를 보여주기를 바랄 뿐이었다.

TV 드라마 〈오피스The Office〉를 제작한 릭키 제바이스Ricky Gervais는 이렇게 말한다. "관리의 핵심은 솔직함과 공정함입니다. 당신이 직원들의 잘못을 지적한다면 그들이 좋아하지는 않겠지요. 하지만 그렇게 해야 그 일이 당신에게 더 큰 문제가 되어 돌아오지 않는 겁니다."[1] 사람을 관리하는 일은 이처럼 모순되는 요소들로 가득하다. 어떤 관리자들은 목소리를 높이지 않고도 직원들에게 스스로 모범을 보임으로써 조직을 발전시킨다. 반면 지속적으로 긴장감과 불편한 분위기를 만들면서 성공하는 관리자들도 있다. 애플Apple의 창업자이자 CEO였던 스티브 잡스Steve Jobs는 직원들이 일을 더 잘하도록 만들 수만 있다면 모욕하고 상처 주는 일쯤은 당연하다고 생각했다. 직원들이 자신을 친근하게 여기는 것을 즐기는 관리자가 있는 반면, 직원들이 자신을 존경하거나 심지어 두려워하기를 바라는 관리자도 있다. 또 혼자 모든 일을 해결하려는 관리자도 있지만 대부분의 일을 부하 직원에게 위임함으로써 성공을 거두는 관리자도 있다.

잡스는 새로운 부사장을 임명할 때마다 그 사람의 일과 건물 청소부의 일이 어떻게 다른지 비교해서 말하곤 했다. 만일 쓰레기통이 제대로 비워지지 않았다면 잡스는 청소부를 불러 그 이유를 물어볼 것이다. 청소부는 쉽게 이유를 댈 수 있다. 예를 들어 사무실 문의 자물쇠를 바꾸었는데 아직 새 열쇠를 받지 못했을지도 모른다. 청소부의 경우라면 충분히 납득할 만한 이유다. 그에게는 스스로 열쇠를 구할 수 있는 권한과 수단이 없기 때문이다. "당신이 청소부라면 그 이유는 매우 타당합니다." 잡스는 새 부사장에게 이렇게 말하곤 했다. "하지만 청소부와 CEO의 중간 어디쯤 단계에 이르면 그 핑계는 더 이상 합당한 사유가 되지 못합니다." 잡스는 누구라도 부사장이 되는 순간 이미 루비콘 강을 건너는 것이라고 믿었다. 다시 말해 그에게는 더 이상 실패에 대한 변명이 용납되지 않는다. 이제 그는 책임자다. 요컨대 그에게 주어진 일, 그리고 그가 하겠다고 약속한 일이 목표한 대로 이루어지지 않았다면, 실패를 초래한 문제가 무엇이든 간에 모든 책임은 그의 몫이다.[2]

관리자들은 잡스가 말한 루비콘 강의 양 기슭 어느 쪽에라도 위치할 수 있다. 어떤 관리자들은 자신의 업무를 실행하기 위해 필요한 권한과 자원을 충분히 가지고 있다. 반면 권력과 책임이 제한적인 관리자들도 있다. 하지만 둘 중 어느 쪽이든, 성공하고 싶은 관리자라면 애플의 부사장처럼 자신이 업무를 잘 수행할 수 있다는 것을 보여주어야 한다. 또한 당면한 문제를 가장 잘 해결할 수 있는 사람이 바로 자신이라는 사실도 입증해야 한다. 일본의 전설적인 기업가 시부사와 에이치澁澤榮一는 관리의 본질이란 직위나 돈이 아니라 책임이라고 말했다.

이것이 바로 우리가 정의하는 관리의 핵심 개념이다. 기술이 변화하듯 역할도 변화한다. 오늘 당신에게 여러 사업부를 '통합'하는 업무가 주어졌다가도 내일은 오직 한 부서에만 집중하는 업무를 하게 될 수도 있다. 또 어떤 프로젝트를 진행하기 위해서는 해외 지사에서 근무하는 사람들을 관리해야 하는 경우도 생긴다. 프로젝트 마감 시한에 대해 논의하려면 각기 다른 시간대에 있는 직원들과 화상 회의를 하는 방법밖에는 없을 것이다. 반면 어떤 프로젝트는 같은 사무실에서 일하는 직원 중 다섯 명쯤을 선발한 뒤 바로 옆에 있는 회의실에 다함께 모여 향후 2년간의 계획을 수립해야 할지도 모른다. 또 기존의 사업을 원상태로 되돌려야 하는 상황이 발생할 수도 있지만 새로운 사업을 밑바닥부터 시작해야 할 수도 있다.

조직의 경영진은 전략을 수립하고 직원들에게 이를 전달함으로써 보다 높은 차원의 방향을 제시하는 역할을 한다. 하지만 경영진의 지시사항을 실행해 제품을 개발하거나 재무적 성과 등의 결과물로 만들어내는 일은 조직 곳곳에 위치한 관리자들의 책임이다.

쉽게 말해 관리자에게는 수많은 능력이 요구된다. 그럼에도 불구하고 사람들은 관리자들의 존재 가치에 의문을 품는다. 중간 관리자의 시대가 끝났다는 뜬소문은 그들의 스트레스를 가중시키고 업무에 과도하게 몰입하도록 만든다. 관리자들의 업무를 대체할 새로운 기술이 개발된다는 이야기도 들려온다. 말하자면 임원들과 실무 직원들을 직접 연결시켜줄 관리 소프트웨어, 보고서나 프레젠테이션 자료를 만들어주는 업무 시스템, 그리고 외국의 값싼 인력을 활용한 행정업무 지원 등이 활용될 것이라는 의미다. 관리자라고 불리는 사람들은 지난 세기의 유물이며 얄팍한 제너럴리스트generalist(여러 분야에 대한 지식과 경험을 두루 지니고 있는 사람—옮긴이)에 불과하다는 조롱도 있다. 다가올 미래는 한때 모든 것을 좌지우지했던 공룡 같은 관리자들의 몫이 아니라 창조자나 혁신자의 시대라고도 한다.

이런 관점을 뒷받침하는 증거들도 속속 등장하고 있다. 오늘날 기업들의 고위 경영진은 재무 성과에 따라 엄청난 인센티브를 받기도 한다. 반면 중간 관리자들의 급여는 정체된 지 오래다. 고위 경영진이 되기 위해서는 반드시 중간 관리자 경력을 쌓아야 한다고 생각하던 시대도 있었지만 다 옛날 얘기다. 요즘에는 외부에서 영입한 전직 컨설턴트나 MBA 출신 젊은이들이 중간 관리자로 오래 근무한 직원들의 상사로 부임하는 경우가 흔하다.

하지만 창조적인 실무 인력과 경영진으로만 구성된 조직, 즉 중간 관리자가 없는 조직을 만든다는 기업들의 아이디어는 결코 바람직하지 않다. 사실 이런 논쟁은 경제사가 앨프리드 챈들러Alfred Chandler가 1977년에 저술한 책《보이는 손The Visible Hand》에서 관리자에 대해 언급한 구시대적 발상에 그 뿌리를 둔다. 챈들러는 19세기에서 20세기 사이에 번창한 미국 기업들을 대상으로 관리자의 직무를 분석했다. 이에 따르면 관리자들은 주로 조정을 담당했다. 즉 경영진과 생산직 노동자들 사이에서 정보를 전달하고 경영진이 설계한 효율적인 시스템을 수행함으로써 영업 인력 관리 향상, 비용 절감, 유통망 개선 등의 효과를 거두는 일이 관리자의 주된 일이었다.

물론 기술 발달로 그런 역할들을 사람보다 훨씬 효율적이고 저렴한 비용으로 해낼 수 있는 시스템들이 개발되었다. 하지만 기업들의 욕구는 살아 있는 생물처럼 매우 다양하게 전개되고 있다. 오늘날 기업들은 챈들러가 묘사했던 거대하고 계층적인 구조에서 보다 복잡하고 적응력이 뛰어난 조직체로 변화했다. 이런 조직구조에서는 관리자들의 역할이 오히려 더욱 중요해진다. 기술이라는 거대한 힘으로도 해결할 수 없는 일들은 여전히 많기 때문이다. 예를 들어 기술만으로는 CEO에게 회사의 모든 운영 현황을 상세하고 명확하게 보여줄 수 없다. 또 우수한 영업 사원이 회사에 어떤 불만이 있는지, 경쟁사가 새로운 제품을 출시할 예정인지 여부를 알아낼 수도 없다.

2008년에 발생한 금융 위기는 경영진이 조직 내에서 벌어지는 일들에 대해 얼마나 무지한지를 명백하게 드러내는 계기가 됐다. 그들은 재무 모델이나 컴퓨터로 작동하는 위기관리 시스템만을 지나치게 신뢰한 나머지 일선 관리자가 들려줄 수 있는 경고를 무시했다. 은행들은 상환 능력이 없는 사람들에게 대출을 남발했고 이에 대한 위험도 과소평가했지만 아무도 이를 지적하지 않았다.

기업의 경영진은 여전히 관리자들에게 의지한다. 그들이 회사의 현황을 정확히 알려주고 수시로 발생하는 긴급 상황들을 처리하기 때문이다. 오늘날의 관리자들은 더욱 유능한 해결사가 되어야 한다. 즉 역동적인 상황들을 관리하는 능력을 갖춰야 하며, 언제 어디서 문제가 발생해도 현명하게 대처해야 한다. 관리해야 하는 사안들은 계속 바뀌지만, 그 모든 일들은 언제나 중요하다.

MIT 교수이자 《고속의 우위The High-Velocity Edge》의 저자인 스티븐 스피어Steven Spear는 기업과 군대, 그리고 인체 사이의 비유를 설득력 있게 들려준다. 오늘날의 전쟁 방식이 아무리 발전했다 해도 군대에는 장군들과 일선 사병들을 연결해주는 하사관이나 장교들이 반드시 필요하다. 또한 인체에도 세포, 조직, 기관들을 뇌와 연결시켜주는 중간 단계의 관리 체계가 있다. 만약 세포와 뇌가 직접 소통하는 구조라면 그것은 단순히 실제 사람의 신체와 다르다는 점을 떠나 대단히 비효율적일 것이다.

바슈롬Bausch & Lomb의 회장으로 제약 업계에서 잔뼈가 굵은 경영자 프레드 하산Fred Hassan은 다음과 같이 썼다. "CEO는 회사의 성공과 실패를 좌우하는 관리자들에게 투입하는 시간이 너무 적다. 내가 말하는 관리자란 매장 책임자, R&D 조직이나 영업 조직의 리더, 레스토랑 체인점이나 콜센터의 매니저와 같은 일선 관리자들이다." 하산은 또 이렇게 말한다. "그들은 직원들에게 동기를 부여하거나 사기를 북돋고, 제품을 설계, 제작, 판매하며 고객에게 서비스를 제공하는 등의 핵심적인 업무를 수행한다."[3]

세상의 모든 관심은 CEO들이 독차지하지만 회사의 전략을 실행에 옮기는 주체는 관리자들이다. 하산은 CEO들이 수박 겉핥기와 같은 관리 방식에서 벗어날 필요가 있다고 말한다. 즉 관리자들이 가장 효율적으로 업무를 수행할 수 있도록 함께 실무에 참여해야 한다는 것이다. 기업들이 유례없이 빠른 속도로 변화하고 있는 현실에서 CEO들은 말단 직원의 업무까지 꿰뚫고 있어야 한다. 그리고 '열정적인 추진자'들, 즉 회사의 낡은 관리 방식에 문제를 제기하고 새로운 방법을 모색할 수 있는 관리자들을 찾아내야 한다. 회사가 훌륭한 전략을 수립했다고 하더라도 이를 실행에 옮길 관리자들에게 충분히 동기부여가 되지 않거나 적절한 자원이 주어지지 않는다면 그 전략은 결국 실패로 돌아가게 된다.

하산은 CEO들에게 고객이나 전략 기획팀을 만나듯이 각각의 사업을 담당하는 일선 관리자들과 수시로 대화하라고 권한다. 그는 셰링 플라우 Schering- Plough에서 CEO로 재임하던 시절 그런 회의를 자주 만들었다. 회의 안건들은 언뜻 보면 사소한 사안들이었다. 한번은 러시아에서 근무 중인 영업 사원들이 새로운 직원이 입사할 때 회사 차량을 지급받는 데 너무 오랜 시간이 걸린다고 불평했다. 겉보기에는 별거 아닌 문제처럼 보였다. 그러나 하산이 이 사안을 좀 더 자세히 검토하자 보다 본질적인 문제가 드러났다. 소위 업계에서 잘나가는 영업 사원들은 고객을 만나러 갈 때 버스를 이용하고 싶어 하지 않았다. 그들의 해결책은 간단했다. 입사 후 즉시 차량을 지급해주는 회사를 찾으면 그만이었다. 그러므로 문제의 핵심은 차량 자체가 아니었다. 이로 인해 최고의 영업 사원들을 경쟁사에 빼앗기고 있었던 것이다. 직원들이 차량 지급 절차에 불만을 품었다는 사실은 회사 전체에 만연하던 관료주의적 문제점을 보여주었다. 과도한 서류 작업이나 지나치게 많은 규칙 등이 회사의 성장을 가로막고 있었다. 결국 이 작은 문제 하나는 셰링 플라우의 러시아 사업부 전체에 대한 대대적인 개선 작업으로 이어졌다. 그리하여 회사를 더욱 유연하고 기업정신에 충실하게 만들어 고도의 성장을 이루어냈다. 하산에게 영업 사원의 불만을 자동으로 알려줄 수 있는 기술은 어디에도 없을 것이다.

결국 관리자들이 앞으로도 계속 살아남을 수 있는 이유는 그들의 존재가치를 비난하는 사람들이 관리자의 가장 큰 약점이라고 지적하는 요소, 즉 인간적인 본성 때문일 것이다. 기술 발전과 함께 비즈니스는 걷잡을 수 없이 빠르게 변한다. 인간은 그러한 변화에 가장 잘 적응할 수 있는 완벽한 관리 도구다. 그들은 배우고, 이끌고, 변화시키고, 흥정하고, 계산하고, 설득하고, 표현하고, 격려할 수 있는 능력을 갖췄다. 관리자들은 결코 사라지지 않을 것이다. 그들은 모든 경영진이 원하는, 기업에 살아 움직이는 활력을 제공하는 존재이기 때문이다.

관리자들에게는 많은 재능이 요구된다. 그들은 경우에 따라 스페셜리스트specialist(특정 분야에 정통한 전문가—옮긴이) 또는 제너럴리스트, 배우는 사람 또는 가르치는 사람, 협업하는 사람 또는 혼자 일하는 사람, 이끄는 사람 또는 따라가는 사람의 역할을 모두 수행해야 한다. 또한 항상 새로운 지식을 습득함으로써 자신을 유용한 존재로 만들어야 한다. 예전 같았다면 나는 이 책의 1장 제목을 '자신의 경력을 관리하라'라고 붙였을 것이다. 하지만 경력을 관리한다는 것은 사실상 자신이 통제할 수 있는 한계를 넘어서는 일이다. 당신이 관리할 수 있는 대상은 자기 자신이다. 그러면 그에 걸맞은 경력이 저절로 따르는 법이다.

당신이 관리자라면 '조직의 수평화'에 좀 더 관심을 가져야 할 것이다. 전통적인 계층형 조직을 고집하는 기업은 점점 사라지고 있으며 그에 따라 관리자 한 사람이 해야 할 일은 더욱 늘어나는 추세다. 관리자는 단순히 남들을 관리하는 사람이 아니라 그들을 이끄는 사람이 돼야 한다. 존 코터John Kotter 교수는 리더십이란 변화에 대처하고, 조직이 준비를 갖추게 만들며, 구성원들이 모든 불확실성과 새로운 것들에 대한 충격을 극복할 수 있도록 관리하는 일이라고 기술했다.[4] 그는 성공적인 리더가 되기 위해서는 다음 3가지 임무를 수행해야 한다고 역설한다. 첫째, 미래에 대한 비전을 개발하고 그 비전을 어떻게 달성할지 결정함으로써 조직의 방향을 수립하는 일. 둘째, 자신이 옳다고 믿는 일에 대해 다른 이들과 소통하고 설득함으로써 사람들을 결속시키는 일. 셋째, 변화를 가로막는 정치적·관료적·경제적 장애물을 극복할 수 있도록 직원들을 동기부여하고 독려하는 일.

이 3가지 중 어느 것도 쉽지는 않다. 또한 그 일들을 이루기 위해서는 새로운 전략과 실행 계획을 세울 지적 능력이 필요하며, 다른 사람들의 참여를 이끌어낼 힘도 있어야 한다. 새로운 무언가를 배우고 재능을 발전시키고 싶어 하는 관리자라면 어려운 임무에 열정적으로 도전할 수 있어야 한다. 만만해 보이는 목표를 설정하고 이를 손쉽게 달성하고 싶은 유혹은 항상 있지만, 당신이 가장 많은 것을 배울 수 있는 기회는 가장 전략적이고 전술적인 문제, 또 가장 인간적인 문제를 다룰 때 주어진다. 실전에서 단련된 사람만이 빠르고 성공적인 경력을 쌓는 법이다.

변화에 신속히 적응하기 위해서는 자신이 강점이라고 여기는 부분을 어느 정도 포기할 수도 있어야 한다. 여러 연구 결과에 따르면, 충분한 잠재력을 지니고도 훌륭한 경력을 쌓는 데 실패한 관리자들은 자신만의 강점, 즉 기술적 재능이나 다른 사람을 설득하는 능력 등에 지나치게 의존했기 때문에 그 강점들이 오히려 '치명적 결함'으로 작용한 경우가 많다고 한다.[5] 반면 성공한 관리자들은 항상 새로운 기술을 배우고 스스로를 개선하며, 상황에 대한 적응력을 높이기 위해 자신의 한계를 넘어서려는 노력을 멈추지 않는다. 그들은 자신에게 닥친 변화의 충격을 이겨냈다는 사실에 만족하지 않고, 차분하게 그 일들을 되돌아보고 거기에서 삶에 유용한 진실을 발견하는 자세를 보인다.

최근 유행처럼 쓰이는 용어 중 하나가 '확장 업무stretch assignment'다. 요컨대 사람들은 업무를 수행하기 위해 자신을 최대한 확장해야 하는 경우가 많다. 그 말을 조금 더 노골적으로 표현하자면 당신은 관리자로서 언제라도 자신을 수천 조각으로 기꺼이 쪼개야 한다는 의미다. 그리고 그 모든 조각들이 다시 합쳐졌을 때 더욱 강하고 훌륭한 자신이 완성된다는 사실을 깨달아야 하는 것이다.

성공적으로 경력을 관리하려면 용기가 필요하다. 당신은 꾸준한 발전과 전환을 가져다줄 극적인 변화를 따르고, 자신의 성과에 대한 비판을 기꺼이 받아들일 수 있는 강인함을 길러야 한다. 이 모든 것은 자기 자신을 오롯이 이해하는 일로부터 시작된다.

MANAGEMENT MATTERS

1

자기 관리 Managing Yourself

나, 가장 중요한 자원의 관리

당신이 삶의 변화를 원한다면 보다 구체적인 목표를 정해서 스스로를 살피고 관리해야 한다. 말하자면 자기 자신을 '성공'이라는 결과물을 만들어내기 위한 일련의 제조 과정으로 여길 필요가 있다는 뜻이다.

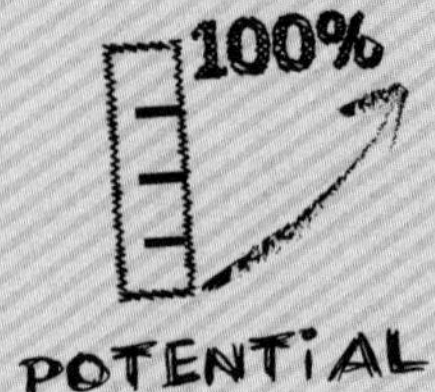
100%
POTENTIAL

다른 사람을 어떻게 관리해야 할지 묻기 전에, 우리는 자신을 어떻게 관리할지 생각해보아야 한다. 우리 개개인은 결국 '나'라는 조직체의 관리자다. 우리는 몸과 마음을 어떻게 다스릴지 스스로 선택하고 시간과 에너지, 감정과 경제적 자원 등을 어떻게 사용할지 결정한다. 누구에게나 자신만의 대차대조표가 있다. 거기에는 다양한 형태의 자산과 부채, 그리고 개인의 발전 여부를 가늠하는 손익 계산서가 포함된다. 우리는 고생한 대가가 다음 날 주어지리라는 사실을 알기 때문에 오늘 밤에 잠을 자는 대신 늦게까지 일하기로 한다. 늦잠을 잘지, 혹은 아침 일찍 일어나 조깅을 할지 선택하는 일도 스스로의 몫이다. 짜증을 낼지 인내심을 발휘할지, 안절부절못할지 침착한 태도를 보일지 등과 같은 마음가짐 역시 스스로 선택한다. 우리는 사무실에 스마트폰을 두고 회의에 참석할 수도 있고, 아니면 회의 시간 내내 스마트폰만 만지작거리며 시간을 보낼 수도 있다.

자기를 어떻게 관리해야 하는지 이해하는 일은 다른 사람을 관리하는 일의 출발점이다.

1

Managing Yourself

나를 점검하라

자신을 관리하는 첫 번째 단계는 자신의 삶에 대한 정밀한 회계감사會計監査를 실시하는 일이다.

EXERCISE

한 주 동안 당신이 했던 모든 일들을 구체적으로 기록해보라. 몇 시에 잠자리에서 일어나며, 출근 준비를 하는 데는 얼마나 시간이 걸리는가? 신문은 직장에서 보는가, 아니면 집에서 읽는가? 직장 생활은 어떤가? 계획을 세워서 일하는가, 긴급 상황들을 처리하느라 계속 바쁜가? 메일은 수시로 확인하는가, 아니면 몇 시간에 한 번씩 모아서 체크하는가? 회의에는 적극적으로 참여하는가? 업무 메모는 어떤 식으로 하는가? 누구와 얼마나 오랫동안 대화를 나누는가? 점심 식사로 무엇을 먹고, 식사 시간은 얼마나 걸리는가?

이와 같은 정보들을 모두 나열한 다음, 스스로에게 2가지 질문을 던져보라. 첫째, 나는 시간을 효율적으로 사용하고 있는 걸까? 둘째, 내 능력을 최대치로 끌어올려 중요한 업무를 성공적으로 수행하려면 어떤 점을 바꿔야 할까?

리더십 전문가 워런 베니스Warren Bennis는 이런 식의 자기 성찰이 관리자의 삶에서 매우 중요한 역할을 한다고 역설한다.

> 삶의 경험을 되돌아보는 행위는 자기 자신과 소크라테스식 대화를 나누는 일과 같다. 나 자신과 내 삶에 대한 진실을 발견하기 위해 적절한 때에 적절한 질문을 던지는 것이다. 어떤 일이 벌어졌나? 그 일은 왜 생겼나? 그 일은 내게 어떤 영향을 미쳤나? 내게 어떤 의미가 있는 일인가? 이런 식의 질문을 통해 자신에게 필요한 지식을 찾고 이를 적절히 활용할 수 있다. 보다 정확히 말하면, 이런 과정을 통해 자신이 잊고 있던 지식을 되찾음으로써 괴테의 표현대로 '모루보다는 망치 같은' 능동적 인간이 될 수 있는 것이다.[1]

당신이 삶의 변화를 원한다면 보다 구체적인 목표를 정해서 스스로를 살피고 관리해야 한다. 말하자면 자기 자신을 '성공'이라는 결과물을 만들어내기 위한 일련의 제조 과정으로 여길 필요가 있다는 뜻이다. 예를 들어 담배를 끊고자 할 때, 금연하겠다는 다짐만으로는 부족하다. 의지만으로 해결되는 문제는 거의 없다. 당신이 해야 할 일은 가장 담배를 피우고 싶은 순간이 언제인지를 파악하고, 그 순간을 효과적으로 벗어날 수 있는 방법을 찾는 것이다. 만일 모닝커피를 마실 때 담배를 피우고 싶은 생각이 가장 간절하다면, 커피를 마시지 않으면 된다. 또는 회사 동료들이 아침마다 담배 한 대만 피우자고 당신을 유혹한다면, 그들이 찾아올 때쯤 자리를 비우는 방법도 있다. 말하자면 사람이든 환경이든 당신이 변화시키고자 하는 것을 방해하는 핵심 요인을 파악하고 이를 참아내거나 피하는 일이 중요하다. 오직 이런 방법을 통해서만 새롭고 긍정적인 습관을 정착시킬 수 있다.

이 방식을 실천하는 사례를 확인하고 싶다면 딜런시 스트리트 재단Delancy Street Foundation의 경우를 살펴보라. 이 훌륭한 단체는 절도범, 마약 중독자, 매춘부, 폭력배 등 밑바닥을 전전하는 사람들을 돕기 위해 1970년대 샌프란시스코에서 설립되었다. 재단에 기거하는 사람들 대부분은 전과가 있으며 몇 년씩 노숙 생활을 해왔다. 딜런시 스트리트 재단에는 전담 치료사가 없다. 재단에서 다른 사람들을 돕는 이들은 남보다 조금 일찍 갱생의 과정을 밟고 있는 사람일 뿐이다. 즉 딜런시 스트리트 재단은 그곳에 머무는 사람들이 서로를 돌보도록 만든다. 그들은 일터에서 함께 일하고, 함께 음식을 만들고 청소를 하며, 항상 다른 사람들의 행동에 관심을 갖고 과거의 나쁜 습관으로 되돌아가지 않는지 주의 깊게 살핀다.

"이들은 그야말로 삶의 바닥까지 던져졌던 사람들입니다." 미미 실버트Mimi Silbert의 말이다. 그는 재단이 창립된 이후 줄곧 이 단체를 이끌어왔다. "그들은 분노와 무기력에 빠져 있습니다… 그리고 모든 사람을 미워하지요. 타인뿐 아니라 자기 자신까지도 미워하는 거예요. 하지만 그 사람들이 과거에 어떤 일을 했는지는 우리에게 중요하지 않습니다. 세상 모두가 실패자라고 손가락질하는 사람들이 바로 우리가 돕는 대상이에요… 우리의 기준은 단 하나, 그들이 변화를 절실하게 원하고 있는가 하는 겁니다."[2]

실버트 박사는 딜런시 스트리트 재단에 들어온 사람들이 더 이상 이런 저런 핑계를 늘어놓도록 놔두지 않는다. 단지 삶의 모든 부분을 바꾸어 새로운 습관을 만들어가는 일만이 중요하다는 사실을 강조한다. 설교를 하고, 훌륭한 비전을 선포하고, 감정에 호소하는 것으로 사람들의 행동에 영향을 주기는 극히 어렵다. 단 몇 가지라도 스스로 개선할 수 있는 구체적 행동을 지속적으로 강조하는 방법이 훨씬 효과적이다.

딜런시 스트리트 재단에서 가장 큰 문제는 이기심, 그리고 타인과의 대립이다. 피해망상증과 분노에 가득 차 재단에 들어온 폭력적인 구성원들 사이에서는 사소한 모욕적 말투가 큰 싸움으로 번지는 일이 자주 발생한다. 재단 측은 이를 해결하기 위해 그곳에 머무는 모든 사람들이 다른 구성원의 성공에 대해 책임을 지게 만든다. 또 누구라도 규칙을 위반하면 다른 누구든 이의를 제기할 수 있도록 한다.

재단에 들어온 지 일주일밖에 안 된 사람도 그 후에 들어온 누군가를 책임지게 된다. 그리고 그 순간부터는 아무도 그 사람 개인에 대해 묻지 않는다. 단지 그가 소속된 팀이 어떻게 해나가고 있는지 물을 뿐이다.

실버트 박사는 이러한 독특한 시스템을 통해 재단 거주자들이 다음과 같은 변화를 일으킬 것을 기대한다. 첫째, 그들의 말과 대화하는 태도를 부드럽게 만든다. 둘째, 서로 간에 책임을 지게 한다.[3] 그들은 서로 도움을 주고받으며 가족처럼 행동하고, 동시에 교육을 통해 독립심을 기른다.

딜런시 스트리트 재단이 할 수 있는 일은 무수히 많을 것이다. 하지만 이 재단은 거주자들의 행동 2~3가지에만 초점을 맞추고 이를 변화시키기 위해 집중적인 노력을 쏟는 방법을 사용한다. 그리고 이렇게 변화된 행동이 인성의 다른 부분에 영향을 미칠 수 있다고 믿는다. 이와 마찬가지로 당신이 스스로를 회계감사할 때, 자신의 행동 중 무엇을 2가지 정도 바꾸면 일과 삶에 긍정적 효과를 불러올 수 있을지 자문해보라. 그리고 그 2가지에만 집중하라. 욕심을 내어 스무 개를 고르지 마라. 결국 실패하게 된다. 오직 그 2가지 영역에서 현재 당신의 행동이 어떤지 기록하고, 이를 어떻게 바꿀지에 대한 계획을 세워라.

2

Managing Yourself

할 수 있는 것과 할 수 없는 것

흔히 낙관론자라고 하면 삶에 대해 무조건 긍정적인 사람들이라고 오해하는 경우가 많다. 정확히 말하자면 낙관론자란 명확한 관점을 지닌 이들이다. 그들은 살면서 어려운 일이 생기면 그 일이 왜 일어났는지 그리고 그 일을 해결하기 위해 무엇을 할 수 있는지를 생각한다. 다시 말해 무엇이 통제 가능한지 또는 불가능한지를 먼저 파악하고, 가능한 일을 실행에 옮기며 한 발짝씩 앞으로 나아가는 것이다.

기업들이 선호하는 전통적인 통제 모델에 따르면, 인간의 삶은 통제 가능성에 따라 다음과 같이 3가지 분야로 나눌 수 있다.

1. 자신이 무언가를 통제할 수 있고 반드시 통제해야만 하는 분야.
2. 다른 사람들에게 의존해야 하는 분야. 자신이 원하는 일을 이루기 위해 다른 사람에게 영향력을 행사하거나 그들을 설득할 수 있지만 강제할 수는 없다. 즉 그 일의 결과를 완전히 통제할 수는 없다.
3. 오직 대응하는 일 외에는 아무것도 할 수 없는 분야. 예를 들어 날

씨, 중앙은행의 금리, 거시경제, 기술 변화의 속도 등은 개인이 통제할 수 있는 영역이 아니다. 하지만 사람들은 이에 효율적으로, 또는 비효율적으로 대응할 수 있다.

가장 효과적으로 일하는 관리자들은 이 3가지 분야에 대한 명확한 관점을 지닌 사람들이다. 그들은 통제가 불가능한 것을 바꾸려고 시간을 낭비하지 않는다. 그런 일은 회사에서 불평이나 늘어놓는 자들의 몫이다. 대신 그들은 스스로 통제할 수 있는 일을 선택해서, 자신의 능력을 바탕으로 보다 큰 성공을 거두기 위해 최선을 다한다.

헨리 포드Henry Ford는 일과 동기부여의 문제점을 다음과 같이 요약했다. "어떤 일이 가능하다고 생각하건 불가능하다고 생각하건 당신의 판단이 옳다." 그는 광고 카피에서나 볼 수 있는 맹목적인 신념, 즉 마음만 먹으면 못할 게 없다는 식의 사고방식을 권장하지 않았다. 포드는 하나의 문제를 해결하려면 먼저 자신이 어떤 일을 할 수 있고 할 수 없는지 명확히 판단하고, 할 수 있는 일부터 해결해나가야 한다고 말했다. 요컨대 그가 말한 "가능하다고 생각하건 불가능하다고 생각하건"이라는 표현은 할 수 있는 일을 정의하고, 목표를 설정하며, 결과를 향해 과감하게 나아가는 과정을 의미한다. 올바른 태도와 현실적 목표 설정이 포드가 정의한 성공의 개념이다.

작은 망설임이나 의심이 부정적인 결과로 이어질 수도 있다. "99퍼센트는 악몽이고, 100퍼센트는 축복이다."[4]라는 경영 슬로건이 있다. 사람들이 직무에 100퍼센트 전념하면 좋은 성과를 거둘 수 있지만, 99퍼센트만 전념했을 때에는 문제를 초래할 수 있다는 뜻이다. 당신 주위에서 삶의 몇 가지 우선순위, 예를 들어 일이나 가족 같은 대상에 철저히 전념하는 사람들을 생각해보라. 또 반대로 어떤 일에도 완벽하게 집중하지 못하고 삶의 방향이 수십 갈래로 나뉜 사람들을 떠올려보라.

그러므로 자신을 회계감사하는 작업을 시작할 때에는 우선 지금 하고 있는 일들을 분류해서 다른 사람의 도움 없이도 잘해낼 수 있는 분야를 고른 다음 그 일부터 시작하라. 운동을 할 때와 마찬가지로, 사람이 일에 한 번 빠지면 또 다른 일을 부르게 되는 법이다. 즉 일을 할수록 더 많이 하고 싶어지며, 작은 성과를 달성하면 더 큰 성과를 원하게 된다. 당신이 평상시에 하는 모든 일들의 목록과, 앞으로 해야 할 과업의 목록을 정리한 다음 따로 보관하라. 어떤 일부터 시작해야 하는가? 어떤 일들을 당신의 삶에서 지워버려야 하는가? 그리고 어떤 일들을 더 하거나 덜 해야 하는가?

3 Managing Yourself

단순함의 힘

할리우드 영화 산업의 거물 루 와서먼Lew Wasserman은 에이전트부터 시작해 경력을 쌓아올린 사람이다. 그는 직원들이 모두 퇴근하기를 기다렸다가 사무실을 돌아다니며 직원들의 책상 위에 불필요한 종이들이 어질러져 있는지 확인하곤 했다. 그러다 종이가 눈에 띄면 직접 쓰레기통에 버렸다. 루는 책상이 어수선하면 마음도 어수선해진다고 생각했다.

정리 정돈은 다이어트와도 같다. 모든 사람들이 하고 싶어 하고 어떻게 하면 잘할 수 있는지도 알고 있다. 그럼에도 불구하고 사람들은 여전히 정리 작업을 더 쉽게 만들어준다는 새로운 도구나 시스템을 찾아 헤맨다. 파일로팩스Filofax(영국의 메모용 다이어리 브랜드—옮긴이)나 아이폰처럼 말이다. 하지만 우리가 덜 먹고 더 움직여야 한다는 다이어트의 비결을 이미 잘 알고 있듯이, 개인의 생산성을 향상시킬 수 있는 핵심 비결 역시 잘 알고 있다. '더 적게 일하고 더 많은 성과를 거두라Do more by doing less.' 마치 고승의 선문답 같지만 개념은 간단하다. 가장 성공적인 경력을 쌓은 사람들은 정해진 분야에 고도로 집중하는 이들이다. 그들은 수많은 책임들이 충돌하며 빚어내는 불협화음에 빠지지도 않고, 불가능한 업무 시한이나 정치적인 책략에 시달리지도 않는다. 오직 하나의 목적만을 향해 나아갈 뿐이다.

1997년 스티브 잡스가 복귀한 후 애플이 거둔 성공의 비결은 복잡한 일들을 단순하게 만들었다는 단 하나의 사실로 압축될 수 있을 것이다. 거대 기업 애플의 제품 라인은 잡스의 지휘 아래 단순하게 바뀌었다. 맥 컴퓨터, 아이팟, 아이폰, 아이패드, 아이튠즈가 전부였다. 잡스의 생각과 목표가 명료했다는 점은 그가 즐겨 입었던 청바지와 검정색 터틀넥, 늘 애용하던 독일제 은색 승용차, 심지어 집에서 쓰던 가전제품을 봐도 알 수 있다. 그는 집에서 사용할 세탁기를 고르기 위해 어떤 과정을 거쳤는지 이야기 한 적이 있다. 사용하던 미국산 세탁기가 마음에 들지 않은 잡스와 가족들은 2주에 걸쳐 저녁식사 때마다 그 문제를 상의했다. 결국 디자인, 기능, 물 사용량, 환경적 영향까지 고려해서 밀레Miele라는 독일 브랜드를 선택했다.[5] 세탁기 하나를 고르는 데 이만큼 집중할 수 있는 사람이라면 삶에서 자신을 어지럽게 만드는 요소들을 얼마나 많이 줄였다는 말일까.

대부분의 사람들이 하루하루를 살아가는 방식은 마치 두더지잡기 게임과도 같다. 문제가 불쑥 나타나면 방망이를 마구잡이로 휘두르며 어쩌다 한번은 맞을 거라는 기대를 한다. 그러면서도 그 방법이 아무런 해결책이 되지 못할 것이라고 우려한다. 소위 다중작업, 즉 멀티태스킹multitasking이란 용어는 그런 상황에 딱 들어맞는 말이다. 하나의 일에 집중하는 방법과 여러 일을 동시에 처리하는 방법 중 무엇을 선택할지는 이론적 논쟁에 불과한 듯하다. 서로가 자신의 방식이 더욱 생산적이라고 주장하기 때문이다.

하지만 학자들은 멀티태스킹과 생산성의 관계가 뒤집어진 U자 형태의 곡선를 그린다고 말한다. 어느 정도의 멀티태스킹은 일시적으로 생산성을 향상시키는 효과가 있다. 하지만 그 후 정체 상태가 계속되다가 다중작업의 수가 늘어나고, 업무가 폭주하고, 관리해야 할 관계가 너무 많아지는 상황이 닥치면서 생산성은 곤두박질친다. 우리는 잡스가 세탁기를 고를 때 취했던 방법을 본받을 필요가 있다. 하나의 문제를 파악하고, 완벽하게 해결한 후, 다음 문제로 넘어가라.

사람들은 이사를 하고 나서 이삿짐을 부려놓은 트럭이 저 멀리 사라지면 새로운 생활이 시작될 거라는 희망을 품는다. 하지만 관리자들은 그런 홀가분한 상황이 찾아올 것이라고 기대하지 않는다. 예전 업무와 깔끔히 단절되고, 책상은 깨끗해지며, 해묵은 문제들이 해결되어 앞날에 새로운 기회만이 약속되는 순간이 과연 올까?

와서먼은 그런 상황을 만들기 위해 밤마다 책상 위를 청소했다. 하지만 그 방법만이 유일한 것은 아니다. 영국 작가 패트릭 리 퍼머Patrick Leigh Fermor는 프랑스 북부에 위치한 생 방드리유 드 퐁트넬Saint-Wandrille de Fontanelle 수도원에 머물렀을 때의 이야기를 담은《침묵을 위한 시간A Time to Keep Silence》에서 새로운 길을 제시한다. 처음에 그는 수도원의 침묵, 그리고 움직임이 정지된 모습에 좌절한다. 그의 마음은 여전히 도시에서의 속도로 질주한다. 그러다 피곤에 지쳐 어느 때보다 오랜 시간 동안 잠에 빠진다. 마침내 그는 '에너지와 상쾌함으로 충만한' 상태에 도달한다. 자신이 지닌 '말하고, 움직이고, 표현하고자 하는 욕구'는 수도사들 속에서 '아무런 자극이나 영양분을 공급받지 못한 채 누그러지다가 결국 소멸해버렸다.' 그는 수도원을 떠날 무렵 모든 관리자들이 원하는 경지, 즉 '매일 매일의 생활을 오염시키는 수백 가지 잡다한 일에 대한 걱정'에서 벗어나 최고로 생산적인 상태에 도달할 수 있었다.

탐스 슈즈TOMS Shoes의 설립자 블레이크 마이코스키Blake Mycoskie는 새로운 회사를 창업하기 위해서는 삶에서 모든 불필요한 요소들을 제거해야 한다고 말한다. 매일 입는 옷을 같은 종류로 통일하라. 점심시간마다 무엇을 먹을까 고민하며 식당 앞에 늘어선 줄 속에서 순서를 기다리지 말고, 건강하고 단순한 식단을 만들어 실천하라. 통근 시간을 줄여라. 사용하지 않는 넥타이나 신발을 내버리고 필요한 물건들만 간직하라. 외부에 의뢰할 수 있는 일들은 최대한 맡기고 당신의 삶에서 가장 중요한 대상에 집중하라.

누구나 그처럼 철저하게 자기 단순화 작업을 할 수는 없을 것이다. 식구가 여럿인 집에는 현관에 신발들이 나뒹굴고 방바닥에 옷가지가 쌓여 있을 수밖에 없다. 모든 사람이 수도승처럼 간소한 삶을 살아가며 업무에 전념할 수 있는 것은 아니다. 또 그렇게 살아야만 인생을 제대로 사는 것도 아니다.

하지만 경영능률 전문가들은 업무 효율을 높이려면 다음과 같이 행동하라고 조언한다.

- 해야 할 일을 기억해야 하는 부담감을 떨쳐내기 위해 모든 일들의 목록을 만들어라. 그리고 하나씩 점검해보라. 머리에 떠오르는 일들을 전부 메모하는 방법도 유용하다. 오랫동안 마음속에 머물던 생각이나 소망들까지 모두 기록하라.
- 그 일들의 목록을 관리하라. 불가능하거나 시간이 너무 많이 흐른 것들은 지워버리고 당신이 무언가 할 수 있는 일들에 집중하라. 그러면 밤마다 머릿속을 끝없이 맴도는 문제들로부터 자유로워질 수 있을 것이다.

- 책상 위를 서류들로 어지럽히지 마라.
- 메일 수신함을 비워라. 모든 일은 집중적으로, 그리고 일정을 세워 바로바로 처리하고 쌓아놓지 마라.

물론 이런 방법을 사용한다고 해서 사람의 본질이 바뀌지는 않는다. 그러나 당신이 원하는 목표를 달성하는 데 커다란 효과가 있을 것이다.[6]

4 Managing Yourself

자신만의 리듬을 발견하라

관리라는 주제를 다루는 책에서 잠을 충분히 자라고 한다면 엉뚱하게 들릴지 모른다. 하지만 기진맥진한 상태에서는 최선을 다해 업무에 임할 수 없다. 성공하고 싶은 관리자는 자신의 건강을 위협하는 문제들을 잘 인지하고 그것들을 이겨낼 준비가 돼 있어야 한다. 수면, 영양, 운동, 휴식 등은 단지 건강에 관한 문제만이 아니다. 그것들은 당신의 관리 능력에 직접적인 영향을 준다.

불교도들은 명상이 '마음속에서 날뛰는 말馬'을 잠잠하게 만드는 일이라고 표현한다. 관리자들에게는 그렇게 날뛰는 말들이 온갖 방해물의 형태로 나타난다. 시도 때도 없이 울리는 전화벨과 문자 메시지, 참석해야 할 회의, 상의할 일이 있으니 5분만 시간을 내달라는 직원 등등. 그런 와중에도 당신은 업무 성과를 달성해야 하고, 특정한 일에 역량을 집중해야 하며, 당면한 모든 문제에 관심을 기울여야 한다. 당신의 정신을 산만하게 만드는 요소들은 능력과 집중력을 먼지가 될 때까지 갉아먹는 흰개미 떼와 같다. 따라서 모든 일들에 대한 목록을 만드는 작업은 그런 문제를 해결하기 위한 좋은 방법이다.

《모든 일에 뛰어나다Be Excellent at Anything》의 저자 토니 슈워츠Tony Schwartz는 프로 운동선수들이 그렇듯 자신을 돌보라고 말한다. 인간은 컴퓨터처럼 여러 개의 프로그램을 하루 종일 가동할 수 있도록 설계되어 있지 않다. 슈워츠는 말한다. "인간은 리듬에 따라 살아가는 존재다." 사람의 심장박동은 빨라졌다 느려졌다 하며, 근육은 수축과 이완을 반복한다. 에너지는 낮 동안에도 높이 올랐다가 바닥을 찍는 과정을 거듭한다. 어떤 일을 90분쯤 집중해서 처리했다면 잠깐 산책을 하거나 낮잠을 자면서 휴식을 취해야 능률이 오른다. 직원들이 낮잠을 즐긴다면 회사는 별로 좋아하지 않겠지만, 그 효과는 엄청나다. 윈스턴 처칠은 업무 중 잠깐씩 낮잠을 자던 습관 덕분에 2차 세계대전에서 위대한 업적을 이룰 수 있었다고 한다. 그는 또 서 있을 때 더 좋은 생각이 나온다는 믿음 때문에 연설대 앞에 서서 일하기도 했다.

슈워츠는 다음과 같이 주장한다. "하루 종일 쉬지 않고 일하는 사람의 생산성은, 일정 시간 동안 집중적으로 일하고 휴식을 취한 후 다시 집중해서 일하는 사람과 비교해 결코 높지 않다."

따라서 당신 자신이 일하는 방법을 돌이켜보거나 다른 사람들이 어떤 식으로 일하기를 원하는지 생각할 때에는 이런 점들을 기억하라. 당신은 점심시간 후 직원이 낮잠 자는 모습을 보며 짜증을 낼 것인가, 아니면 생산성 향상을 위한 자기 관리 습관이라 여기고 즐겁게 받아들일 것인가? 당신은 직원들을 수명이 다하면 버리는 소모품으로 보는가, 또는 장기적 발전을 위해 투자해야 하는 자산으로 여기는가?

또 하나 바람직한 습관은, 당신이 하루 중 어느 때 가장 효율적으로 일할 수 있는지를 파악해서 그 시간에 가장 중요한 업무를 처리하는 것이다. 많은 사람들이 그 시간은 이른 아침이라고 생각한다. 그런데 사람들은 아침에 주로 어떤 일들을 할까? 이메일을 열어보고 뉴스를 읽으며 온갖 잡다한 일들을 머릿속에 집어넣는다. 그러면서 소중한 시간과 집중력을 다른 사람들에게 빼앗겨버린다. 우리는 정신이 가장 맑은 시간을 충분히 활용해야 한다. 불필요한 일들은 잊어버리고 그날의 가장 중요한 일을 그때 해결하라.

이메일에 답장을 하면 기분이 나아질 수도 있을 것이다. 적어도 뭔가를 하기는 했으니까. 하지만 그런 행위는 순간의 달콤함만 주는 디저트 같은 것이다. 적어도 문제를 진정으로 해결해주는 든든하고 건강한 식사는 아니다. 연구자들에 의하면 일을 멈추고 짧은 이메일 하나에 답을 하려면 업무에 집중할 시간 15분이 사라져버린다고 한다.

다시 말하지만 이 모든 일에는 자신에 대한 엄격한 자세가 요구된다. 아침 일과를 바꾸어 그 시간에는 다른 사람이 아닌 본인의 일에만 전념하라. 회사에서 낮잠 자는 일을 개의치 마라. 최고의 컨디션으로 업무에 임할 수 있도록 스스로를 관리하라.

5 Managing Yourself

왜 일하는가

자기 자신을 회계감사하는 일은 당신이 어떤 일을 하고 있으며 왜 그 일을 하는지 스스로 묻는 과정을 반드시 거친다. 내가 어떤 일을 하고 왜 하는지를 명확히 알지 못하면 다른 사람에게 나를 따르라고 설득할 수 없다. 당신이 일을 하는 이유는 기본적으로 그 일이 즐겁기 때문일 수도 있고, 나의 삶과 가족을 위한 보상 때문일 수도 있다.

무엇이 됐든 당신은 그 이유를 파악해서 항상 마음에 새겨두어야 한다. 그러지 않으면 다음과 같은 위기의 순간이 찾아올지도 모른다. 일 때문에 자리를 뜨지 못하고 있을 때 어느새 밤이 찾아온다. 사무실 관리인이 들어와 청소를 시작한다. 책상 위에 놓인 사진에서 남자친구나 아이의 얼굴을 발견하고 문득 이런 질문을 던진다. "이게 뭐하는 짓이지?"

많은 사람들은 마치 사업 기회를 분석하듯 자신의 경력을 분석한다. 성장하는 시장을 찾아 나서고, 특정한 기업이나 사업 영역에서 얼마나 많은 보상을 받을 수 있을지 그리고 그것들이 얼마나 오래 지속될지 판단한다. 하지만 이런 모든 요소들은 그들이 일에 최선을 다하게끔 하는 것과는 아무 관련이 없다.

미국 대통령이었던 캘빈 쿨리지Calvin Coolidge는 성공의 비결을 묻는 질문에 이렇게 답했다. "인간의 끈기를 대신할 수 있는 것은 세상에 없습니다. 재능도 필요 없어요. 재능이 있으면서 성공하지 못한 사람은 너무도 많습니다. 천재성도 아닙니다. 두각을 나타내지 못하고 묻혀버린 천재들은 흔합니다. 교육 역시 그렇지 못합니다. 세상은 교육받은 낙오자들로 넘쳐나지요. 끈기와 결단력만이 가장 확실한 성공 비결입니다."

우리는 '재능이 있지만 성공하지 못한 사람'이나 '교육받은 낙오자'들이 어떤 사람들인지 잘 알고 있다. 우리도 그들처럼 되지 않으려면 어떻게 해야 하는가? 쿨리지는 자신이 좋아하고 열심히 할 준비가 된 일을 찾는 것이 핵심이라고 말했다. 자기가 하는 일을 좋아하고, 또 일로써 맺어진 사람들을 좋아하는 것은 결코 행운에 의한 특권이 아니다. 그것은 자신의 삶을 완전하게 만드는 조건이다.

사람들은 이렇게 묻는다. "내가 좋아하는 일을 어떻게 찾을 수 있을까?" 그 질문에 답하기 위해서는 당신이 좋아하는 대상이 특정한 직무가 아니라 여러 조건들의 조합이라는 사실을 깨달아야 한다. 그리고 그 조건들을 알아내려면 자신이 지니고 있는 '악마의 비밀'을 인정해야 한다.[7] 당신이 밝히고 싶지 않은 비밀은 무엇인가? 예를 들어 당신이 "인정하고 싶지는 않지만, 나는 사람들과 섞여서 일하기가 싫어."라고 말한다면, 당신은 혼자 일할 수 있는 여건을 만들어햐 한다. 만일 자기 자랑이 심하다는 것이 당신이 지닌 악마의 비밀이라면 그런 행위를 즐겁게 받아들여줄 사람들을 찾아야 한다. 당신은 또 최근에 겪었던 일들을 나열해보고, 어떤 사람이나 상황이 자신을 가장 즐겁게 했으며 더 큰 즐거움을 가져다주길 원했는지 생각해볼 수 있다.

개인의 성공을 판단하는 방법의 하나로, 성공을 이루는 요소들을 다음 4가지로 정리해볼 수 있다.

- 행복
- 성취
- 의미
- 유산[8]

사람들은 이런 요소들 중 하나에만 몰두하는 경향이 있다. 다시 말해 더 높은 직위나 보수 같은 목표를 추구하면서 그 목표가 갖는 의미나 그 목표가 다른 사람에게 미치는 영향을 도외시한다. 또는 다른 사람들을 성공으로 이끌어줄 유산을 남기기 위해 노력하는 과정에서 자신의 행복을 포기하기도 한다.

이 관점이 유용한 이유는 성공이란 개념을 색다른 시각에서 바라보기 때문이다. 하루 종일 울타리를 다듬고 잔디를 깎는 정원사가 생각하는 성공은, 끊임없이 울려대는 스마트폰을 손에 들고 잔뜩 쌓인 항공사 마일리지에 만족하는 경영 컨설턴트가 바라보는 성공과 매우 다르다. 할아버지가 꿈꾸는 성공은 방금 투자은행에 입사해 사회생활을 시작한 손녀딸이 판단하는 성공과 아주 다르다. 하지만 당신의 모든 행동을 앞에서 말한 성공의 4가지 요소에 대입시켜보고 그곳에서 적절한 균형을 찾으려는 노력을 기울인다면 성공에 훨씬 가까워질 것이다.

예를 들어 많은 사람들은 일과 삶에서 성공하고 싶어 한다. 즉 커다란 업적을 이루고 그로 인해 행복해지기를 원한다. 하지만 그런 업적을 이루기 위해서는 힘들게 일해야 한다. 그 일들은 대개 피곤하고 짜증 나는 일들이다. 다시 말해 그 일들이 항상 행복과 일치하지는 않는다. 이와 마찬가지로, 어려움에 처한 친구를 돕는 것처럼 의미 있는 일에 시간을 쓰는 행동도 업무에 더 많은 시간을 쏟아 성과를 내고 싶은 자신의 욕구에 꼭 들어맞지는 않는다. 따라서 좋은 방법 중 하나는 자기가 한 행동들을 있는 그대로 관찰하고, 그 행동들을 위에서 말한 4가지 요소로 분류한 뒤, 각 성공의 요소에서 자신이 어떤 상태에 있는지를 판단하는 것이다.

진정한 성공을 이룬 사람은 이 요소들 사이를 끊임없이 이동한다. '성취'를 위한 행동을 하다가 이내 '유산'을 위한 다른 행동으로 옮겨간다. 친구와 아침식사를 함께 하며 그의 용기를 북돋우고, 저녁에는 자신을 위해 테니스를 친다. 그는 모든 성공의 요소가 자신의 행동들로 골고루 채워지기를 원한다. 이 요소들이 전부 통합되는 순간 성공이 찾아올 것이다.

관리자들은 이런 아이디어를 자신의 삶뿐만 아니라 업무에도 적용할 수 있다. 그들은 사내에 직원들을 위한 휴식공간을 만들어 직원들을 행복하게 만들어줄 수 있다. 그리고 재무적 성과를 검토해서 그것이 열심히 일한 결과인지 또는 회계상의 숫자 놀음인지를 판단할 수도 있다. 또한 가치 있는 제품과 서비스를 생산함으로써 의미를 만들어내고, 자신이 속한 조직의 미래를 준비하는 행위를 통해 유산을 창조할 수 있을 것이다.

6 나는 어떤 상사인가

Managing Yourself

사람들과 관계를 맺는 일은 관리에서 가장 중요한 영역이다. 사람들은 당신이 어떻게 처신하느냐에 따라 당신을 평가한다. 당신이 얼마나 잘 직원들을 이끌고 설득할 수 있는가는 그들이 당신에게 얼마나 호감과 신뢰를 느끼는가에 달려 있다. 만일 상사, 동료, 부하 직원들과 관계가 원만하지 않다면 당신은 훌륭한 관리자가 아니다. 다음 장에서 다시 논의하겠지만, 자신에 대한 관리를 다루는 이 장에서도 다른 사람들이 당신을 어떻게 생각하는가에 대한 문제를 살펴볼 필요가 있다.

EXERCISE

당신은 다른 사람들에게 '나를 어떻게 생각하느냐'고 물어본 적이 있는가? 만약 나쁜 평가를 받으면 반발하는가 아니면 의기소침해서 자리를 뜬 후 홀로 반성하는가? 상사가 당신을 나무라면 당신은 반발하는가, 아니면 수긍하는가? 일단 당신 자신을 가장 잘 표현할 수 있는 형용사 세 단어를 적어보라. 그런 다음 최근 업무 중에 일어난 인상적인 상황 3가지를 선택하라. 하나는 성공을 거둔 일, 또 하나는 실패한 일, 그리고 나머지 하나는 성공인지 실패인지 확실하지 않은 일 중에서 골라라. 그리고 각각의 상황이 발생한 원인과 결과를 솔직하게 적어라. 모든 것을 기록하는 데 종이 한 장을 넘지 않도록 하라. 그런 다음 자신에게 이렇게 질문해보라. 이 3가지 상황에서 당신이 받았던 느낌은 당신이 자신을 표현한다고 생각한 세 단어와 일치하는가?

어떤 관리자들은 상사와 끊임없이 불화를 일으킨다. 그들에게 상사란 앞길을 가로막는 장애물 아니면 비즈니스 현실과 맞지 않는 답답이일 뿐이다. 그런가 하면 상사의 말을 목사의 설교인 양 묵묵히 듣기만 하는 이들도 있다. 그들은 자신이 공격적으로 비칠까, 또는 앞길을 망치게 될까 두려워 사실을 말하지 않는다. 어느 쪽도 바람직한 모습은 아니다. 하지만 대부분의 관리자는 이 둘 중 하나에 속한다. 사실 이런 태도의 원인은 마음 깊숙한 곳에 자리한 경우가 많기 때문에 이를 고치기 위해서는 심리치료를 받아야 할지도 모른다. 그렇지만 문제를 깨달았다는 사실만으로도 이미 좋은 출발을 한 것이다. 그런 인식은 당신이 일에서 성공하거나 실패하는 이유를 설명하는 데 매우 중요한 근거가 된다.

이상적인 상사란 자신이 기대하는 바를 명확히 밝히고, 직원들이 업무에서 최고의 성과를 낼 수 있도록 지원하며, 직원들이 거둔 성공과 실패에 공정하게 대응하는 사람이다. 모든 사람들은 이런 상사를 원한다.

관리자는 직원들의 다양한 업무 스타일에 적응할 수 있는 방안을 찾아야 한다. 절대로 직원들에게 당신의 방식을 강요해서는 안된다. 대신 그들의 스타일을 참아내든가, 합의를 하든가, 서로의 업무 습관이나 표현 방식에 대해 타협할 방법을 모색해야 한다. 부드러운 말로 설득해야 반응하는 직원이 있는가 하면, 강한 어조로 이야기해야 말을 듣는 직원도 있다. 직원을 꼼꼼하게 관리하는 상사도 있지만 나 몰라라 하고 내버려두는 상사도 있다. 어떤 상사는 부하 직원의 아부에 약하지만, 어떤 상사는 아부라면 질색을 한다. 자신이 무엇을 기대하는지 부하 직원에게 명확히 제시하는 상사가 있는 반면, 어떤 상사는 직원들이 알아서 추측하기를 바란다. 동료 중에도 모든 일을 다 알고 싶어 하는 사람이 있는 반면 중요한 정보만 원하는 사람도 있다. 이렇게 각기 다른 스타일의 사람들에게 적응하는 일은 자신을 포기하거나 개인의 특성을 희생하는 것과 다르다. 그것은 우리 모두가 인생을 살아나가기 위한 길이며 일을 성취하는 방법이다.

EXERCISE

자신을 자세히 관찰하라. 친구나 가족처럼 신뢰할 만한 사람들에게 당신을 어떻게 생각하는지 솔직히 얘기해달라고 부탁해보라. 사소한 일도 중요하다. 흔히 사람들은 다른 사람의 가장 좋지 않았던 행동이나 그가 가장 최근에 했던 행동을 기억하는 법이다. 즉 당신이 기분 좋았던 열 번의 순간보다, 화를 내고 나쁜 말을 내뱉었던 한순간을 기억한다. 그 한순간이 바로 당신이 어떤 사람인지 말해주는 것이다. 당신이 무엇을 바꿀 수 있고 바꿀 수 없는지를 파악하는 일은 훌륭한 관리자가 되기 위한 첫 번째 단계다.

주변 환경에 적응하는 일은 가장 핵심적인 관리 기술의 하나다. 하지만 자신과 다른 사람들의 강점 및 약점을 파악하고, 그중 무엇을 바꿀 수 있고 바꿀 수 없는지 이해하는 일도 그에 못지않게 중요하다.

7

Managing Yourself

내향적인 성격의 관리자를 위한 조언[9]

리더십의 모순 중 하나는, 가장 리더가 되고 싶어 하는 사람들이 실제로는 리더로서 가장 환영받지 못하는 이들이라는 사실이다. 밀어붙이기만 하는 독재자, 이기적인 출세주의자, 냉혹한 기회주의자와 같이 유쾌하지 못한 부류의 사람들은 조직의 꼭대기에 오르는 길을 잘 헤쳐 나간다. 반면, 사실상 더 좋은 리더가 될 수 있는 훌륭한 인재들은 경쟁을 뚫고 위로 올라가는 데 어려움을 겪는다. 그들은 리더가 되기 위해 필요한 자질은 지니고 있지만, 기회를 포착하는 데 필요한 자질은 부족한 듯하다. 하지만 이런 고정관념에 휘둘려서는 안 된다.

어떤 성격을 지닌 사람이 성공에 유리한지 판단하는 방법 중 하나는 모든 사람을 외향적인 사람과 내향적인 사람으로 구분하는 것이다. 학자들은 많은 조사 결과 외향적인 사람들이 주로 성공에 이른다는 사실을 발견했다. 외향적인 사람들은 관심의 대상이 되고 싶어 하고, 지위를 차지하거나 다른 사람에게 인정받기를 원하며, 대중이 모인 자리에서 발언하기 좋아한다. 그들은 직원들에게 동기를 부여하고 변화를 이끄는 데 능숙하다. 그 결과 더 많은 돈을 벌고 더 빨리 승진한다.

그렇다면 스스로를 회계감사하고 되돌아본 결과 자신이 외향적인 사람이 아니라는 결론을 내렸다면 어떻게 해야 할까? 당신은 관리자 자격이 없는가? 다행히 그렇지는 않다. 당신이 얼마나 외향적인지 또는 내향적인지 하는 문제보다 더 중요한 것은 직원들이 당신에게 어떻게 반응하는가다.[10] 소극적인 직원들에게는 냉철한 리더 유형의 외향적 관리자가 효율적이다. 반면 적극적인 태도를 지닌 직원들은 늘 그들의 의견을 세심히 듣고 의사결정에 반영하는 내향적인 관리자와 일해야 더 좋은 결과를 거둘 수 있다. 학자들은 어느 피자 체인점의 관리자와 직원들을 대상으로 그들의 성격과 식당의 영업 실적을 비교해서 연구한 결과 이런 결론을 얻었다.

또 다른 연구에서는 피실험자들을 두 그룹으로 나누어 티셔츠를 개는 작업을 하도록 하고, 리더 역할을 맡은 사람들에게 각 그룹을 외향적 또는 내향적 스타일로 관리하게 했다. 이 실험에서도 마찬가지 결과를 얻었다. 구성원들이 적극적인 성격을 지닌 그룹은 외향적인 리더와 충돌하거나 리더에게 불만을 표시하는 상황이 벌어진 반면, 내향적인 리더 아래에서는 훨씬 좋은 결과를 얻었다. 반면 소극적인 그룹은 외향적인 리더와 함께 했을 때에는 결과가 좋았지만 내향적인 리더와 있을 때에는 방향을 잃는 모습을 보였다.

비즈니스 세계에서는 내향적인 사람들에게 더욱 외향적으로 행동하라고 충고한다. 모든 영업 사원들이 오랫동안 주문처럼 외우던, "열정적인 사람이 되기 위해서는 열정적으로 행동하라."는 말을 따르라는 것이다. 그러나 수없는 억지웃음을 시도해본 끝에, 우리는 그 충고가 반드시 옳지는 않다는 사실을 알게 됐다. 많은 사람들을 즐겁게 하고 모든 이의 관심을 독차지해야만 비즈니스를 잘할 수 있는 것은 아니다.

마이크로소프트Microsoft의 빌 게이츠Bill Gates나 페이스북Facebook의 마크 저커버그Mark Zuckerberg는 천성적으로 친화력이 있거나 외향적인 사람들이 아니다. 대신 그들은 다른 사람들을 끌어들이는 천재성과 고집스러움을 지녔다. 패션잡지 〈보그Vogue〉의 편집장인 안나 윈투어Anna Wintour와 디자이너 조르지오 아르마니Giorgio Armani는 냉혹한 성격으로 유명하지만 패션이라는 창조적인 업계에서 성공한 관리자가 됐다. 버진 그룹The Virgin Group의 설립자인 리처드 브랜슨Richard Branson은 대중 앞에서는 외향적인 모습을 보이지만 실생활에서는 매우 내향적인 사람이라고 한다.

내향적인 사람들은 대개 성격보다 기술적 능력이 중요시되는 엔지니어링이나 회계 관련 회사에서 더 좋은 실적을 거둔다. 하지만 주변 환경이 빠르게 변하는 여러 산업 분야에서도 내향적인 사람들을 더 많이 채용하고, 가치를 인정하고, 승진시킨다면 많은 도움이 될 것이다. 성공한 리더 중에 외향적인 사람들이 많다고 해서 모든 기업이 그런 사람들만 고집한다면 룰렛 게임에서 하나의 숫자에 모든 돈을 걸어버리는 일과 다를 바 없다. 최선의 업무 프로세스나 비즈니스 모델을 찾아내기 위해 다양한 조언들을 받아들일 준비가 되어 있는 내향적 리더들이 훨씬 훌륭한 인재일 수 있다.

내향적인 사람들이 리더가 되기 위해서는 자신이 비즈니스에 기여할 수 있는 사람이라는 사실을 입증해야 한다. 외향적인 사람들이 몰고 다니는 왁자지껄한 소음이나 카메라 플래시 없이도 직원들을 훌륭하게 이끌 능력이 있다는 점을 보다 섬세한 방식으로 보여줄 필요가 있다. 하지만 일단 경영진이나 관리자의 자리에 올라서면, 더 이상 파티에서 풀어진 모습을 보이거나 외향적인 면모를 드러내기 위해 억지로 애쓰지 않아도 된다.

대신 주변에 적극적인 직원들을 두고 그들이 최고의 능력을 발휘할 수 있도록 적절한 권한과 책임을 부여함으로써 성공을 향해 갈 수 있다. 또한 익숙하지 않은 스타일에 맞추려고 노력할 필요 없이 기존의 스타일을 바탕으로 더 나은 행동양식을 창조하는 데 초점을 맞출 수도 있다.

우리가 기억해야 할 교훈은 자신을 다른 사람으로 변화시키려고 노력하기 전에, 본인이 생각하는 약점을 강점으로 바꿀 수 있는 방법을 찾아봐야 한다는 사실이다. 단, 이를 위해서는 먼저 자신을 냉정하고 솔직하게 평가해보아야 한다.

8 Managing Yourself

사람들 **앞**에 **나서기**가 **두렵**다면

많은 사람들은 이렇게 말한다. "아, 나는 이 일에 소질이 없어. 저 일은 잘 못해." 그리고 그런 상황을 바꾸기에는 너무 늦었다고 생각한다. 하지만 대부분의 문제는 해결이 가능하다. 그렇지 않다면 최소한 어느 정도 호전시킬 수는 있다.

월요일 오전 예정된 프레젠테이션 때문에 일요일 저녁부터 안절부절못한 경험은 누구에게나 있을 것이다. 하지만 우리 같은 일반인만 대중 앞에 서기를 두려워하는 것은 아니다. 위대한 운동선수나 음악가도 똑같은 경험을 한다. 단지 그들은 그런 상황에 대처하는 법을 더 잘 알고 있을 뿐이다.

여론조사에 따르면, 모든 사람에게 가장 큰 두려움을 불러일으키는 일 중 하나가 대중 앞에서 말하기라고 한다. 고소공포증이나 거미 따위에 비할 바가 아니다. 사람들 앞에 자신을 드러내면서 창피를 당할지도 모른다는 공포, 말실수를 하거나 잘못된 얘기를 할지도 모른다는 두려움, 행여 마이크라도 떨어뜨리거나 청중을 지루하게 만들지나 않을까 하는 걱정 등은 사람들을 밤새 부들부들 떨게 만든다.

하지만 강연을 듣는 청중의 입장에서 생각해본다면 전혀 두려워할 필요가 없다. 과학자들이 학생들에게 여러 강사의 강의를 연속으로 듣게 하고 그들의 심장 박동 추이를 조사해보았더니, 학생들의 심박수는 강의가 시작될 때 가장 높았다가 이후 지속적으로 하락했다.[11] 다시 말해 사람의 신체는 얼마나 강의가 훌륭했는지에 상관없이 이야기가 진행되면서 이완되는 경향을 보였으며, 심리적 상태도 같은 추세를 따랐다.

대개 청중은 연설을 들을 때 강사에게 기대하는 수준이 극히 낮거나 아예 기대를 하지 않는다. 이유는 간단하다. 대부분의 연설이 지루하고 강사들의 능력이 부족하기 때문이다. 우리는 연설 내용보다 강사에게 주목한다. 우리가 정치가나 CEO의 연설을 듣는 이유는 그 사람들에게 힘이 있기 때문이다. 배우나 작가의 말에 귀를 기울이는 것도 그들이 유명하다는 이유에서다. 우리는 항상 관리자들의 말을 듣고 있지만 사실 우리가 흥미를 느끼는 부분은 말을 하는 순간이나 전후의 상황과 밀접하게 관련이 있다. 윈스턴 처칠이 전쟁 중에 했다는 위대한 연설은 내용도 훌륭했지만 연설을 한 시점 때문에 사람들 기억 속에 더욱 깊이 남아 있는 것이다.

그러므로 대중 앞에서 말하기를 두려워하는 사람들은 다음의 사실을 기억해야 한다. 너무 잘하려고 모험을 하느니 차라리 사람들을 지루하게 만들어라. 당신 생각에 가장 형편없는 연설을 했다면 이미 청중의 기대에 부응한 것이다. 듣는 사람들이 조금이라도 흥미를 느끼게 만들었다면 당신은 성공을 거둔 것이다. 청중과 함께 호흡했다면 당신은 최고로 탁월한 연설자다. 무대 공포증을 극복하기로 마음먹었다면 할 수 있는 일은 무척 많다. 현장에 일찍 도착해 분위기에 적응하거나 연설문의 복사본을 만들어 놓는 것도 방법이다. 연설 잘하는 법을 알려주는 책을 읽어보는 것도 도움이 된다.

자신이 현장의 상황을 통제할 여지가 있는지 생각해볼 필요도 있다. 1000명이 들어갈 수 있는 강연장에 10명의 청중밖에 참석하지 않았다면, 당신은 그들을 무대 바로 앞자리에 한데 모아 함께 세미나를 진행하면서 난감한 상황을 벗어날 수 있을 것이다. 당신의 발표력을 향상시키기 위해서는 듣는 사람들의 솔직한 의견이 필요하다. 사람들은 '좋은 강의였음' 같은 상투적인 평가 이외에 어떤 말도 강사에게 하려 들지 않는다. 그러므로 자신이 발표하는 장면을 동영상으로 찍어서 이를 냉정하게 검토해보거나, 익명으로 서면 평가를 받는 등의 방법을 쓰면 도움이 될 것이다.

또한 어떤 경우에 가장 크게 두려움을 느끼는지 세심히 판단해야 한다. 왜 두려움이 생겼나? 그 상황에 현실적으로 대처했나? 대중 앞에 서기를 두려워하는 사람들은 종종 청중의 행동을 오해한다. 어떤 사람이 하품하는 모습을 보자마자 자신의 연설이 지루한 모양이라고 단정해버린다. 간밤에 잠을 설쳤기 때문일지도 모르는데 말이다. 또, 누군가의 웃음소리를 들으면 자신을 비웃는 것이려니 하고 움찔한다. 하지만 다른 사람에 대한 재미있는 기억이 떠올라서 웃었을 수도 있다. 순간에 집중하고 그 상황들을 자신의 마음속에서 재구성하기 위해서는 의식적인 노력이 필요하며, 이는 두려움을 극복하는 가장 기본적인 자세다. 두려움은 충분히 이겨낼 수 있다. 대중 앞에서 느끼는 두려움의 크기는 갈수록 줄어드는 법이다. 많은 사람들 앞에서 연설하기를 꺼리는 사람도 저녁 파티에서는 편안하게 행동한다. 마찬가지로 파티에서는 별 주목을 받지 못한 사람이 무대 위에서 화려한 조명을 받으며 빛날 수 있다. 당신이 두려워하는 상황에 대응하는 방법을 바꾸기 위해서는 자신의 행동을 아주 소소한 것까지 관찰하고 스스로 질문해야 한다. 내가 느끼는 두려움은 합리적인가? 자신에게 솔직하기 위해서는 자존심도 내던질 필요가 있다.

최근 기업가의 연설 중 최악의 기억으로 남아 있는 장면은 어느 회의에서 마이크로소프트의 CEO 스티브 발머Steve Ballmer가 보여준 모습일 것이다. 거대한 체구의 스티브 발머가 회의장에 들이닥치더니 무대 위로 뛰어 올라간다. 셔츠에 넓게 번진 땀자국이 보인다. 그러고는 벌에 쏘인 곰처럼 소리를 지른다. "자, 여러분! 여기를 좀 보세요!"

그야말로 "CEO가 미쳐 날뛰는" 장면이다. 사람들 앞에 나서기 전에 에너지 음료를 너무 많이 마시면 이렇게 된다고 경고하는 것 같다. 하지만 대중 앞에 서기를 두려워하는 사람들은 이런 모습에서 위안을 받을지도 모른다. 이렇게 행동하는 사람이 세계에서 가장 큰 기업의 CEO 자리를 차지하고 있다면, 우리에게도 희망이 있다!

발표 준비를 잘해서 최악의 사태를 면한다고 해도 청중 모두를 만족시키지는 못할 것이다. 하지만 적어도 한 시간 앞으로 다가온 프레젠테이션이 내일이었으면 하고 바라며 사시나무 떨듯 긴장하지는 않을 것이다.

'질식할 듯한 긴장감'에 대해 연구하는 학자들은 다음 6가지 특성을 잘 활용하면 사람들 앞에 나서는 일을 훌륭하게 해낼 수 있다고 말한다.

- 집중
- 규칙
- 적응성
- 참여(현재 진행 중인 일에 실제로 관여하는 일)
- 공포

- 욕망

이 요소들은 결국 모든 일을 정확히 이해하고, 자신의 재능과 한계를 파악하며, 상황의 중요성을 과대 또는 과소평가하지 말아야 한다는 기본적 원칙을 나타낸다. 또한 상상하기 어려운 거창한 대상보다 그 순간 당신이 통제할 수 있는 일에 집중해야 한다는 핵심적 개념을 설명해준다.[12]

골프선수 중 유독 긴장을 잘하는 사람들을 대상으로 한 연구에 따르면, 골프를 늦게 배운 사람일수록 심리적 압박을 심하게 느낀다고 한다.[13] 골프를 늦게 배울수록 자신의 기억에 의존하거나 게임을 너무 많이 생각하는 경향을 보인다는 것이다. 반면 어린 나이에 골프를 시작한 사람일수록 감각기관과 뇌의 운동계를 사용해서 기술을 개발한다. 그런 선수들은 허리를 굽혀 마지막 퍼팅을 할 때 볼이 컵을 벗어나지 않을까 걱정하지 않고 그저 자신의 플레이를 해내는 것이다.

비슷한 예로 문제 해결 능력, 논리적 사고, 이해력 등이 뛰어난 사람들은 수학시험을 볼 때 시간제한의 압박으로 인해 시험을 망칠 가능성이 가장 높다고 한다. 그 이유 중 하나는 그들이 답을 구하는 데 손쉬운 방법을 사용하려 하지 않기 때문이다. 게다가 자신이 맞닥뜨린 상황에 지나치게 큰 의미를 부여한다. 그들의 논리적 사고는 곧 걱정으로 바뀌면서 다른 생각들을 제치고 순식간에 머릿속을 지배해버린다. 어느 때 논리적으로 생각하고 어느 때 직관적으로 행동할 것인가의 문제는 관리자들에게 항상 주어지는 질문이다. 가능한 한 충분히 분석하고 추리하면 그만큼 효과가 따르겠지만, 때로는 예리한 직관을 발휘함으로써 주변의 잡음을 잠재우는 탁월하고 단호한 조치를 만들어내는 경우도 있다.

흔히 일어나는 또 다른 문제는 사람들이 어떤 중요한 순간에 놓이면 눈 앞의 할 일에 집중하기보다 그 상황이 어떤 의미를 지니는지에 지나치게 집착하게 된다는 것이다. 당대에 가장 높은 연봉을 받는 프로야구 선수였으며 최고의 스타 플레이어였던 알렉스 로드리게스Alex Rodriguez는 중요한 순간에 꼭 무너지는 징크스가 있었다. 그는 자신에게 무거운 임무가 주어진 상황에서 자칫하면 비난의 대상이 될지도 모른다는 두려움, 또 야구계의 전설적인 선수들과 끊임없이 비교되는 심리적 압박감에 굴복한 듯싶다. 말하자면 과거에 활약했던 불멸의 선수들과 자신을 동등한 위치에 올려놓고 싶다는 욕망이 그를 긴장감에 빠뜨렸던 것 같다. 알렉스는 선수 생활 후반부에 말 많던 결혼생활을 정리하고 몇 개월 동안의 엉덩이 부상에서 회복한 후에야, 위기에 강한 선수가 되는 데 필요한 요소는 바로 겸손함이라는 사실을 깨달았다. 그는 다음과 같이 말했다. "나는 이제 뭔가 기대하는 마음을 버리지요. 팀 동료들을 믿고 볼넷으로라도 걸어 나갑니다. 작은 일부터 시작하면 결국 큰일을 이룰 수 있어요." 마침내 그는 현재에 집중하는 법을 깨우쳤다.

관리자들도 비슷한 교훈을 업무에 적용해 실천할 필요가 있다. 당신이 염려하는 모든 일들을 구체적으로 기록해서, 그 일들이 자신의 마음을 더 이상 어지럽히지 못하도록 하라. 또 통제할 수 없는 일은 생각하지 마라. 사람들은 운동선수들이 심한 정신적 압박감에 시달릴 때면 경기의 기술적인 면을 과도하게 생각하지 못하도록 다른 곳으로 주의를 돌려야 한다고 말한다. 또 꾸준하게 리듬을 유지하고 기술을 자주 바꿔 항상 새로운 상태를 유지해야 한다고 조언한다. 그러나 비즈니스나 스포츠를 포함한 삶의 모든 영역에서 가장 중요하게 기억해야 할 점은, 자기 자신을 힘든 상황에 빠지게 하는 일 자체도 가치가 있다는 사실이다. 이를 통해 어려움을 더 훌륭하게 극복하는 방법을 배울 수 있기 때문이다. 우리가 대중 앞에서 더 많은 위기 상황을 경험한다면, 압박감으로 인해 질식할 가능성도 그만큼 줄어들게 된다.

9

판단할 수 있는가[14]

'패러다임 전환'이란 문구는 관리자들의 등줄기를 오싹하게 만드는 말이다. 컨설턴트들은 별달리 조언할 내용이 없을 때면 으레 이 단어를 내뱉는다. 또 경제전문가들은 자신의 예상이 물거품으로 변했을 때 이렇게 말한다. "고객님, 당신에게 지금 필요한 것은 '패러다임 전환'입니다. 그럼 제 일은 끝났습니다. 여기 청구서 받으세요."

많은 금융기관들이 2008년에 불어닥친 경제 위기를 예측하고 관리하는 일에 실패한 후, 경제전문가나 학자들은 비즈니스에서 인간의 판단력과 기계적인 측정 수단 사이의 균형에 대한 '패러다임 전환'이 필요하다고 부르짖었다. 은행들은 사람이 아니라 컴퓨터의 분석 모델에 의존한 '판단 오류' 때문에 비난의 대상이 됐다. 경제전문가들은 기업들과 규제기관들에게도 책임을 돌렸다. 시장 가설을 지나치게 신뢰한 나머지, 시장 가격에 모든 관련 정보가 반영되어 있다고 지레짐작했다는 것이다.[15]

이런 논쟁에서 빠져 있는 부분이 바로 관리자들의 목소리다. 그들은 어떤 경제전문가나 학자보다도 이런 문제의 본질을 직관적으로 이해하는 능력이 탁월하다. 왜냐하면 그 문제들은 규모나 재무 상태에 관계없이 모든 기업에서 매일같이 일어나기 때문이다. 사업을 운영하는 당신은 직원들을 신뢰하는가, 아니면 기계적인 절차를 믿는가? 위기가 찾아왔을 때 깔끔하고 믿음직스럽게 포장된 데이터에 의지할 것인가, 아니면 데이터가 가리키는 방향이 잘못되었다고 주장하는 경영진의 말을 들을 것인가?

한때 경제전문가들은 경성 정보hard information와 연성 정보soft information를 구분하는 일에 몰두한 적이 있다. 경성 정보는 숫자, 도표, 실증적 데이터 등을 의미한다. 연성 정보는 사람이나 상황에 대한 개인적 판단과 직관을 말한다. 투자계의 거물 조지 소로스George Soros는 자신의 허리가 아프기 시작한 것을 보니 자산을 처분할 때가 됐다고 말한 적이 있다. 말하자면 이런 연성의 신호가 유로화를 보유할지 달러를 보유할지와 같은 경성의 판단을 돕는 역할을 한다는 것이다.

직원을 채용할 때 이력서에 담긴 학위나 경력 등은 경성 정보들이다. 반면 그 사람에 대한 평판은 지원자가 번드르르한 학벌에 말만 앞세우는 사람인지, 학력은 그저 그렇지만 성실한 인재인지를 판단하게 해주는 연성 정보다. 모든 중요한 의사결정을 할 때에는 경성 정보와 연성 정보를 균형 있게 확보하는 일이 중요하다.

경성 정보와 연성 정보의 활용 문제는 기업 성장과도 관련이 있다. 사람의 판단에만 의지하는 회사는 기술적 플랫폼을 기반으로 한 회사에 비해 성장에 한계가 있다. 은행이 고객에게 대출을 해줄 때 신용 점수를 따지게 된 이유는, 그런 시스템이 대출을 해줘도 되는지 여부를 판단하는 절차, 즉 고객의 자격 요건을 만족스러운 수준까지 세심하게 검토하는 과정을 수월하게 해주기 때문이다.

금융 위기가 전 세계를 휩쓸었지만 이런 모델이 근본적으로 바뀌리라고 생각하기는 어렵다. 은행 지점장의 권한으로 지점의 대출 규모를 자유롭게 정하기를 바라는 사람들도 있겠지만, 전사적 대출관리 시스템이 제공하는 효율성과 수익성의 장점은 사라지지 않을 것이다. 게다가 금융기관들이 연성 정보에 더 많이 의존한다고 해서 위기를 막을 수 있다는 보장도 없다. 최근 개발도상국에서 연성 정보만을 바탕으로 고객에게 신용 대출을 해주는 소액 대출 사업이 성공을 거두고 있는 현상은, 금융 실적이 전혀 없는 사람들도 가족과 지역사회에 대한 의무감 때문에 열심히 일한다는 사실을 사업자들이 알고 있기 때문에 가능한 것이다.

버니 매도프Bernie Madoff(미국의 다단계 금융 사기범—옮긴이)의 사기 행각은 연성 정보의 승리였다. 팜비치Palm Beach에서 사람들 사이에 은밀히 퍼진 "매도프는 천재적인 사람이야."라는 말은 그가 실제로 어떤 일을 하고 있는지에 대한 모든 판단을 무력하게 만들어버렸다. 개인 간 대출 사업의 성장이 더딘 이유 중 하나도, 대부분의 사람들이 대형 금융기관의 기계적 대출 절차가 지닌 가치를 여전히 인정하기 때문이다.

보 벌링엄Bo Burlingham이 쓴 《스몰 자이언츠Small Giants-Companies that Choose to be Great instead of Big》라는 책에서는 최근 경제전문가들 사이에 논란이 된 문제들에 직면했던 미국의 몇몇 기업들을 소개한다. 당신은 회사를 더 크게 키울 수 있는 기회가 찾아온다면 그 기회를 잡을 것인가, 아니면 작은 기업을 유지하는 편이 더 매력적이라고 생각하는가? 규모가 크다는 점의 함정은 무엇인가? 관리자는 기업의 규모가 어느 정도일 때 사람을 관리하는 일에서 조직의 프로세스를 관리하는 일로 업무의 초점을 바꿔야 하는가? 그리고 그런 상황이 발생하면 무엇을 희생해야 하는가?

미국 중서부에 있는 한 회사의 CEO는 90명 정도의 직원을 고용하고 있다. 그는 회사 규모가 지금보다 커지면 좋을 게 없다고 확신한다. 그 CEO는 직원들이 목적의식을 상실하거나, 자신들이 수행하는 업무와 의사결정의 중요성을 간과할까 우려한다. 그는 사업을 더 크게 키울 기회를 거부하고 그동안 고집해온 사람 중심의 운영 방식을 지키는 일이 충분히 가치가 있다고 믿는다.

물론 꼭 작은 규모를 유지하는 것이 미덕이라는 의미는 아니다. 하지만 회사와 관리자가 올바른 방향을 잡는다면, 큰 기업에 못지않게 작은 회사도 가치가 있다. 결국 문제는 경제전문가들과 관리자들이 언제나 고심하는 한 단어로 귀결된다. 바로 '판단'이다. 패러다임의 전환이 문제가 아니다.

10 ---- Managing Yourself

피도 눈물도 없는 리더가 되기 어렵다면[16]

2010년, 성공적인 비즈니스 이면의 어두운 그림자를 묘사한 영화가 두 편 개봉했다. 〈월스트리트Wall Street〉의 속편인 〈월스트리트: 머니 네버 슬립스Money Never Sleeps〉에서, 몰락한 월스트리트의 금융가 고든 게코Gordon Gekko는 이렇게 말한다. "이상주의는 거래를 망친다." 이 말은 영화 속 대사 중 가장 신랄한 구절이며, 비즈니스가 '좋은 일을 통해 좋은 결과를 내는' 과정이라고 주장하는 사람들에 대한 날카로운 풍자다. 전편에서와 마찬가지로 이 영화 전반에 흐르고 있는 주제는 기업가들의 끔찍한 면모에 대한 일그러진 경외심이다. 한편 마크 저커버그와 페이스북의 탄생을 다룬 영화 〈소셜 네트워크The Social Network〉에서 그려진 저커버그라는 인물 역시 스타트업의 창업자로서 야심차고 이성적인 면도 있지만 한편으로 복수심에 불타고, 잔인하며, 기만적이고, 기본적인 사회성조차 결여된 인물이다.

영화에서 묘사된 저커버그의 이야기는 1970년대 이후 기술 산업계의 역사를 연구한 사람들에게는 이미 친근한 주제다. 젊은 시절의 빌 게이츠 역시 여러 측면에서 악몽 같은 존재였다. 그는 마이크로소프트를 창업하는 과정에서 직원들을 윽박지르고 과거의 경쟁자들을 처참하게 무너뜨렸다. 스티브 잡스도 애플을 설립할 때 개발자들을 혹독하게 몰아붙였으며 동료들과 경쟁자들을 경멸했다.

하지만 과연 이런 이야기들은 관리의 기법을 다루는 책들에 얼마만큼 담겨 있나? 조직에서 생산성을 최대한 높이려면 모든 직원들이 자포자기하고 기진맥진할 때까지 더더욱 강도 높게 압박해야 한다고 주장한 전문가들은 다 어디로 갔나? 우리는 왜 모두가 잘 아는 사실, 즉 비즈니스에서 성공한 사람들은 꼭 호감 가는 사람들이 아닐 수도 있다는 이야기를 할리우드의 영화 제작자들에게만 맡겨놓나? 저커버그나 게이츠, 또는 게코처럼 크게 성공하기 위해서는 남들을 불편하게 만드는 기질이 꼭 필요한 것일까?

그렇다면 일반적인 관리자는 이런 현실을 어떻게 받아들여야 하는가? 협상 기술을 다루는 세미나에 참석해서 이른바 '윈-윈'하는 법을 배우고 있는 어떤 관리자는, 언젠가 회사의 변호사가 이렇게 말한 일을 떠올린다. "윈-윈 하려면 같은 사람이 두 번 이기면 되는 겁니다." 또 당신은 최근 발표된 다양성 및 성희롱 관련 회사규약을 열심히 다운로드하고 있지만, 이미 억만장자가 된 저커버그는 페이스북을 창업하기 전에 여대생들의 외모 순위를 정하는 웹사이트를 운영했다.

《하드볼Hardball》은 비즈니스의 어두운 측면을 다룬 몇 안 되는 책들 중 하나다. 보스턴 컨설팅 그룹에서 컨설턴트로 근무하는 저자 조지 스토크George Stalk와 로브 라케나워Rob Lachenauer는 책에서 이렇게 말한다. "비즈니스에서 승리한 사람들은 거칠게 경기를 하면서도, 결코 사과하는 법이 없다." 그들이 말하는 하드볼(경쟁에서 승리하기 위해 사용하는 강경하고 냉혹한 수단—옮긴이)이란 법을 어기거나 속임수를 쓰는 일이 아니라 무자비한 경쟁, 잔인성, 그리고 목표에 대한 절대적인 명확성 등을 의미한다. 요컨대 '사람을 다루는 기술'과는 매우 거리가 멀다.

이 책에 따르면 하드볼 방식에는 '승리를 위한 5가지 기본 행동'이 있다. 첫째, 경쟁 우위를 확보하는 일이라면 무자비할 정도로 집중하라. 둘째, 경쟁 우위를 극단적 수준까지 높이기 위해 노력하라. 남들보다 조금 낫다고 만족하지 말고, 훨씬 더 우월해지도록 노력하라. 셋째, 경쟁자를 정면으로 공격하는 일을 피하라. 압도적인 능력을 가졌을 때가 아니라면 은밀하게 행동하는 편이 유리하다. 넷째, 승리를 향한 직원들의 의지를 이용하라. 그들을 경쟁자라는 먹이 앞에서 군침 흘리는 짐승으로 만들기 위해 적절한 동기를 부여하라. 다섯째, '경고 지역'을 명심하라. 최대한 위험지역 가까운 곳에서 경기를 하되, 선을 넘지는 마라.

저자들은 또 '무자비할 만큼 집중적으로' 실행해야 하는 5가지 전략을 나열한다. 첫째, 경쟁자가 수익을 거두는 안전지대를 무너뜨려라. 둘째, 남을 모방하는 일에 개의치 마라. 셋째, 경쟁자를 속여라. 넷째, 거대하고 압도적인 힘을 발휘하라. 다섯째, 경쟁자가 높은 비용을 지불하게 만들어라. 즉 경쟁자의 수익을 줄이고, 경쟁자들을 모방하고 속인 후에는, 경쟁자들이 자신도 모르게 무너지도록 만들라는 말이다.

"하드볼 경영자들은 가학적이지 않다. 다만 강할 뿐이다." 저자들은 이렇게 말한다. "그들은 경쟁자들을 무너뜨리고 싶어 한다. 하지만 자신이 위협적으로 보일 수도 있기 때문에 지나치게 노골적으로 행동하지는 않는다. 대신에 업계 사람들을 자신들 편으로 끌어들이는 방법을 사용한다. 실제 그들 중 많은 이들이 하드볼 경영자 편에 서서 하드볼 전략을 통해 창출된 부富를 함께 나눌 것이다."

당신이 하드볼이나 그보다 더 극단적인 방식을 사용했음에도 실패했다면, 누구도 당신이 멋진 싸움을 했다고 위로해주지 않을 것이다. 하지만 일단 성공한다면 세상의 모든 사람들이 당신을 인정할 것이다. 할리우드 영화에서 그 과정을 어떻게 묘사하든 말이다.

하드볼은 다른 사람들의 말을 들어주고, 배려하고, 공감하는 소위 '소프트 스킬soft skill'이나 감성지능 같은 요소와는 정반대의 개념이다. 하드볼의 특성을 지닌 사람들은 언제나 기업이나 정계에서 가장 높은 위치에 오른다. 세간에서 사려 깊고 점잖다는 평판을 받는 사람들조차도 다른 이들을 공격하고, 넘어뜨리고, 상처 주는 일이 흔하다. 토니 블레어 수상에게는 앨러스테어 캠벨Alastair Campbell이라는 공격적인 공보수석이 있었다. 버락 오바마Barack Obama의 첫 번째 백악관 비서실장이었던 람 이매뉴얼Rahm Emanuel은 저돌적이고 입이 거친 독설가로 악명이 높았다. 언젠가 오바마는 '어머니의 날' 연설에서 "오늘은 람 이매뉴얼에게 힘든 날일 겁니다. 그는 '어머니mother'라는 말 뒤에 '날day'이라는 단어를 붙이는 데 익숙하지 않거든요.(람 이매뉴얼이 mother fucker라는 욕을 자주 했다는 의미임—옮긴이)"라고 농담을 했다. 하지만 오바마는 이매뉴얼이 뒤에서 쏟아부은 각고의 노력으로 항상 사람들 앞에 잘 준비되고 세련된 모습으로 나설 수 있었다. 또 한 사람의 대통령 리처드 닉슨Richard Nixon은 이렇게 말했다. "사람들은 사랑이 아니라 공포에 반응합니다. 주일학교에서는 그렇게 가르치지 않겠지만, 그건 사실입니다."

세상의 가장 큰 부富와 위대한 혁신은 바보 같고 정직한 사람들의 몫이 아니라는 사실을 모두가 알고 있다. 오히려 그것은 이기주의자, 박해자, 거짓말쟁이들이 차지한다. 직원들의 기분을 맞춰주기 위해 지나치게 많은 시간을 쓰는 사람은 그렇지 않은 사람들에게 밀려날 수밖에 없다. 반면 직원들은 경쟁에서 승리한 괴물들이 자신들을 해고하지 않을 것이라는 사실 하나로, 그들과 일하면서 겪어야 하는 모든 어려움을 감내하려 한다.

어려운 시기가 닥치면 누구나 조지 패튼George Patton 장군 같은 리더를 원한다. 그는 매일 아침 거울에 자신의 얼굴을 비춰보며 부대원들 앞에서 늠름한 모습을 보일 수 있도록 연습했다고 한다. 사람들은 협상 자리에서 자신을 대신해 얼굴을 찡그리고, 항의하고, 언쟁해줄 수 있는 누군가를 원한다. 바닥을 뒹굴며 남들을 즐겁게 해주기를 바라는 것이 아니다. 많은 사람들은 하드볼 경영자들이 만들어낸 업적이 순조롭게 이루어진 것이 아니라 극도의 압박감과 위협, 그리고 공포 속에서 만들어진 결과물이라는 사실을 알고 있다.

경제가 호황일 때, 사람들은 '좋은 일을 통해 좋은 결과를 내는' 기업들의 사례를 이야기하고 수익과 나눔이 얼마나 훌륭하게 양립할 수 있는 개념인지를 강조한다. 하지만 미국의 한 조사기관이 2010년에 일터에서 직원들의 감성지능을 관찰한 결과에 따르면, 누군가가 다른 사람을 이해하려는 경향은 2003년 이후 최초로 하락했다고 한다. 경제 위기에 따른 스트레스에 시달리면서 타인의 문제에 관심을 보일 시간이 없었던 것이다.

남들에게 혐오와 조소를 유발하는 하드볼 방식이 위험하다는 사실을 지적하기는 쉽다. 영화제작자 하비 웨인스타인Harvey Weinstein은 악명 높은 하드볼 경영자로, 남들을 윽박지르고 위협하면서 최고의 자리까지 오른 사람이다. 하지만 그는 많은 오스카상을 수상하고 수억 달러를 벌어들임으로써 성공할 확률이 극히 희박한 업계에서 엄청난 성공을 이루어냈다. 빌 게이츠는 그가 윈도우를 개발할 때처럼 열정적으로 세계의 보건 문제에 몰두하고 있다. 말라리아에 시달리는 아프리카 사람들에게는 굉장한 소식일 것이다. 빌 게이츠가 아프리카 문제에 관여하기를 원하지 않는 사람이 있을까? 그는 어떻게든 성과를 거둘 것이다. 그리고 어떤 과정을 거치든 그가 성공한다면, 이전에 그가 보여주었던 약점에 대해 많은 부분을 용서받을 수 있을 것이다.

그러므로 이 문제를 해결하는 길은 단 하나다. 당신이 옳다고 생각하는 일을 하라. 천성적으로 하드볼의 성격을 타고난 사람이 있는가 하면 원래 남에게 잘 공감하는 사람도 있다. 하드볼 방식을 고집하면서 정작 성과를 내는 일에는 실패하고 직원이나 동료, 그리고 고객들에게 소외되기만 하는 관리자도 있지만, 어떤 관리자는 타인에 대한 관심과 친절을 바탕으로 어려운 상황에서도 직원들에게서 충성심을 이끌어내기도 한다. 반드시 실패로 이어지는 단 하나의 습관은 가식적인 행동이다.

11 ---------- Managing Yourself

경력 관리를 위한 조언

사람의 경력도 가장 기본적인 물리 법칙의 적용을 받는다. 다시 말해 일단 움직이기 시작해야 방향을 바꿀 수 있다는 뜻이다. 정지한 물체의 방향을 전환하는 일은 매우 어렵다. 마찬가지로 새로운 일을 시작하는 과정은 대개 순탄치 않다. 친구나 가족들은 당신이 선택한 직업이 별로라고 할 수도 있다. 심지어 당신 자신도 망설일지 모른다. 경력이 제 자리를 잡고 속도를 내는 과정은 새로 뽑은 신형 BMW에 시동을 걸고 출발하는 일처럼 순조롭지는 않다. 오히려 주차장에서 이중주차된 차들 사이를 비집고 나오려 애쓰는 일과 같다. 그러나 운이 좋다면 당신의 경력 내내 그렇게 진땀 흘리는 어려운 과정을 되풀이하지 않을 수도 있다.

이상적인 직업이란 새로 산 신발처럼 처음에는 불편한 법이다. 자신이 성장할 공간을 남겨둬야 하기 때문이다. 일이 너무 쉽다면 아무것도 배울 수가 없으며, 시작할 때부터 일을 잘 해낸다면 곧 지루해진다. 반면 지나치게 어렵다면 실패하기 쉽다. 대체로 시작한 지 4개월에서 6개월 사이에 제대로 된 실적을 낼 수 있는 직업이 가장 이상적이다. 그런 직업을 고르기 위해서는 직무에 필요한 요건과 자신이 지닌 능력을 면밀히 비교 분석해야 한다. 만일 그 차이가 너무 크다면, 그 직업은 포기하는 편이 낫다. 만일 당신의 역량이 그 직업에 너무 딱 들어맞는다면, 좀 더 도전적인 직업을 선택할 필요가 있다. 이런 식의 판단은 특히 당신이 이제 막 관리자가 되었을 때 본인의 능력을 사람들에게 증명하는 과정에서 많은 도움이 된다.

당신이 일찌감치 올바른 선택을 한 후, 인간관계를 다지고 전문성을 길러 능력을 입증한다면 성공이란 바퀴를 돌리기 위해 시동을 걸 수 있다. 더 많은 사람들이 당신을 알고 신뢰하게 되면 더 많은 기회가 찾아올 것이다. 또한 당신에게 주어진 일을 꾸준히 해낸다면 그간 쌓아올린 책임과 권한을 바탕으로 더 높이 비상할 수 있다.

야심적인 관리자들이 저지르는 실수 중 하나는 자신의 재능을 최대한 발휘해서 모험을 하기보다 오히려 재능을 숨기는 일이다. '확장 업무'의 가장 큰 이점은 당신의 재능을 투자해 그 업무를 수행함으로써 얻는 이득이 평범하고 지루한 일들에 비해 훨씬 크다는 것이다. 만일 당신이 뭔가 도전적인 업무를 맡았다면, 회사는 당신이 그 일을 어떻게 처리하는지에 많은 관심을 기울이면서 다양한 자원을 지원해준다. 만일 당신이 그 업무를 성공적으로 처리한다면 경력에 터보 엔진을 장착하는 것과 다름없다. 그리고 더 높은 자리에 오를수록 자신의 경력을 발전시켜줄 사람들을 더 많이 만나게 된다. 그들은 당신에게 새로운 책임을 맡김으로써 자신들의 운을 당신에게 투자한다. 권력의 본질이란 그런 것이다.

권력이란 단지 직책이나 급여의 문제가 아닌 매우 특별한 개념이다. 고위 임원과 가까운 곳에 근무하면서 그에게 인정받는 젊은 직원은 비록 직급도 낮고 급여도 변변치 않지만, 높은 연봉을 받으면서도 한직으로 밀려난 부사장보다 훨씬 큰 권력을 발휘할 수 있다. 마찬가지로 특정 분야에서 장인匠人으로 인정받는 하위 직급의 직원은, 새로운 업무에 감을 잡지 못하는 고위급 간부보다 훨씬 큰 권력을 지닐 수도 있다. 요컨대 성공의 바퀴를 보다 빠르게 돌리기 위해서는 일에 대한 전문성이 있음을 입증해야 함과 동시에, 현재의 직책이나 급여 수준에 관계없이 조직의 핵심 권력 가까이에 위치해야 한다.

위험을 감수하는 일이 다 그렇듯 경력에서도 위험한 투자를 결정하는 일은 쉬운 선택이 아니다. 예를 들어 본사에서 멀리 떨어진 해외 근무를 받아들이는 데는 단순히 새로운 언어를 배워야 하고 가족이나 친구들과 헤어져야 하는 문제만 있는 것이 아니다. 본사에서 벌어지는 경쟁에서 밀려날 가능성도 있다. 반면 여러 사업 부문이나 부서를 관리하고 새로운 시장을 개척하는 등, 본사에서는 경영진이 되어야 가능한 다양한 경험을 해볼 기회가 될 수도 있다.

물론 주어진 업무를 잘 처리한다는 전제하에, 그런 상황에서 위험 부담을 최소화하는 가장 좋은 방법은 조직 안팎의 사람들과 두터운 인적 네트워크를 만들어두는 일이다. 당신에게는 자신이 하는 일을 잘 이해해주고, 또 당신이 모험을 건 일이 제대로 성과를 내지 못했을 때 믿고 도와줄 수 있는 멘토가 필요하다. 또한 당신이 다시 돌아와도 환영해주고 당신의 경력을 궤도에 복귀시키는 일을 지원해줄 동료들도 있어야 한다. 이런 종류의 네트워크는 일상적인 업무를 원활하게 만들어줄 뿐 아니라, 마치 트램펄린 위를 뛰는 것처럼 당신을 상상 이상의 높이로 도약하게 만들어준다. 또 경력에 차질이 생겼을 때 당신을 보호해주는 안전망의 역할도 한다.

핵심 정리

자기 관리를 위한 10가지 좋은 습관

1. 삶에 대한 회계감사를 실시하라. 집과 회사에서 하는 행동들의 패턴을 평가해보고, 자신의 삶을 효과적으로 만들기 위해 가장 변화가 필요하다고 생각되는 2가지를 골라서 실행에 옮겨라.

2. 진행 중인 업무의 수를 줄이고 업무 흐름을 단순화하라. 과도한 서류작업을 없애고 모든 일에 대한 목록을 만들어서 시간을 절약할 수 있는 방법을 찾아라. 주의를 산만하게 하는 요소들에 방해받지 않고 특정 업무에 몰두하려면 그 시간에 이메일을 사용하지 마라.

3. 필요하다면 일정 시간 동안 집중해서 일한 후 주기적으로 휴식을 취하는 방식을 택하고, 직원들에게도 권장하라.

4. 하루 중 가장 생산성이 높은 시간을 정해서 가장 중요한 일을 처리하라. 이메일부터 열어보는 습관을 버려라. 당신의 소중한 시간을 낭비할 것이다.

5. 내가 왜 일을 하고 있는지 늘 상기함으로써 매일 아침 의욕적으로 출근할 수 있도록 하라. 개인과 조직 전체의 목표를 분명히 하고 목

표를 달성하는 데 직접적으로 도움이 되는 경험을 쌓아 경력을 발전시켜라.

6. 행복, 성취, 의미, 유산 등 성공의 4가지 요소에 대한 균형을 잘 유지하라.

7. 타고난 기질을 최대한 활용하라. 내향적인 사람도 차분한 방법으로 다른 사람들에게 적절한 영향력을 행사할 수 있다면 경력을 쌓는 데 결코 불리하지 않다.

8. 모든 일에 최고일 필요가 없다는 생각으로 대중 앞에서 느끼는 공포를 합리화하라. 대중 앞에서 말하는 일이 두렵다면, 강사의 능력이 중간 또는 낮은 수준이어도 청중의 기대를 만족시키는 데 충분하다는 조사 결과를 떠올려라.

9. 자신의 경력과 재능을 잘 비교해서 적절한 모험을 하라. 실패할지도 모르는 일이라도 스스로 시험해보기를 두려워하지 마라.

10. 자신에게 주어진 모습대로 자연스럽게 행동하라. 가식적인 태도처럼 사람들의 존경심을 깨뜨리는 요소도 없다.

MANAGEMENT MATTERS

2

직원 관리 Managing Others

사람을 관리하는 일

그러므로 신뢰할 수 있는 관리자란 좋은 가치관이나 의도를 지녔을 뿐 아니라, 그 가치관과 의도를 행동으로 옮기는 실행 능력을 발휘함으로써 자신이 매일 상대하는 모든 사람들의 삶을 더 낫게 만들 수 있는 사람이다.

MENTOR

우리는 손님을 엘리베이터 앞에서 보내지 않는다. 반드시 길까지 배웅한다.

데이비드 오길비 David Ogilvy

세계적인 기업 구글 Google 도 광고 사업 모델을 창안해서 수십억 달러를 벌어들이기 전에는 비용을 극도로 아껴야 했던 작은 회사에 불과했다. 2000년 이 회사의 첫 번째 영업 부서장이었던 사람이 창업자인 래리 페이지 Larry Page 와 세르게이 브린 Sergey Brin 에게 팩스 기계를 한 대 사달라고 요청했다. 페이지와 브린은 팩스의 용도가 무엇이며 그것을 사용해서 얻는 이득이 구입하는 비용보다 큰지 꼬치꼬치 따져 물었다.

이런 형편에도 불구하고, 구글은 여러 명의 우수한 인재들을 끌어모았다. 뛰어난 능력을 지닌 컴퓨터 과학자들은 마음이 통하는 사람들과 어려운 컴퓨터 문제에 함께 도전한다는 발상에 매력을 느꼈다. 또 몇몇 우수한 영업 사원들과 관리자들은 세계적 명성을 지닌 기업들이 제공하는 안정적인 일자리를 기꺼이 내던지고, 캘리포니아 주 멘로 파크 Menlo Park 의 어느 차고를 벗어나지 못한 채 불투명한 앞날에 싸여 있던 이 회사에 합류했다. 직원은 많지 않았지만 구글에는 나름대로의 기업 문화가 존재했다.

몇 년 뒤, 구글은 돈방석에 앉으면서 직원들에게 온갖 혜택을 아낌없이 제공했다. 그들은 샌프란시스코 최고의 요리사를 수백만 달러의 스톡옵션을 주고 영입했다. 직원들은 회사 내에서 마사지와 세탁 서비스를 받을 수 있었다. 사무실 구조는 직원들이 서로 교류하면서 친밀한 분위기를 만드는 데 도움을 주고 새로운 아이디어를 더 많이 떠올릴 수 있도록 설계됐다. 페이지와 브린은 직원들 사이의 긴밀한 관계가 사람들을 결속시키고, 생기를 불어넣고, 업무에 집중하게 함으로써 기업을 활기 있게 만드는 핵심 요소라고 굳게 믿었다.

그들은 골프를 싫어해서 골프와 관련한 이벤트는 한 번도 후원한 적이 없다. 광고를 핵심 사업으로 삼는 기업으로서는 매우 이례적인 일이었다. 새로 입사한 영업 사원들은 골프에 대해 다음과 같이 교육받았다. 기업들이 고객을 골프에 초대하는 이유는 그 일 외에 고객에게 제공할 만한 혜택이 없기 때문이다. 따라서 구글은 그렇게까지 비굴하게 행동해서는 안 된다.

구글의 경영진은 엔지니어 출신답게 경영상의 모든 통설이나 관습들에 대해 단호하게 문제를 제기했다. 왜 이 일은 꼭 이렇게 해야만 하고, 저렇게 하면 안 되는가? 예컨대 이 회사의 리더들이 자랑하던 무조직disorganization 체계는 사용자에게 최고의 경험을 선사하는 일이 무엇보다 중요하다는 신념의 결과물이었다. 그들은 많은 기업들이 회사 내부의 형식주의로 인해 사용자의 이익을 갉아먹고 있다고 믿었다. 부서 간의 알력이나 사소한 절차상의 문제 때문에 혁신이 좌절된다면 피해를 입는 쪽은 고객이다. 구글에서는 어떤 엔지니어가 프로젝트를 진행해야겠다고 마음먹었다면 그냥 시작하면 그만이었다. “구글이 일하는 방식이 바로 그겁니다.” 경영진 중 한 사람이 말했다. “어떤 아이디어에 대해 일일이 허락을 받을 필요가 없어요. 그냥 진행하면 되는 거예요. 그리고 이렇게 말하면 되는 거지요. ‘이 일에 2억 달러가 필요합니다.’ ”[1]

하지만 그런 자유방임적 관리 방식에 대해 투자자들은 민감하게 반응했다. 그런 방식이 지속된다면 기업이 내부적으로 붕괴될지도 모른다는 위기의식이 생겨났다. 또 회사의 목표와 직원들의 성과를 명확하게 관찰, 추적, 측정하는 수단을 갖추는 동시에 창의성과 혁신을 계속 유지해야 한다는 문제도 대두되고 있었다.

세계 최대의 전자 칩 제조 기업인 인텔의 설립자 앤디 그로브Andy Grove는 연설 때마다 크리스토퍼 콜럼버스가 항해를 시작해 신대륙을 발견한 과정에 대해 언급했다. 콜럼버스는 새로운 모험을 시작하려는 여느 사람들과 다르지 않았다. 그는 자신의 아이디어를 현실화하기 위해 이곳저곳다니며 자금을 모았다. 그 과정은 생각보다 훨씬 오래 걸렸다. 그는 자신이 인도에 이르는 무역 항로를 개척할 것이라고 주장했다. 몇 년에 걸친 노력 끝에 콜럼버스는 마침내 자금을 확보해서 선원들을 모집하고, 필요한 물품들을 구입하고, 해적들을 피해 대서양을 항해한다. 하지만 그가 발견한 것은 동인도에 이르는 항로가 아니라 아메리카 대륙이라는 신세계였다. 그렇다면 콜럼버스의 항해는 원래의 목적을 달성하지 못했기 때문에 실패로 간주해야 할까? 아니면 그가 항해 도중에 달성한 성과들을 평가해야 옳을까?

그로브는 목표Objective와 핵심 결과Key Results, 줄여서 OKR이라고 불리는 관리 방법론을 매우 신뢰했다. 구글의 주요 투자자 중 한 사람인 존 도어John Doerr 역시 OKR의 열정적인 지지자였다. 도어는 구글의 설립자들에게 이 방법론을 도입하라고 압박을 가했다. 이를 통해 회사의 혼란스러운 관리 체계에 질서를 부여할 수 있으리라 기대했던 것이다. OKR이란 개인이나 그룹이 하나의 목표와 측정 가능한 3가지 핵심 성과를 설정하는 일이다. 즉 목표와 결과를 기술한 다음, 궁극적인 목표 달성 여부를 떠나 3가지 핵심 성과의 진행 상황을 중점적으로 측정하는 것이다. 이렇게 하면 모든 사람들은 자신의 조직이 무엇을 성취하기 위해 노력하고 있으며, 개인이나 팀이 이를 달성하기 위해 어떤 일을 할 수 있는지 이해할 수 있다. 요컨대 OKR은 원대하고 추상적인 목표를 일련의 구체적 단계들로 바꾸는 방법론이다.

구글은 IT기업답게 컴퓨터 과학자들이나 생각해낼 법한 측정 방식을 도입했다. 만일 어느 직원이 목표를 설정하고 그 목표를 정확히 달성했다면 1점을 얻는다. 목표의 절반밖에 이루지 못했다면 0.5점이다. 50퍼센트 이상 초과 달성했다면 1.5점을 가져간다. 구글 경영진의 생각에 가장 이상적인 점수는 0.7점이었다. 높은 수준의 목표를 설정하고 그 목표에 근접하기 위해 열심히 노력했다는 의미이기 때문이다. 만일 목표에 너무 많이 미치지 못했다면, 일을 제대로 해내지 못한 것이다. 반면 언제나 목표를 달성한다면 애초에 도전적인 목표를 세우지 않았음이 분명하다. 한 번에 몇 개 정도의 목표만을 설정하고, 너무 많은 일에 주위를 분산시키지 않아야 이상적이다. 목표의 개수를 제한하고 세부적인 일들을 정확히 진행하면 관리자가 직접 감독해야 하는 일과 직원에게 위임할 수 있는 일 사이에서 균형을 맞출 수 있다.

구글의 관리자들은 목표를 수립하고, 팀을 구성하고, 구성원들과 소통하며 그들을 동기부여하고, 성과를 측정한다. 또한 자신과 팀의 역량을 개발하는 데 그 측정 결과를 활용한다.

이 목표 위주의 관리 방식은 많은 사람들에게서 기대 이상의 반응을 불러일으켰다. 구글은 분기별 또는 연도별 전사 OKR 회의를 진행하면서 그동안 축적된 데이터를 흥미 있게 검토했다. 이제 프로젝트 관리자는 자신의 프로제트가 성공하리라고 호언만 할 수는 없었다. 언제까지 몇 개의 상품이 판매될 것인가, 또는 광고에서 얼마의 매출을 달성할 것인가 등의 구체적인 근거를 제시해야 했다. 모든 직원은 신호등 색깔로 본인의 OKR 진척도를 평가받았다. 녹색은 진행이 잘 되고 있다는 표시였다. 노란색은 중간 정도라는 의미이며, 빨간색은 문제가 있음을 뜻했다. OKR의 측정 결과는 회사 인트라넷에 게시된 직원 프로필에 포함되어 다른 기본적인 신상자료들과 함께 공개됐다. 이 방식은 회사를 제 궤도에 안착시켰을 뿐 아니라 선의의 경쟁과 적극적인 투명성이라는 기업 문화를 만드는 데 큰 역할을 했다. 모든 일을 명확히 파악할 수 있다면 문제를 빠르고 효과적으로 해결할 수 있을 것이다.

하지만 이런 종류의 관찰 및 측정 업무가 제대로 이루어지려면 관리자와 직원들 사이의 소통이 원활해야 하며, 직원들 역시 적극적으로 동참해야 한다. 구글은 새로운 제품을 기획할 때 반드시 도그푸드dogfood(자사 제품이나 자신이 만든 제품, 특히 소프트웨어 프로그램을 직접 사용하는 일—옮긴이)를 한다. 다시 말해 시제품을 직접 사용해봄으로써 결점을 파악하고 개선 방안을 제안할 수 있도록 직원들에게 '자신이 만든 도그푸드(개밥)를 직접 먹어보는 일'을 의무적으로 실시하는 것이다. 또 매주 금요일에 TGIF 행사를 진행하면서 전 직원이 페이지와 브린에게 자유롭게 질문하는 시간을 갖는다.

이렇게 투명하면서도 참여적인 관리 방식은 2008년 구글이 직원 복지에 대한 비용 절감을 결정했을 때도 효과를 발휘했다. 회사는 어떤 비용을 줄일지 관리자들이 일방적으로 결정하기보다 직원들에게 묻는 방법을 택했다. 직원들은 병으로 구입하는 생수와 회사 차원에서 진행하는 스키 여행을 없애자고 제안했다.

관리의 모든 면이 그렇듯 다른 사람들을 관리하는 일에도 특정한 규칙은 없다. 모든 경우를 만족시키는 만병통치약 같은 처방은 존재하지 않는다. 또한 사람은 모든 자극에 동일하게 반응하는 로봇 같은 존재가 아니다. 구글은 이 점을 간파하고 자사의 비즈니스 목표와 일치하는 방향으로 직원들을 관리하는 방법을 창안했다. 모든 관리자는 이런 방식을 고민해야 한다.

이 장에서는 직원들을 관리하는 일에 대한 여러 가지 아이디어를 함께 논의해본다. 하지만 가장 훌륭한 접근방식은 전후 사정에 따라 다르게 수립될 수 있다. 그리고 이 모든 일은 적절한 인재를 찾아내는 작업에서 시작된다.

1 ---------- Managing Others

미래를 위한 인재 채용

직원 채용은 관리라는 영역에서 철저히 소외된 업무다. 기업들은 많은 노력과 과학적 분석을 예산, 전략, 운영 관리 등의 영역에 쏟아부으면서도 적절한 인재를 찾는 일에는 그렇게 큰 비중을 두지 않는다. 대부분의 경우 채용 업무는 고위 경영진이 걸핏하면 존재 가치를 폄하하는 인사팀이 담당한다. 기업들은 직원을 채용하면서 똑같은 실수를 끝없이 반복한다. 그들은 지원자들이 실제 어떤 사람인가에 관계없이 이력서만으로 채용을 결정한다. 관리자들은 자신과 외모나 성향이 비슷한 사람들을 뽑는다. 또한 지원자가 어떤 배경이 있고 누구와 인맥이 있는지에 따라 합격자를 정하며, 그들이 미래에 어떤 일을 성취할 수 있는지에 대해서는 관심을 두지 않는다.

직원을 채용할 때에는 우선 이런 질문을 스스로에게 던져야 한다. 내가 속한 조직이 달성해야 하는 일은 무엇인가? 요컨대 조직에 부여된 구체적인 목표와 그것을 이루기 위한 단계를 명확히 파악해야 그 일을 하는 데 어떤 사람이 적합한지 알 수 있는 것이다. 하지만 많은 관리자들은 여전히 지원자의 학위나 다른 회사 근무 경력과 같은 자격 조건을 우선시한다. 그러다 보니 지원자가 과거 어떤 성과를 달성했는지, 당시의 환경은 어떠했는지, 그리고 어떤 자취를 남겼는지 같은 핵심적인 문제를 도외시한다. 예를 들어 어떤 업계에서 두 사람이 똑같이 영업 목표를 달성했다고 하더라도 한 사람은 그 과정에서 인간관계를 온통 엉망으로 만들었을 수도 있고 다른 한 사람은 인적 네트워크를 더욱 풍요롭게 확장했을 수도 있다.

아무리 우수한 채용 담당자라도 지원자들의 됨됨이를 정확히 파악하기란 매우 어려운 일이다. 대부분의 기업이 이 일에 엄청난 노력을 기울이지만 여전히 충분치 않다. CEO나 투자자들에 따르면 회사의 성공이 훌륭한 인재 덕분에 이루어지는 비율은 50퍼센트에 달한다고 한다. 반면 전략이나 계획의 적절한 실행 때문에 성공하는 경우는 겨우 2퍼센트에 불과하다. 하지만 많은 학자들이 연구한 바에 의하면, 전통적인 입사 면접 방식으로 지원자의 직무 성과를 예측하는 일은 불가능하다.[2] 모든 지원자는 늘 똑같은 면접 질문들에 대한 모범답안을 미리 준비해서 대답한다. 따라서 그 사람의 진정한 면모를 파악하기 위해서는 여러 단계에 걸친 다양한 검토 과정이 필요하다.

물론 그런 투자와 노력이 모든 인력을 채용하는 데 도움이 되는 것은 아니다. 하지만 당신이 조직에서 오래 근무할 수 있는 책임감 있는 직원을 채용하고 싶다면, 자신의 직감에 의존한다거나 '회사와의 궁합'이나 따지는 점쟁이 같은 자세를 버리고 직원 채용이 기업 인수와 같은 중차대한 업무의 하나라고 신중하게 생각할 필요가 있다. 채용하고 싶은 사람에 대한 채점표를 작성하고 우수한 후보자들을 명단에 올려보라. 처음 단계에서는 월등한 성적으로 통과한 후보자도 세 번째나 네 번째 단계에서 탈락할 수 있는 반면, 처음에 두각을 나타내지 못한 사람이 갈수록 빛을 발휘하는 경우도 있다.

흔히 관리자들은 독립적이거나 대기만성형인 직원을 피하려 한다. 그런 직원들은 큰 성과를 거둘 가능성도 있지만, 특이한 이력으로 인해 자신의 잠재력을 발휘하지 못하고 과거에 집착하기 쉽다고 생각하기 때문이다. 만일 그들을 놓치는 실수만 하지 않는다면, 인재를 풍부하게 확보할 수 있을 뿐 아니라 탁월한 성과로 이어지는 길을 닦을 수 있을 것이다.

2

Managing Others

신입을 뽑을 때 점검해야 할 7가지 조건

신입 직원을 채용할 때에는 스스로 이런 질문을 던져봐야 한다. 우리 조직은 그 직원에게 얼마나 의존하게 될까? 물론 어떤 회사를 막론하고 신입 직원이 가장 생산성이 떨어진다는 사실은 누구나 알고 있다. 하지만 그들은 미래의 가능성을 대변할 뿐 아니라, 현재 회사의 이미지를 가시적으로 드러내는 존재이기도 하다. 사무실 가장 바깥쪽에 앉아 있는 신입 직원은 회사를 처음 방문한 사람에게 첫인상을 심어주는 역할을 한다. 당신에게 걸려온 전화를 대신 받은 직원의 전화응대 태도는 당신의 태도를 대신한다. 또 당신이 신입 직원에게 분석이나 보고 업무를 지시했다면, 그 직원이 업무를 얼마나 잘 완수했느냐에 따라 당신이 내리는 의사결정의 질이 달라질 것이다.

물론 현실적으로 생각할 필요가 있다. 당신이 채용하는 직원들의 수준은 회사가 제공할 수 있는 경제적·심리적 보상이 직접적으로 반영된 결과다. 일자리에 지원하는 사람들에게는 돈, 자극, 흥미, 전망, 안정성 등이 중요한 선택 기준으로 작용한다. 어떤 기업도 이 기준을 모두 충족하지는 못한다. 하지만 급여가 낮고 업무도 지루한 회사에서 꿈같은 지원자를 탐해봐야 소용이 없다. 관리자들은 입사 면접 때마다 이 사람을 채용함으로써 현재 비어 있는 부분을 어떻게 메울지 생각하겠지만, 지원자들은 이 일자리가 자신의 미래에 어떤 의미가 있는지에 더욱 큰 관심을 기울인다.

정도의 차이는 있지만, 기업에서 채용하는 신입 직원들에게는 대체로 다음과 같은 요건들을 종족할 것이 요구된다.

1. 기본 태도

제 시간에 출근하는가? 겉모습은 단정한가? 정리는 잘 되어 있나? 정직한가? 이런 평가는 다른 사람들의 평판을 통해, 또는 그 사람과 처음 대면했을 때의 인상을 통해 얻을 수 있다.

2. 사회성

온화한가 또는 냉정한가? 친구들을 쉽게 만드는가 아니면 사람들을 위협적으로 대하는가? 함께 일하면 즐거운가? 점심식사 자리에 그 직원과 당신의 동료를 초대해서 그들의 행동을 관찰해보라.

3. 호기심

업무 외적인 영역에 관심이 큰가? 열심히 배우려는 자세를 보이는가 아니면 마지못해 배우는가? 최근 5년 동안 어떤 기술이나 흥밋거리를 개발한 적이 있는가?

4. 네트워크

업무상 누구와 알고 지내며 관계는 어떤가? 그 직원과 함께 일했던 동료 중에 그에 대해 솔직한 이야기를 들려줄 사람은 누구인가?

5. 지적 능력

영리한가? 어려운 문제를 분석을 통해 풀어갈 수 있나? 종이와 연필을 주고 어떤 문제를 30분 안에 해결하도록 해보라.

6. 끈기

어려운 순간이 찾아왔을 때 참고 이겨내는가 아니면 포기하는가? 그들에게 인생에서 가장 힘들었던 순간이 언제였는지 질문해보라. 그들이 정직한지 아니면 거짓말을 하는지 금방 판단할 수 있다.

7. 창의성

자신의 아이디어를 선택해서 완성될 때까지 밀고 나가는가? 진정으로 창의적인 사람은 스스로 아이디어를 만들어내고 현실화시키며, 그 과정을 신속하고 열정적으로 설명할 수 있다.

직원을 채용할 때 이 요건들을 파악할 수 있는 질문 목록을 만들고 면접 과정에서 활용하라.

3

Managing Others

좋은 CEO를 알아보기 위한 3가지 질문

실리콘 밸리에서 가장 성공한 벤처 캐피털 기업 중 하나인 안데르센 호로비츠Andreessen Horowitz의 공동 창업자 벤 호로비츠Ben Horowitz는 자신의 회사에 새로 영입한 CEO를 평가할 때 다음과 같은 3가지 질문을 던진다.

1. 무엇을 해야 하는지 알고 있는가?

호로비츠는 이 질문을 두 부분으로 나눈다. 의욕 넘치는 CEO가 가장 먼저 이해해야 할 내용은 회사의 전략, 아니 전략이라기보다는 회사의 '이야기'다. 이는 단순한 목표나 목적의식과는 다르다. 호로비츠의 말대로 회사에 관한 이야기를 자세히 파악하고 있다면 다음과 같은 어려운 질문들에도 쉽게 대답할 수 있다. "왜 나는 이 회사에 들어왔는가? 이 회사에서 일한다는 것은 왜 나를 들뜨게 만드나? 고객들은 왜 이 회사의 제품을 구매하는가? 왜 투자자들은 이 회사에 투자해야 하나? 이 회사가 존재함으로써 어떻게 세상은 더 좋아지는가?"

경영자가 사람들과 소통하기 위해 스토리텔링을 활용한 훌륭한 사례 중 하나는 1997년 제프 베조스Jeff Bezos가 아마존Amazon 주주들에게 보낸 편지일 것이다. 그는 종이 세 장에 이 신생 기업에 대한 모든 이야기를 간결하게 요약했다. 당시 아마존의 고객은 1500만 명에 불과했으며 매출액도 1억 5000만 달러를 넘지 못했다. 나중에 이 회사가 달성하게 될 엄청난 매출액에 비하면 극히 일부분에 지나지 않았다. 하지만 베조스의 비전과 목적은 대단히 명확했다. 투자자들이나 직원들은 그가 들려준 아마존의 이야기에 대해 한 점의 의심도 품지 않았다.

"오늘날 온라인 상거래는 고객의 돈과 소중한 시간을 절약해주는 역할을 합니다." 베조스는 이렇게 썼다. "하지만 미래의 온라인 상거래는 개인화personalization 과정을 통해 새로운 세계의 발견을 앞당기는 역할을 하리라 믿습니다. 아마존은 인터넷을 활용해 고객들을 위한 진정한 가치를 창조하고 있으며 시장에서 오랫동안 지속할 수 있는 기업이 될 것입니다."

베조스는 아마존이 '장기적으로 존속할 모든 조건을 갖춘' 기업이라고 강조하며 경영 및 의사결정에 관한 아마존만의 핵심적 접근방식을 공개했다. 또한 투자자들이 그 방식에 따라 회사를 이해하기를 바란다고 말했다. 여기에는 고객, 데이터 및 분석, 실험정신과 실패를 통한 학습, 검소함과 비용 절감을 지향하는 문화, 회사에 대한 주인의식을 지닌 우수한 직원 채용, 투자자에 대한 개방성, 다른 어떤 회계 요소보다 현금 흐름에 대한 우선순위 부여 등이 포함됐다.

베조스가 이야기의 분량을 종이 세 장에 맞췄다는 사실도 주목할 만하다. 그가 말하고자 하는 내용을 한 줄로 줄였거나 '비전 강령' 같은 형식으로 지나치게 단순하게 정리했다면 주주들은 이를 대수롭지 않게 받아들였을 것이다. 한 문장으로는 충분하지 않고 10페이지는 너무 많다. 세 장 정도가 딱 알맞은 분량이었다.

새로운 CEO가 이해해야 할 두 번째 사항은 훌륭하고 시의적절한 의사결정을 내리는 데 필요한 자신감과 지식을 갖추는 문제다. 관리자에게 자신감이 있다면 정보가 불충분해도 의사결정을 할 수 있다. 어려운 의사결정을 내려야 하는 상황에서는 그 결정에 만족하지 않는 사람이 반드시 존재하기 마련이다.

좋은 CEO나 관리자는 꾸준히 정보를 수집해서 날마다 이루어지는 크고 작은 의사결정들에 반영한다. 하지만 모든 정보를 자세히 검토할 시간이 충분하지 않기 때문에 때로는 직관에 따라 의사결정을 해야 하는 경우도 있다. 이런 능력을 기르기 위해서는 모범적인 사례를 본받고 문제를 포괄적으로 이해하는 자세를 지녀야 한다. 또 직원과 고객, 그리고 경쟁자들과의 긴밀한 상호작용을 통해 긍정적인 습관을 만들어나가야 한다.

2. 자신이 원하는 방향으로 회사를 이끌 수 있는가?

자신의 이야기로 다른 사람들을 설득할 수 있는지, 또 그 아이디어를 현실화하기 위해 여러 사람을 잘 중재하고 원만한 의사결정을 이끌어낼 수 있는 관리적 능력이 있는지 묻는 질문이다. 이를 위한 첫 번째 단계는 적절한 인재를 모으고 그들에게 충분한 자원을 제공하는 일일 것이다. 팀을 구성하는 작업은 기본적으로 관리자의 임무이며 인사팀의 전유물이 아니다. 어떤 직원이 우수한가의 여부는 그에게 특정 문제를 해결할 수 있는 능력이 있는가에 따라 판단된다. 만일 회사에 내분과 부적절한 절차가 만연하다면 그런 능력이 있어도 펼치기 힘들다. 훌륭한 팀을 영입하고도 그들을 회사 내의 싸움판에 방치해둔다면 아무 의미가 없다. 그들이 주어진 목표를 달성하려면 적절한 지원과 집중할 수 있는 환경이 필요하다. 또한 그런 여건을 조성하기 위해 적절한 인센티브나 탁월한 소통 등 정교한 관리 시스템을 가동해야 한다.

3. 목표와 결과를 어떻게 설정해야 하는가?

앞서 구글의 사례에서도 이 주제가 논의된 바 있다. 호로비츠 역시 목표에 대한 결과를 측정하는 일에 높은 가치를 두지만, 몇 가지 전제를 덧붙인다. 그는 관리자들이 '다른 회사가 아닌 자기 회사에 얼마나 기회를 가져다주는지'에 따라 평가를 받아야 한다고 말한다.

관리자들은 트위터가 성장한 것과 같은 방식으로 사업을 고속 성장시키라는 요구를 자주 받는다. 심지어 태양열 발전처럼 비용 구조나 사업 확장의 기회가 전혀 다른 산업 분야에서도 그런 요구를 받는 경우가 있다. 호로비츠는 바이두百度(중국의 인터넷 검색 기업—옮긴이)의 CEO 로빈 리Robin Li의 이야기를 들려준다. 바이두가 2005년 증시에 상장되고 첫 거래를 시작한 날, 회사의 주가는 5배가 폭등했다. 투자자들과 직원들은 기뻐 날뛰었지만 로빈은 이 상황을 달가워하지 않았다. 그는 호로비츠에게 자신은 주당 27달러에 맞는 경영 실적을 낼 준비는 완벽히 되어 있었지만, 이제 122달러에 맞는 실적을 달성해야 하는 상황으로 바뀌었다고 말했다. 다시 말해 그는 시장의 요구에 부응하는 결과를 만들어내야 한다는 압박을 느낀 것이다. 로빈은 회사의 운영, 기술력, 그리고 사용자에 집중한 결과 결국 목표한 실적을 이루어냈다. 과연 로빈처럼 주가에 대해 의무감을 느끼는 관리자가 몇이나 될까?

요컨대 당신에게 주어진 기회와 당신이 하고 싶은 일을 정확히 파악하고, 그 목표에 도달하기 위해 어떤 결과를 어떤 직원이 성취하도록 만들어야 하는지 결정하는 일이 무엇보다 중요하다.

4 Managing Others

굴곡 많은 이력서, 조용한 인재, 튀는 인재

'굴곡 많은 이력서, 조용한 인재, 튀는 인재'. 조지 앤더스George Anders는 저서 《진귀한 발견The Rare Find》에서 이 세 용어를 사용했다. 이 단어들은 직원을 채용하는 사람들이 좀처럼 주의를 기울이지 않는, 그러나 반드시 눈여겨보아야 하는 인재들을 표현하는 말이다.

첫 번째 '굴곡 많은 이력서'란 위험을 감수하고 교과서적이지 않은 삶을 겪어온 지원자를 의미한다. 그들은 대학을 중퇴했거나 여러 직업을 거쳤을 수도 있다. 또는 먼 나라에서 1~2년쯤 살면서 특이한 모험을 했을 수도 있다. 하지만 안목이 있는 채용 담당자라면 겉만 번지르르한 수천 장의 다른 이력서보다 이렇게 특이한 이력서를 통해 강점 있는 지원자를 훨씬 잘 파악할 수 있다. 이런 독특한 지원자들을 이해하는 데 시간을 투자하는 기업들은 교육을 통해 쉽게 습득 가능한 기술과 장기적 성공의 바탕이 되는 핵심 능력을 구별할 줄 안다. 어떤 지원자는 그 흔한 파워포인트나 스프레드시트조차 사용해본 적이 없을지도 모른다. 하지만 그가 훌륭한 직업윤리, 지적 능력, 업무에 대한 헌신 등을 발휘한다면 평범한 사무

기술에 능숙한 지원자들보다 훨씬 좋은 인재가 될 수 있을 것이다.

미국의 특수부대는 지원자들을 대상으로 매우 힘들고 고통스러운 테스트를 실시한다. 하지만 그 테스트의 목적은 가장 신체 조건이 좋고 힘이 센 사람을 선발하기 위해서가 아니다. 그들은 독창성과 뛰어난 회복력을 바탕으로 어려움을 신속히 극복할 수 있는, 문제 해결 능력이 우수한 인재를 원한다. 잘 단련된 신체는 후천적으로 얻어질 수 있다. 하지만 회복력은 일정 연령 이후에는 얻지 못한다.

두 번째 '조용한 인재' 역시 채용 담당자들이 선호하는 사람들은 아니다. 페이스북이 창업된 후 회사의 운영진은 프로그래머들이 절실하게 필요했다. 하지만 갓 출범한 회사가 마이크로소프트나 구글처럼 높은 수준의 급여를 제시하기란 불가능했다. 그들은 실리콘 밸리라는 폐쇄된 세계 너머에 있는 인재들을 찾아나섰다. 2006년 페이스북은 자사 웹사이트에 프로그래밍에 관한 어려운 퍼즐들을 올리고 누구든 이 문제에 도전해보라고 사람들을 유혹했다.

"우리는 실리콘 밸리로 가는 길을 선택하지 않은 숨은 인재들이 많을 거라고 믿었습니다." 당시 퍼즐을 출제했던 엔지니어 이샨 웡Yishan Wong은 이렇게 말한다. "그들에게는 평범한 기술지원 업무가 견디기 힘들었을 수도 있죠. 우리는 그 사람들을 수면 위로 떠오르게 해야 했습니다."[3] 몇 개월이 지나자 페이스북은 퍼즐 풀기에 참가했던 세계 각국의 프로그래머들 중에서 선발된 '혜성 같은 천재들'로 넘쳐났다. 2011년까지 퍼즐 풀기를 통해 채용된 사람들은 118명에 달했으며, 이는 당시 페이스북 전체 프로그래머의 거의 20퍼센트에 해당하는 숫자였다.

세 번째 '튀는 인재'들은 다루기 어려운 사람들이다. 그들은 재능으로만 따지면 누구나 인정할 만큼 탁월하지만, 일에 대한 포부가 부족하고 좌절이나 분노를 쉽게 표출한다. 이런 사람들에게는 재능만으로 할 수 있는 일은 없으며, 꾸준한 노력과 다른 사람들과의 협력이 필요하다는 사실을 지속적으로 상기시킬 필요가 있다. 또한 응석을 받아주고 달래기보다는 오히려 도전적인 상황에 투입하는 편이 바람직하다. 그들은 자신의 기술을 이용해 어려운 문제를 풀거나 극단적인 상황을 경험하기를 좋아한다. 이 사람들은 갑자기 일을 포기해버릴 가능성도 있지만 엄청난 성공을 가져올 잠재력도 지니고 있다. 관리자들은 이런 인재들을 기피해서는 안 된다. 대신 조직에 피해를 주지 않으면서 그들을 효과적으로 활용할 수 있는 방법을 모색한 후, 자율적 환경을 제공하고 동시에 지속적인 도전을 부여해야 한다. 관리자들은 그런 인재들을 채용함으로써 혹시 문제라도 발생할까 우려하는 대신 어떤 긍정적 효과가 있을지 생각해야 한다.

CASE STUDY

온라인 스트리밍 서비스 업체 넷플릭스Netflix의 창업자 리드 헤이스팅스Reed Hastings는 자사의 채용 정책을 표현하기 위해 '인재 밀도talent density'라는 용어를 사용한다. 그 단어의 이면에는 최고의 직원들은 다른 사람보다 약간 우수한 정도가 아니라 적어도 5배는 뛰어나다는 신념이 자리 잡고 있다. 따라서 최고의 인재를 파악하고 그들을 채용할 수 있다면 경쟁자들을 조금 앞지르는 정도가 아니라 저 멀리 따돌릴 수 있는 것이다. 헤이스팅스는 매우 뛰어난 직원들을 소수만 채용함으로써 '큰 회사의 고질적인 문제'를 해결할 수 있다고 믿는다. 직원 수가 적으면 회사 내의 정치적 문제나 관료주의가 줄어든다. 여기저기 메일을 보내면서 참조를 달아대는 사람도 없다. 반면 채용된 직원들에 대한 주변의 기대는 더 커질 수밖에 없다. 그들은 보통 사람보다 서너 배의 업무를 해내야 한다.

직원들은 그 대가로 매우 높은 보수를 받으며 휴가도 무한정으로 사용한다. 넷플릭스의 채용 담당자는 좋은 인재를 채용할 수만 있다면 비용은 아무 문제가 되지 않는다고 말한다. 그는 책임 있는 직원이라면 자신에게 주어진 일을 충실하게 해낼 것이며, 결코 개인적 이익을 위해 회사를 이용하지 않을 것이라고 믿는다. 직원들은 최고의 보상과 자율성을 누리는 대신, 뛰어난 성과를 거두리라는 기대를 한 몸에 받는다. 이 회사에서는 급여가 성과나 상여금에 연동되지 않는다. 직원들은 현금이나 주식 중에 원하는 급여의 형태를 선택할 수 있으며, 스톡옵션을 받았을 때도 이를 행사할 수 있는 시간상의 제약이 없다. 넷플릭스는 직원들을 스톡옵션으로 회사에 묶어두는 일을 바람직하지 않다고 본다. 대신 개방적이고 자유로운 그들의 문화가 최고의 성과와 혁신을 지속적으로 이끈다고 생각한다.

---

5 Managing Others

사람에 관한 편견 벗어나기

채용에서 가장 흔한 문제는 고정관념이다. 어떤 사람이 문을 열고 들어오는 순간, 면접관들은 바로 그 사람을 판단한다. 면접을 시작해서 이력서에 관해 대화를 나누기도 전에 말이다. 관리자들은 자신과 외모나 말투가 비슷한 사람을 채용하는 경우가 많다. 그리고 이 과정에서 조직에 큰 기여를 할 수 있는 인재들을 놓쳐버린다.

이런 편견은 어떤 직급에 있는 사람에게나 적용된다. 일례로 CEO들은 일반인보다 대체로 키가 크다. 작가 말콤 글래드웰Malcom Gladwell이 미국에 있는 포춘 500대 기업 CEO들의 신장을 조사한 결과 그들 중 30퍼센트가 190센티미터 이상이라는 사실이 드러났다. 성인 전체에서 그 정도로 큰 사람들은 3.9퍼센트에 불과하다.[4] 반면 키가 170센티미터 이하인 수천만 명의 미국인 중에 고작 10명만이 최고 기업의 CEO 자리에 올랐다. 이 말은 미국 기업에서 키 작은 사람이 가장 높은 위치를 차지한다는 것은 여성이나 흑인이 CEO가 되는 일 못지않게 어렵다는 의미다.

우리에게는 'CEO라면 이러한 외모나 신상 명세를 갖춰야 한다'라는 고정관념이 있다. 키 크고 자신감 넘치는 백인 남성은 다른 사람들보다 빠르게 회사의 고위직으로 승진한다. 많은 연구 결과, 신장이 큰 남성은 작은 사람에 비해 2.5센티미터당 수백 달러의 급여를 더 받는다는 사실이 밝혀졌다. 또 호주에서 진행된 연구에서는 키가 5센티미터 커질 때마다 1년치 급여만큼을 더 받는다는 결과가 나왔다.[5] 다시 말해 평생 일하는 동안 키 큰 관리자들은 업무 능력에 상관없이 키 작은 사람들에 비해 수십만 달러의 수입을 더 올린다는 뜻이다.

당신이 관리자로서 이런 경향을 파악하지 못한다면 스스로가 편견의 제물이 될 뿐 아니라 많은 돈을 낭비할 수도 있다. 고위 경영진을 뽑는 일을 포함해서 수많은 고용이 후보자들의 가치에 대한 비합리적 인식을 통해 이루어진다. 대부분의 기업들은 잘못된 근거를 바탕으로 직원들에게 과도한 급여나 승진을 제공한다. 때문에 이런 보편적인 편견을 간파하고 극복하기 위해 노력하는 관리자들은 채용 과정에서 많은 비용 부담과 불이익에 맞서야 한다.

이런 편견의 증거들은 여러 비즈니스 잡지의 표지에서 쉽게 발견할 수 있다. CEO들은 영웅처럼 팔짱을 끼고 결의에 찬 눈빛으로 미래를 응시한다. 독자들은 마치 새로 선출된 정치인이나 크리스마스에 개봉한 블록버스터의 주인공처럼 자신감을 내뿜는 CEO들의 모습에 찬사를 보낸다. 그들은 CEO들에게서 어떤 전형적인 모습을 찾고 싶어 한다. 그리고 죽어가는 조직에 생기를 불어넣고, 극적으로 기업의 실적을 만회하거나 인수합병을 성사시키며, 세상을 바꾸는 제품을 내놓은 CEO들을 존경해 마지않는다. 요컨대 사람들은 관리자들에게 극적인 모습을 기대한다. 하지만 대부분의 훌륭한 관리자는 그런 일과 아무런 상관이 없다.

특정 상황에서 개인이 발휘할 수 있는 역량이 과대평가되는 경향을 사회학자들은 '기본적 귀인 오류fundamental attribution error'라고 부른다. 우리는 팀이나 조직의 프로세스보다는 영웅 같은 개인에게 존경심을 보인다. 이는 전쟁터, 정치, 예술 등의 분야와 마찬가지로 비즈니스에서도 흔한 현상이다.

하지만 하버드 경영대학원Harvard Business School의 라케시 쿠라나Rakesh Khurana 교수는 다음과 같이 말했다.

> 오늘날 사람들이 카리스마 있는 CEO에 대해 깊은 신뢰를 보이는 일은 문제다. 리더십이 조직의 성과와 관련이 있다는 결정적인 근거는 없다. 사실 CEO가 조직에 미치는 영향력을 측정한 대부분의 학문적 연구는 워런 버핏이 언급한 내용을 확인시켜줄 뿐이었다. 그는 상황이 좋지 않은 회사에서 우수한 경영진을 영입하더라도 기업의 평판에는 변화가 없다고 말했다. 많은 연구 결과 경영자의 능력이 기업의 성과에 영향을 미치는 데에는 많은 내·외적 요소들이 작용한다는 사실이 드러났다. 예를 들어 기업의 성과에 영향을 미치는 요소 중에는 업계의 영향이 30~40퍼센트, 매년 변화하는 경제 상황이 10~20퍼센트를 차지한다고 한다. 즉 CEO가 기업의 성과에 미칠 수 있는 영향력은 대부분 환경적인 요인에 달려 있다는 것이다.[6]

그럼에도 불구하고 우리는 여전히 기업들이 뛰어난 팀보다 뛰어난 개인을 중시하는 상황을 보게 된다. 문제가 생기면 기업들은 외부에서 답을 찾는 경우가 많다. 기업들은 자사의 직원들을 문제의 일부분으로 인식하고, 내부적 · 정치적 부담이 없는 회사 외부의 관리자가 참신한 아이디어를 갖고 회사에 합류해주길 기대한다. 다시 말해 어려운 일이 닥치면 피도 눈물도 없이 단호하게 문제를 해결할 수 있는 강력한 외부인이 필요하다고 생각한다. 이런 관점 때문에 적절한 기회가 주어진다면 새로운 변화를 훨씬 잘 일으킬 수 있는 성실한 직원들이 부당한 피해를 보는 것이다.

뿐만 아니라 그런 사고방식은 이성적 사고보다는 리더의 카리스마를 과도하게 신뢰하는 위험한 조직적 습관으로 이어지기 십상이다. 엔론Enron을 수렁으로 굴러 떨어뜨린 CEO 제프 스킬링Jeff Skilling은 스스로를 용감하고 혁신적인 지식인이며, 주말에는 맹렬하게 운동을 즐기고 주중에는 회사를 새로운 시장으로 이끄는 강력한 리더의 이미지로 부각시켰다. 하지만 결국 사람의 본성을 속일 수는 없었다. 스킬링은 MBA 과정을 거친 경영 컨설턴트로 위험한 아드레날린 호르몬이 넘치는 인물이었다. 그의 부하 직원들은 상상력이 부족하다거나 구태의연하다는 평가를 받을까 두려워 상사의 광기 어린 생각에 이의를 제기하지 못했다. 엔론의 회계장부를 조작한 혐의로 결국 철창 신세를 지게 된 CFO(최고 재무책임자—옮긴이)는 스킬링에게 후계자 중 한 명으로 인정받은 사람이었다. 스킬링은 좋은 관리자를 육성하는 대신 자신을 추종하는 무리를 길러냈다. 때문에 그가 회사와 수많은 직원, 그리고 주주들의 운명을 벼랑 끝으로 몰아가고 있을 때도 누구 하나 바른말을 하려 들지 않았다.

사람들의 재능과 능력에 대한 정확한 관점을 지니고, 새로운 직원에 대해 지나친 기대를 갖지 않도록 자신을 조절하는 일은 인재 채용과 직원 관리의 핵심이다. 사람의 키와 능력 사이의 심리적 환상을 깨부수는 일은 시작에 불과하다.

6 Managing Others

축구팀 vs 테니스 복식조, 어떤 팀이 필요한가

개인을 관리하는 일과 팀을 관리하는 일은 전혀 다른 문제다. 새로운 직무를 맡아서 부임한 관리자 대부분은 먼저 팀의 구성원들과 친해지기 위해 노력한다. 팀원들의 이름을 외우고, 그들의 능력이나 희망, 그리고 불안감을 느끼는 영역까지 파악하려 애쓴다. 그리고 팀원 개개인과 점심을 함께 하거나 개인 면담을 하기도 한다. 하지만 어떻게 그들을 한 팀으로 일하게 해야 가장 좋을지 이해하는 데는 오랜 시간이 필요하다. 사람들에게 억지로 함께 일하라고 강요할 수는 없다. 직원들이 자발적으로 다른 사람들과 함께 일하겠다고 마음먹어야만 성공적인 팀워크가 발휘될 수 있다. 그들은 당신의 부하 직원으로 일해야 하는 동시에 팀을 위해 일해야 하고, 또한 당신이 그들에게 제시한 목표를 위해 일해야 한다. 성공적인 팀워크와 협업이 가능한 환경을 구축하는 일은 직원 개개인을 관리하는 일과 매우 다르다.

그렇다면 효과적인 팀 관리를 가로막는 장애물은 무엇일까. 1950~60년대의 기업들은 훨씬 계층적인 조직을 운영했으며 지리적으로도 활동 영역이 좁았다. 관리자의 업무 범위도 오늘날에 비해 제한적이었다. 대부분의 관리자는 제조나 회계 관련 부서에서 일했으며 정해진 시장만을 담당했다. 관리자들은 회사에 성실히 출근하기만 한다면 자신들의 충성심이 평생직장이라는 형태의 보상으로 돌아오리라는 사실을 알고 있었다. 회사에는 30년 동안 함께 일한 동료들이 흔했다. 매일 9시에 일을 시작해서 5시에 끝내는 일과가 월요일부터 금요일까지 이어졌다. 주말에는 자신만의 시간을 즐겼으며, 업무상 출장을 다니는 것은 고위 경영진이나 하는 일이었다.

그 시절과 현재의 상황을 비교해보면 어떤가. 우선 오늘날에는 일이 멈추는 시간이 없다. 바다를 건너고 시간대를 초월해서 팀들이 운영된다. 언제든 다른 회사로 옮겨갈 수 있는 고객이 내일 아침까지 새로운 제안을 내놓으라고 요구한다. 경쟁자들은 인건비를 획기적으로 낮추고 그 이점을 활용하려고 애쓴다. 관리자들은 모든 부서의 업무를 통합해서 새로운 고객 솔루션을 만들어야 한다. 고용 보장이니 직원들에게 의리를 지키는 회사니 하는 말들은, 한때 수많았던 타이피스트들이나 회사 경비로 즐기던 호화로운 점심식사 같은 옛날이야기와 함께 저 멀리 사라져버렸다.

모든 기업이 어느 때보다 효과적으로 일하는 팀들을 필요로 한다. 하지만 그것이 팀의 구성원들에게 어떤 혜택을 줄까?

효과적으로 일하는 팀이란 자신들에게 기대되는 성과, 즉 특정 제품 개발, 수익 달성, 새로운 아이디어 도출과 같은 결과를 만족시키거나 이를 초과 달성하는 조직을 말한다. 그런 팀은 구성원들에게 높은 성취감을 제공한다. 물론 그렇게 일하는 과정이 항상 즐겁지만은 않더라도 팀의 구성원들은 이를 통해 의미 있고 유익한 경험을 얻을 수 있다. 어렵거나 지루한 일도 있지만 그 결과는 모두에게 만족스럽다. 효과적으로 일하는 팀은 구성원들이 함께 일하고 서로에게 배우는 과정을 즐기면서 훌륭한 결과를 거두고 지속적인 성공을 이루어낸다. 반면 결과에만 초점을 맞추고 팀 구성원들의 학습 과정이나 업무의 진정한 목적 등을 도외시하는 관리자들은 실패할 가능성이 높다. 비효율적이고 통제가 어려운 팀도 운이 좋다면 한 번 정도는 성공할 수 있을지 모른다. 그러나 모든 구성원의 성과를 향상시키는 데 집중하는 동시에 팀 전체의 개선을 위해 노력하는 팀은 언제나 성공할 것이다. 그들은 행운을 기다릴 필요가 없다.

팀을 관리하는 일은 두 영역으로 나뉜다. 첫 번째는 외부적 관리다. 어떤 팀이 효율적으로 돌아가기 위해서는 그 팀이 어떤 상황에 처해 있는지, 경쟁자들은 누구인지, 팀의 내·외적 목표는 무엇인지, 팀에게 주어진 자원이나 제공되는 지원에는 어떤 것들이 있는지 파악해야 한다. 외부 세력이 지속적으로 팀의 입지를 약화시키고, 재정적 지원을 방해하며, 잘못된 방향으로 이끈다면 그 팀은 오래 존속하기 어렵다. 따라서 팀이 주어진 업무에 전념할 수 있도록 외부 세력들과의 관계를 원만하게 유지하고, 필요한 자원을 확보함으로써 적절한 보호막을 치는 일은 관리자에게 주어진 과제다.

두 번째는 내부적 관리다. 팀 구성원을 내부적으로 관리하는 일은 당연하다고 생각하겠지만, 현실적으로는 많은 사람들이 스스로가 팀의 한 부분이라는 사실조차 인식하지 못한다. 물론 그들도 자신이 회사라는 조직 전체, 또 어떤 부서를 위해 일한다는 생각을 하기는 한다. 하지만 자신이 다른 사람들과 서로 의존한다는 인식을 하지 못하는 경우가 많다. 기업들은 대체로 개인마다 고유한 업무를 부여하기 때문에 직원들은 팀 내에서 자신의 직무가 다른 사람들의 업무와 어떤 관련이 있는지에 대한 느낌조차 없이 출근하고 퇴근한다. 직원들은 자기에게 주어진 일만 잘하면 회사에 기여할 수 있다고 믿는다. 따라서 관리자는 팀원들로 하여금 구성원 모두가 한 팀이며 공동의 목표를 위해 일한다는 사실을 인지하도록 노력해야 한다.

그 다음 과제는 팀의 업무를 명확히 규정하는 작업이다. 팀이 내놓아야 할 결과물이 이미 정해져 있을 수도 있지만 모호한 경우도 많다. 관리자는 조직의 목표를 달성하기 위한 계획을 수립할 때 팀원들의 기여도를 어느 정도로 할지 결정해야 한다. 예컨대 구성원들이 고도의 전문 기술을 지니고 있는 팀이라면, 관리자는 그 전문가들에게 구체적인 업무를 위임하고 대신 팀원들의 효과적인 협업을 돕는 '통합자'의 역할을 주로 수행하는 편이 좋다. 반면 팀원들의 기술이나 자신감이 부족한 조직에서는 관리자가 보다 적극적인 지도자 역할을 할 필요가 있다. 즉 팀의 목표에 도달할 수 있는 명확한 방향을 제시함으로써, 팀의 구성원들이 목표를 달성하는 과정에 적극적으로 참여하도록 유도해야 한다. 노련하면서도 전문적 기술을 지닌 직원일수록 조직의 의사결정 과정에 참여하거나 의견을 제시하고 싶어 한다. 반대로 팀에 합류한 지 오래되지 않은 직원들은 관리자가 자신에게 명확한 방향을 알려주기를 원한다.

'팀'이라는 용어는 획일적인 의미를 지닌 말이 아니다. 심지어 스포츠 세계만 해도 팀이라는 용어가 여러 가지 모델로 존재한다.[7] 어떤 국가가 올림픽 경기에 자국의 '팀'을 참가시킨다고 할 때, 그 단어는 개별 종목에서 뛰어난 능력을 지닌 선수들의 집단을 가리킨다. 하지만 선수들 간의 상호작용은 거의 없다. 올림픽이 끝나면 그 나라가 획득한 총 메달의 숫자로 전체 선수단의 성과를 측정하지만, 체조 선수는 근대 5종 경기 선수와 아무런 관계가 없고, 요트 선수도 육상 선수와 전혀 상관이 없다. 모든 국가의 올림픽위원회는 선수들의 성공을 위해 오랫동안 노력과 지원을 아끼지 않는다. 하지만 선수 개개인은 기본적으로 자신의 재능과 노력을 바탕으로 훈련하고, 발전하고, 성공한다. 다시 말해 그들은 목표를 달성하기 위해 매우 자기중심적인 입장을 취한다.

그렇다면 축구팀은 어떨까. 축구 선수들은 저마다 자기가 담당하는 포지션에 특화된 전문 기술을 지닌다. 골키퍼는 슛을 막아내기 위해 신속한 반사 신경을 발휘한다. 공격수는 빠르고 기회 포착에 능하다. 수비수는 보다 전략적으로 움직여야 하며 체력도 강해야 한다. 물론 모든 선수가 기본적인 운동능력을 갖춰야 하겠지만 그들의 재능은 매우 다양한 방식으로 발전한다. 축구 경기에서는 선수 각자의 재능도 드러나지만 다른 선수들과 협동하는 능력도 평가된다. 그리고 그들의 모든 역량은 결국 경기에서 얻은 득점으로 측정된다. 재능이 있지만 이기적인 선수는 다른 팀원들에게 곧 신뢰를 잃는다. 반면 너무 소극적인 선수는 위기 상황을 극복할 결단력이 부족하다는 평가를 받는다. 요컨대 축구에서는 개별적으로 뛰어난 능력을 갖춤과 동시에 자신의 개인적 역량을 팀 전체의 경기력에 녹여낼 수 있는 선수를 필요로 한다.

테니스 복식조 같은 경우가 오늘날 비즈니스 세계에서 가장 많이 요구되는 형태의 팀이다. 이 팀은 기본적으로 자율적 관리를 바탕으로 움직인다. 두 선수는 언제든 서로의 역할을 바꾸는 일이 가능하며, 한 선수가 다른 선수의 플레이를 대신할 수도 있다. 하지만 자기가 해결해야 할 공을 팀 동료에게 보냄으로써 책임을 회피해서는 안 된다. 공이 당신을 향해 날아오면 어떻게든 그 공을 쳐서 넘겨야 한다. 전통적인 계층적 구조의 조직에서는 자신의 책임을 미루거나 회피하기가 훨씬 쉬웠다. 하지만 이 테니스 복식조 모델에서는 두 팀원의 플레이가 모든 사람에게 극명하게 드러난다. 일에 전념하고, 신뢰하고, 협업할 자세와 능력을 갖춘 사람들에게 이런 형태의 팀은 그들의 앞날에 날개를 달아줄 것이다. 하지만 일에 대한 자신감이 부족하고 팀워크에서 얻어지는 혜택을 받아들이지 못하는 사람들은 이 모델을 두렵고 불공평하게 생각할 수밖에 없다.

관리자는 팀을 구성할 때 협업과 갈등 사이에서 균형을 유지할 방법을 모색해야 한다. 만일 구성원들이 서로 좋은 관계를 유지하는 팀을 만드는 것이 그가 원하는 전부라면, 성향이 비슷하고 쉽게 소통할 수 있는 사람들을 팀원으로 선택하면 된다. 반면 어떤 문제에 대해 새롭고 창조적인 해결책을 제시할 수 있는 팀을 원한다면 성격이나 관점, 그리고 재능이 서로 다른 사람들을 포용할 수 있어야 한다.

또한 팀 전체가 목표를 향해 나아가는 과정에서 오해나 논쟁이 필연적으로 발생할 수밖에 없다는 점을 인정해야 한다. 사실 어느 정도의 갈등은, 힘들지만 의미 있는 일을 달성하기 위해 치러야 하는 비용과도 같다. 기름이 매끈하게 칠해진 익숙한 트랙 위를 순조롭게 미끄러지기만 해서는 경쟁자들에게 곧 따라잡히고 만다. 하지만 지나치게 심한 갈등 역시 비효율적인 결과를 불러온다는 사실을 기억해야 한다.

관리자는 특정 제품, 시장, 기능 등에 전문성을 지닌 사람을 새로운 팀원으로 영입할 때 그 사람의 성격을 세심하게 판단해서 결정해야 한다. 만일 그 팀이 구성원들 사이의 친목이나 신뢰를 아주 중요하게 여기는 경우, 아무리 재능이 뛰어난 사람이라도 다른 팀원이 신뢰하지 않거나 호감을 느끼지 못한다면 오히려 해로운 존재가 될 수도 있다. 하지만 팀원들 사이의 관계가 일의 전문성을 더 중요시하고 목표 지향적이라면 조직원의 성격은 큰 문제가 되지 않는다.

어떤 팀의 성공 여부는 그 팀이 설정한 목표를 달성했는지, 또 구성원들이 그 과정에서 배운 바가 많은지, 그리고 그들이 이후에도 함께 일하고 싶어 하는지 여부에 의해 판가름 난다. 만일 팀이 목표를 달성했지만 그 과정에서 팀원들이 전혀 성취감을 느끼지 못했다면 관리자는 실패를 인정해야 한다. 모든 구성원이 행복했지만 팀은 목표를 달성하지 못한 경우라면 더 말할 나위도 없다.

팀 내에서 어떤 사람이 발휘하는 영향력은 그가 지닌 전문성에 좌우되는 것이 이상적이다. 금융 분야에 깊은 지식이 있는 팀원이 관련 사안을 다룰 때 다른 사람들에게 영향을 미치는 것처럼 말이다. 디자인이나 마케팅도 마찬가지다. 전문가는 자신의 영역에 대한 지배력을 행사하는 것이 당연하다. 하지만 현실에서는 그렇지 않는 경우가 많다. 어떤 사람은 성격이나 경험을 바탕으로 조직 내에 영향력을 행사한다. 그런가 하면 적극적인 발언을 통해, 또는 팀 외부의 고위 경영진과 밀접한 관계를 맺음으로써 영향력을 끼치는 사람도 있다. 이런 다양한 형태의 영향력을 인식하고 적절히 조율함으로써 팀의 프로세스와 습관을 세우는 일은 관리자의 몫이다. 만일 어떤 직원이 무시당하거나 불공평하게 대우받는다고 느낀다면, 그 느낌은 곧 억울함과 분노로 이어지면서 결국 부진한 실적을 낳는 원인으로 작용한다.

그러므로 팀 전체에 올바른 습관을 정립하고 이를 수시로 상기시키는 일은 관리자에게 중요한 임무다. 이를 위해서는 팀원들의 성격과 재능을 일목요연하게 파악해야 한다. 어떤 관리자도 팀원들에게 특정한 '규범'을 지켜야 한다고 강요하지는 못한다. 하지만 특정한 행동을 장려하거나 규제하는 프로세스나 원칙을 도입할 수는 있다. 예를 들어 팀원들의 관계가 아직 서먹서먹하다면, 팀 회의를 자주 하는 편이 효과적일 것이다. 반면 팀 전체가 이미 잘 정립된 업무 습관을 유지하고 있다면, 새로 부임한 관리자는 팀이 자율적으로 굴러가도록 한발 물러서는 편이 최선이다. 어떤 팀원이 하고 싶은 말을 참고 있는 듯 보일 때 관리자는 그 사람이 입을 열게끔 해야 한다. 어떤 직원들은 팀워크를 다지기 위한 체육대회에 즐겁게 참여하지만, 이런 행사를 받아들이지 못하는 사람들도 있다. 효과적으로 운영되는 팀에는 구성원들의 성과를 분석하고 이를 스스로 개선하도록 해주는 장치가 있지만, 만일 그렇지 않다면 관리자가 긍정적인 방식으로 팀원들의 실적에 대해 피드백을 주는 방법을 도입해야 한다. 팀원들의 업무 현황이나 문제, 또는 그들의 개인적 상황을 제대로 알지 못한 상태에서 서툴게 진행되는 피드백은 아예 안 한 것만 못하다.

관리자가 팀의 프로세스를 개선하려 할 때에는 문제의 원인을 분명하게 파악해야 한다. 노력이 충분하지 않은가? 기술이 부족한가? 전략의 문제인가? 또는 문제의 원인이 팀 외부의 더 큰 조직이나 시장에 있는가? 관리자는 이런 점들을 명확히 해야만 상황을 제대로 이해할 수 있고 팀을 올바른 방향으로 조율할 수 있다. 요컨대 문제의 내용과 해결 방법을 구체적으로 파악해야 팀원들이 지속적인 개선 과정에 적극적으로 참여하도록 만들 수 있는 것이다. 그러지 않고 팀원들을 애매모호하게 비판하는 일은 불만의 씨앗만 뿌리는 것이다.

팀을 관리하는 데는 기본적으로 다음과 같이 4가지 상충되는 힘이 존재한다.

- 개인 vs 팀

모든 사람이 팀의 일원이 되고 싶어 하지는 않는다. 또한 모든 기술과 재능이 팀의 업무에 들어맞는 것도 아니다. 하지만 어느 누구도 팀 전체의 일을 혼자 해내지 못한다는 점은 확실하다. 물론 팀으로 일할 때에도 비효율적인 면은 있기 마련이다. 혼자 일한다면 회의를 할 필요가 없다. 또 매번 힘들여 업무 진행 상황을 보고하거나 너무 조심스럽게 행동하려고 노력하지 않아도 된다. 하지만 그런 비효율성에도 불구하고 팀 단위의 작업에는 지식 및 노력의 공유와 같은 엄청난 이점이 따른다.

- 협업 vs 대립

갈등은 사람을 불편하게 한다. 하지만 새로운 아이디어를 만들고, 구체화하고, 실현하기 위해서는 어느 정도의 갈등은 불가피하다. 당신은 팀원들이 원만하게 지내기를 바라지만, 동시에 그들이 어려움과 도전에 맞서 싸우고, 새로운 아이디어와 현실을 깨달으며, 더 훌륭한 성과를 거두라는 압박을 경험하기를 원한다. 팀원들의 조화, 그리고 발전의 핵심인 아이디어의 충돌 사이에서 당신은 어떻게 균형을 맞출 것인가?

- 성과 vs 개발

성과를 달성하라는 끊임없는 요구에 시달리다 보면 스스로를 돌아보고, 학습하고, 개선할 시간이 없는 경우가 많다. 하지만 쳇바퀴 같은 일상에서 벗어나 배움과 발전에 시간을 투자하는 일은 매우 중요하다. 이는 마치 자동차 경주에서 드라이버가 약간의 시간을 손해 보면서도 타이어를 교체하거나 급유를 위해 피트로 들어오는 것과 마찬가지다. 드라이버는 잠깐의 지체를 통해 더 빠른 속도로 달릴 수 있으리라는 사실을 잘 알고 있다. 관리자는 팀의 구성원들이 학습하고 개발할 수 있는 시간을 보장함으로써 단순히 성과만을 추구할 때에는 발견하기 어려운 개인적 성취감을 맛보게 할 수 있다.

- 관리자의 권위 vs 팀 자율성

  모든 관리자는 팀원들에게 충분한 권한을 부여함으로써 자신이 관리하지 않아도 서로가 즐겁게 협업하도록 만들고 싶어 한다. 하지만 모든 팀에는 달성해야 할 목표와 업무 시한이 주어져 있다. 따라서 팀원 모두가 만족하는 방향으로 팀의 목표를 이룰 수 있는 습관과 절차를 만들기 위해서는 관리자가 주도적인 역할을 해야 하는 경우가 많다. 관리자는 팀의 일원으로 함께 일하는 동료인 동시에, 충분한 권한을 발휘함으로써 어떤 문제가 발생했을 때 팀을 관리하고 이끌 수 있는 사람이 되어야 한다.

팀을 효과적으로 관리하기 위해서는 이렇게 불가피하게 부딪치는 힘들을 바탕으로 팀의 구성원들이 이루는 삼각형의 관계를 고려해야 한다.[8]

만일 관리자가 팀원 중 어느 누구에게 너무 많은 관심을 기울인다면 다른 팀원들은 둘의 관계가 특별하다고 여길 것이며, 그로 인해 권위에 대한 반발이나 불신이 생기기 쉽다. 마찬가지로 관리자가 팀 전체의 일에만 관심을 쏟았을 때에는 개별 구성원들은 소외감을 느끼면서 업무에 소극적으

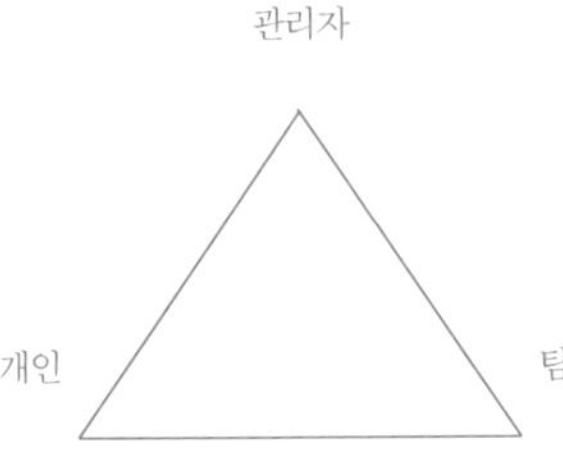

출처: 래리 허쉬호른(Larry Hirschhorn), 《새로운 팀 환경 관리하기(Managing New Team Environment: Skills, Tools, and Methods)》 San Jose, CA: Authors Choice Press.

로 임하는 모습을 보일 수 있다. 다시 말해 팀원들의 수동적 태도를 불러오는 동시에 관리자의 권위와 기대를 훼손할 수 있다.

따라서 팀을 관리하는 일은 위 삼각형의 어느 꼭짓점에도 너무 가까이 가지 않도록 스스로를 조절하는 역동적 과정이다. 요컨대 관리자는 팀원들의 재능과 참여의식, 그리고 업무에 대한 노력과 협업 등을 극대화하기 위해 자신의 관심과 영향의 수준을 끊임없이 조정함으로써 팀을 성공으로 이끌어야 한다.

7 Managing Others

똑똑한 직원과 함께 일하기

성공한 CEO들은 주변에 자신보다 더 똑똑한 사람들을 두는 일이 중요하다고 입을 모아 말한다. 똑똑한 직원들은 훌륭한 아이디어를 만들어내고 유용한 의견을 제시할 뿐 아니라 관리자의 부족한 부분을 메워줄 수 있다는 것이다. 하지만 여기에도 생각해볼 문제가 있다.

당신이 제조 기업의 생산 책임 관리자라면 자신의 진실한 모습을 그렇게까지 노골적으로 드러내지 않아도 별 문제가 없다. 반면 창의적이고 지적인 업무 과정을 담당하는 관리자들은 부하 직원들에게 모든 면을 철저히 검증받는다. 관리자의 모든 장단점은 남을 판단하기 좋아하는 사람들에 의해 낱낱이 파헤쳐진다. 이 경우 가장 안전한 방법은 자신에게 주어진 모습대로 행동하는 것이다. 다른 사람처럼 되려고 애쓰는 일에는 폭로와 굴욕의 위험이 따른다.

대부분의 직원은 일을 하면서 자신의 능력을 최대한 끌어내고 싶어 한다. 이들은 회사를 자아실현의 수단으로 생각한다. 하지만 그와 동시에 회사는 경제적 생존의 수단이기도 하다. 훌륭한 관리자는 이 2가지 관점을 이해하고 자신의 상사뿐 아니라 직원들에게도 성실한 자세를 보여야 한다. 그들에게 신뢰를 줄 수 있도록 행동하면 조직의 성장을 방해하는 냉소적 태도를 줄일 수 있다. 어떤 관리자가 한 명의 직원에게 신뢰를 얻는다면 수천 페이지에 달하는 기업 문화 홍보 자료를 반복해서 읽어주는 행동보다 더 큰 효과를 불러온다.

똑똑한 사람들이 많이 근무하는 회사에서 직원들이 의견 차이를 보이는 것은 당연하다. 관리자가 아무리 토론을 원만하게 이끌어가려 해도, 사람들은 서로의 의견에 동의하지 못하는 경우가 생긴다. 직원들이 똑똑할수록 의견 충돌은 커진다. 이 상황을 해결하는 가장 좋은 방법은 완벽할 정도로 투명한 논의 절차를 도입하는 것이다. 다시 말해 의사결정의 모든 단계를 분명하게 설명할 수 있는 프로세스를 운영해야 한다. 그렇게 하면 만일 직원들이 결정된 사항에 동의하지 못한다고 해도 최소한 어떻게 의사결정이 내려졌는지를 알 수 있고, 또한 자신들이 그에 관한 정보를 공정하게 접했다고 느낄 수 있다. 팀을 원만하게 유지하는 일보다 공정하고 타당한 시스템을 마련하는 작업이 더 중요하다.

8 Managing Others

인센티브가 조직에 미치는 영향[9]

삶은 인센티브로 가득하다. 맛있는 아침식사에 대한 약속부터 학교나 직장에 나가는 데 대한 두려움이나 보상, 그리고 일과를 마친 후의 기분 좋은 목욕에 대한 기대까지 우리의 모든 행동은 다양한 인센티브에 반응함으로써 이루어진다. 인센티브는 내년도 급여 인상에 대한 기대처럼 단기적일 수도 있으며, 어느 날 자신이 CEO가 되리라는 희망처럼 장기적일 수도 있다. 또한 당근과 채찍처럼 경우에 따라 부정적일 수도 긍정적일 수도 있다. 어쨌든 세상에 인센티브가 존재한다는 사실은 분명하다. 따라서 이를 적절히 관리하는 일은 당신에게 달렸다. 당신이 인센티브 시스템을 어떻게 운영하느냐에 따라 직원들의 행동이 긍정적으로도, 부정적으로도 나타난다.

오늘날 심리학자들과 경제학자들은 행동경제학을 통해 사람들이 일과 돈에 대해 특정한 방식으로 대응하는 이유를 설명해낸다. 그럼에도 불구하고 왜 기업들은 직원들을 관리하는 방법을 바꾸는 데 그토록 소극적일까? 왜 그들은 인적 자원을 다루는 일보다 대차대조표나 생산라인을 관리하는 일에 훨씬 혁신적인 능력을 발휘할까?

듀크 대학교Duke university 행동경제학 교수이자 《상식 밖의 경제학Predictably Irrational》과 《경제심리학The Upside of Irrationality》의 저자인 댄 애리얼리Dan Ariely는 많은 기업들이 고객의 행동을 통찰하는 방법을 알아내기 위해 자신을 괴롭히지만 정작 직원들을 대상으로 새로운 시도를 하려 들지는 않는다고 말했다. "그들은 인사 관련 업무는 새로운 무언가를 실험하기에 가장 부적절한 분야라고 생각합니다. 그들이 '실험'이란 단어를 들었을 때 마음속에 가장 먼저 떠올리는 말은 법적 소송입니다."

이는 참으로 안타까운 일이다. 관리자들이 직원들에 대해 뭔가 새로운 시도를 하려면 매우 커다란 용기가 필요하다는 의미이기 때문이다. 일례로 애리얼리 교수는 여러 차례의 연구 끝에 은행원들에게 지급되는 보너스가 개인의 성과에 미치는 영향이 거의 없다는 결과를 얻었다. 그리고 사실이 그렇다면 은행들이 몇몇 재능 있는 사람들을 제외한 모든 직원들을 내보내고 급여나 보너스에 대한 기대수준이 낮은 신입 직원들을 새로 고용하는 편이 나을 거라고 주장했다. 새로 입사한 사람들은 훨씬 낮은 급여를 받고도 이전 직원들과 똑같은 업무를 수행할 수 있으며, 관리자들의 비상식적인 요구에도 개의치 않고 일할 것이다. 애리얼리 교수에 따르면 복잡한 동기부여의 그물, 즉 개인마다 다른 형태로 작용하는 인센티브 요소들로 인해 업무에 대한 의욕이 높아지기도 하고 추락하기도 한다. 따라서 현명한 관리자는 목적의식, 지위, 이타심, 자의식과 같은 심리적 요소들을 세심하게 고려한다. 하지만 그런 요소들을 실제 업무에 반영하는 관리자들이 얼마나 될까?

기업들은 보너스 시즌을 좋아하지 않는다. 직원들이 매년 얼마의 보너스를 받게 될지 전전긍긍하며 기다리는 동안 생산성은 추락한다. 하지만 인센티브 시스템은 한번 확정하고 나면 고치기가 매우 어렵다. 기업이 올바른 인센티브 시스템을 수립할 수 있는 가장 적절한 시기는 설립된 지 얼마 되지 않은 상황에서 성장하고 있는 시점이다.

애리얼리 교수는 새로운 조직 형태를 시도해보려는 열정에 가득 찬 스타트업start-up(설립된 지 오래되지 않은 신생 벤처기업을 의미함—옮긴이)들이 그에게 주로 도움을 요청한다고 말한다. 그들은 새로운 인센티브 시스템에 대한 아이디어나, 직원들의 사기와 창의성을 향상시킬 수 있는 참신한 방법을 갈망한다. 특히 본사에서 떨어져서 특별한 스케줄에 따라 일하는 사람들, 다시 말해 사업 전체에 신경을 쓰기보다 특정한 부분에 전념하는 직원들에게 동기를 부여하기 위해 혁신적인 관리 방법을 활용하고 싶어 한다.

하지만 이런 기업들도 일정한 규모로 성장하면 과감했던 실험정신이 경직된 절차나 시스템으로 바뀐다. 개개인에게서 최고의 능력을 이끌어내고자 했던 열정은 모든 사람들에게 획일적으로 적용되는 동기부여 시스템으로 변질된다. 그리고 그런 시스템 속에서 많은 상식 밖의 행위가 이루어진다.

애리얼리 교수는 이런 타성을 벗어나려면 경영진이 올바른 생각을 갖는 방법밖에 없다고 말한다. 그는 금융 소프트웨어 기업 인튜이트Intuit의 CEO 스코트 쿡Scott Cook과 함께 인튜이트 고객들의 행동양식을 파악하기 위한 실험을 했다. 일례로 사람들은 왜 이자가 높은 대출을 갚지 않고 가장 소액의 대출을 먼저 상환하려 할까? 애리얼리는 고객들의 행동을 보다 합리적으로 이끌 수 있는 소프트웨어 도구를 개발하자고 제안했다. 그리고 처음에는 인튜이트 직원들을 대상으로 이와 같은 행동경제학 연구를 실시했다. 그에 따라 오늘날 인튜이트는 업무 성과가 훌륭한 직원들에게 단순한 경제적 인센티브를 제공하는 대신 반년간의 안식년 휴가를 준다. 스코트는 애리얼리 교수의 조언에 따라 직원들이 고객의 행동양식을 실험하는 일을 보다 적극적으로 지원하는 문화를 도입했다. 회사는 직원들에게 실험이 실패했다 하더라도 실험을 통해 어떤 결과라도 얻었다면 실패가 아니라고 말한다. 이런 문화는 직원들이 스스로 업무를 통제하고 있다는 느낌을 갖게 만드는 데 매우 중요한 요소다.

인간 행동의 복잡성을 세심히 고려하는 혁신적 관리자는 경쟁 우위를 확보할 수 있다. 특히 이를 실천하는 사람이 거의 없는 오늘날의 상황에서는 더욱 그렇다.

9 Managing Others

자율성을 부여하라

로체스터 대학교Rochester University의 에드워드 데시Edward Deci와 리처드 라이언Richard Ryan, 그리고 클레어몬트 대학원Claremont Graduate University의 미하이 칙센트미하이Mihaly Csikszentmihalyi는 사람들이 내적으로 동기부여되었을 때, 즉 자신이 원하는 대로 시간을 통제하고 의사결정을 내릴 수 있으며 행동에 대한 목적의식이 뚜렷할 때 가장 높은 성과를 올린다는 사실을 발견했다. 다시 말해 그런 조건에서는 모든 일에 최고의 효율성을 발휘한다는 것이다.

불행하게도 오늘날의 일터에서는 직원들에게 그런 기회를 주지 않는다. 기업들은 직원을 정시에 출퇴근하게 하고, 회의에 의무적으로 참석시키고, 성과에 따라 급여를 지급하는 방식을 통해 효율성을 끌어올릴 수 있다고 생각하지만 사실상 그런 식의 과도한 통제는 직원들의 의욕을 꺾을 뿐이다. 오늘날의 동기부여 이론들은 직원들에게 더 큰 자율성을 부여해서 최선의 성과를 거둘 수 있는 기회를 제공하고, 이를 통해 그들이 업무에 보다 익숙해지도록 돕는 것이 최선의 방법이라고 말한다.

만일 급여를 받고 승진하는 일 이외에는 의미가 없다고 생각한다면, 누가 위키피디아Wikipedia에 정보를 입력하는 수고를 하거나, 다른 사람들을 위해 자원봉사에 나설까? 구글이나 3M 같은 기업들은 직원들이 업무시간의 20퍼센트를 개인적 프로젝트에 쓸 수 있도록 함으로써 막대한 매출을 올릴 수 있었다. 구글 뉴스나 포스트잇 메모지 같은 혁신적 제품들이 바로 이런 과정을 통해 탄생했다. 그런가 하면 가전 유통업체인 베스트 바이Best Buy는 직원들의 사기를 올리고 이직률을 낮추기 위해 미네소타 주에 소재한 본사 직원들을 대상으로 '결과 중심적 업무 환경'을 실험했다. 급여를 받는 직원들은 모두 자신의 스케줄에 따라 근무할 수 있다. 만일 아이를 병원에 데려가기로 예약이 되어 있다면 따로 허락을 받을 필요가 없다. 모두가 각자의 시간에 맞춰 해야 할 일을 마치기만 하면 된다. 관리자들은 직원들이 단순히 회사에서 보낸 시간에 비례해 급여를 받기보다는, 이렇게 자발적인 환경 속에서 회사의 발전에 더욱 크게 기여하기를 바란다.

이는 전혀 새로운 교훈이 아니다. 돈이란 인간의 기본 욕구를 충족시키는 데 필요하지만, 행복을 살 수는 없다. 우리에게는 보다 원대한 삶의 목적이 있다. 하지만 사람들은 갤리선의 노잡이들을 향한 거세고 노골적인 채찍질이든, 월급이나 성과목표 그리고 건강보험을 잃을지도 모른다는 두려움 같은 교묘한 방식이든 자신이 무언가의 노예로 전락했다는 사실에 적절히 대처하지 않는다. 우리가 일을 할 때 스스로의 삶을 통제할 수 있다고 느낀다면 그렇지 않은 경우에 비해 훨씬 좋은 결과를 거둘 수 있다. 진부한 메시지 같지만, 관리자는 직원들에게 이런 점을 상기시키고 그들이 다른 사람을 대할 때에도 최선을 다해 이런 원칙을 지키도록 만들어야 한다.

관리자가 직원들을 친절하게 대하는 일은 가장 주목받지 못하지만 매우 가치 있는 관리 습관이다. 요컨대 직원들을 경제적인 도구가 아니라 인간으로 존중하는 행위에는 매우 큰 장점이 따른다. 미국의 컨설턴트 톰 피터스Tom Peters와 밥 워터맨Bob Waterman은 관리에 관한 역저 《초우량 기업의 조건In Search of Excellence》에서 '강한 것은 부드럽고 부드러운 것은 강하다hard is soft, soft is hard'라는 표현을 사용했다. 그들은 1980년대 초 여러 미국 기업을 조사한 결과, 회계상의 숫자나 사업 계획같이 비즈니스에서 강하다고hard 여겨지는 요소들은 실상 매우 유연하게 조정이 가능하지만, 직원들의 성격이나 사람들을 대하는 방법처럼 경영대학원에서 가르치지 않는 부드러운soft 요소들은 실제 매우 강하고 중요한 작용을 한다는 사실을 발견했다.

피터스는 한발 더 나아가 노벨문학상 수상자인 헨리 제임스Henry James의 주장을 반복한다. "인간의 삶에서 가장 중요한 3가지가 있다면, 첫째도 친절, 둘째도 친절, 셋째도 친절이다." 피터스는 엔지니어 출신답게 다음과 같은 공식을 만들기도 했다.

K = R = P (K : 친절, R : 고객의 반복 구매, P : 수익)

관리자는 자신의 친절한 태도가 공과 사를 구분하는 데 방해가 되거나 의사결정을 내리는 데 지장을 주지 않을까 우려할 필요가 없다. 당신이 회사를 세우고 직원들을 고용해서 고객에게 제품이나 서비스를 판매하는 순간, 비즈니스는 개인적인 일로 바뀌는 것이다. 그리고 개인적인 일이 되는 순간, 그곳에서는 친절한 태도가 보상을 받는다.

10 Managing Others

단순하게, 작게, 유연하게

시카고에 소재한 37시그널즈37Signals라는 회사는 작지만 강한 기업이다. 2010년 5월, 이 회사는 3개국에서 16명의 직원들을 고용해 온라인 웹 개발 도구를 만들었다. 2011년 4월에는 직원이 26명으로 늘었다. 이 회사의 뛰어난 소프트웨어, 그리고 사람들과 대화하기를 즐기는 창업자 덕분에 37시그널즈는 기업의 업무 방식을 혁신하려는 많은 사람들에게 큰 영향을 주었다.

기술의 발전은 사람들을 전통적인 근무 방식에서 해방시켰다. 하지만 커피숍이든 어디든 장소를 가리지 않고 일할 수 있게 된 오늘날에는 수많은 기술들이 오히려 사람들의 업무 부담을 가중시키는 역할을 하고 있다. 요컨대 무선 통신 덕택에 사람들은 이동하면서도 일을 할 수 있게 됐지만, 동시에 24시간 업무에서 빠져나오지 못하는 상황이 초래된 것이다.

37시그널즈는 산더미처럼 쌓인 채 엉망으로 흩어져 있는 이메일, 문서, 일정, 연락처, 업무 목록 등을 유용하게 정리해주는 비즈니스를 한다. 제품은 6가지에 불과하며, 300만 명의 고객들이 이 제품을 사용해 온라인상에서 대화하고, 소통하고, 업무를 정리한다. 이 회사에는 직원 및 근무 시간에 관한 독특한 경영 이념이 있다. 그 이념의 중심에는 현대의 기업들이 너무 복잡하게 운영된다는 믿음이 자리한다. 작은 기업 규모, 그리고 신속한 의사결정과 독립적인 사고방식이 필요한 상황에서도 사람들은 성장만을 추구하며 인사팀의 포로가 되거나, 제품 개발이나 영업에 도움이 되지 않는 정책 회의의 인질로 전락한다.

이런 복잡성은 회사의 제품과 서비스에도 반영된다. 즉 그것들을 생산한 조직의 속성에 따라 복잡하거나 지나치게 많은 기능을 포함하는 경우가 많다. 반면 작은 기업들은 단순하고 깔끔한 제품을 만들 수밖에 없는 규모의 한계성을 수용한다는 것이 37시그널즈의 믿음이다.

37시그널즈는 큰 기업들에서 발생하는 전형적인 증상 중 하나가 일중독이라고 주장한다. 일중독자들은 잠시 일을 멈춘 상태에서 지적이고 창의적인 해결책을 이끌어내는 대신 자신의 정신적 게으름을 보상하기 위해 폭력적인 태도, 습관적인 야근, 비상식적 요구, 의도적인 시간 낭비 등의 자세를 취한다. 그들은 자신이 사무실에서 지내는 시간의 양이 일에 쏟는 관심의 양이라고 착각한다.

회사에서 진행하는 회의란 생산성을 감소시킬 뿐인 경우가 많다. 37시그널즈의 직원들은 회의를 시작할 때 타이머를 맞춰놓고 벨이 울리면 회의를 끝낸다. 또 되도록 최소의 인원만 회의에 참석하며, 반드시 해결해야 할 구체적인 문제를 제시하는 것으로 회의를 시작하고 해결책을 도출한 후, 그 일의 담당자를 지정하는 것으로 회의를 마친다.

그들은 장기적 사업 계획을 '판타지'라고 부르며 그 과정은 사실 계획이라기보다 '추측'일 뿐이라고 생각한다. '계획'을 '추측'이라고 부르는 순간 당신은 장기 계획의 스트레스에서 벗어날 수 있다. 반면 마케팅은 마케팅 부서만의 전유물이 아니며 회사가 하는 모든 일들, 가령 제품의 품질이나 직원들의 태도 등이 전부 마케팅에 관련되어 있다고 믿는다. 따라서 마케팅을 '입소문 나게 만들기'라는 용어로 부르는 편이 더 적절할 것이다.

어떤 관리자들은 37시그널즈의 관리 방식이 끔찍하다고 여길 수도 있다. 하지만 젊은 직원들에게는 이런 방식이 매우 보편적으로 확산되는 추세다. 많은 사람들은 사무실에 꼬박꼬박 출근해야 하고 정치적 논리에 따라 움직이는 회사보다, 이런 유연한 관리 형태를 운영하는 회사를 더욱 선호한다. 당신이 오늘날 가장 우수한 젊은 인력들을 채용하고 싶다면 그들이 원하는 업무 방식을 고려해볼 필요도 있다. 그들에게는 독자적으로 일할 수도, 또는 회사에서 근무할 수도 있는 선택권이 있기 때문이다.

11 Managing Others

위기를 경영하라[10]

야심 찬 관리자들은 위기를 즐긴다. 스스로를 빛낼 기회인 동시에 자신의 재능을 유감없이 발휘해 보다 큰 인물로 성장할 수 있는 계기이기 때문이다. 전직 미국 대통령 빌 클린턴은 자신이 재임하던 시절에 커다란 도전이 없었다는 점이 유감이라고 말한 적이 있다. 북미자유무역협정NAFTA을 성사시키거나 복지에 대한 몇 가지 개혁을 시행한 정도로는 러시모어 산에 자신의 얼굴을 새겨넣을 수 없었다. 비즈니스에 있어서도 마찬가지다. 모든 경영진이나 관리자들은 코끼리를 춤추게 하고 싶어 한다. 루 거스너Lou Gerstner가 IBM을 살려냈고 세르지오 마르치오네Sergio Marchionne가 피아트 자동차를 회생시켰듯이 말이다. 어려운 시기일수록 평범한 성과만을 남기길 원하는 사람은 없다.

하지만 세상에는 진정한 위기와 '만들어진' 위기가 섞여 있다. 중대한 변화가 요구되는 실질적인 위기가 존재하는 반면, 그리 대단한 일도 아닌데 머리에 불붙은 듯 날뛰며 위기감을 조장하는 관리자들도 있다. 그런 사람들은 위기를 이용해 자신이 중요한 인물임을 드러내고 싶어 한다. 뿐만 아니라 그들은 차분한 상황에서 직원들이 원하는 일을 하도록 만드는 방법을 알지 못한다. 그들은 언제나 업무 마감에 대한 압박, 갑작스런 가격 조정, 빡빡한 거래 스케줄과 같은 급박한 요소들 속에서 일한다. 특히 투자은행과 같은 일부 업계에서는 계약이 최종적으로 체결되거나 거래가 실행되기 전까지 끊임없이 위기의식이나 재앙에 대한 가능성을 부각시키는 행위가 하나의 문화처럼 자리 잡았다.

그러나 위기를 극복하고 위기의 다양한 단계를 구별하는 일은 핵심적인 관리 기술의 하나다. 하버드 케네디 행정대학원Harvard's Kennedy School of Government의 리더십 전문가 로널드 하이페츠Ronald Heifetz는 위기관리의 두 단계를 다음과 같이 정의했다. 첫 번째 긴급 상황의 단계에서는 상황을 안정시키고 시간을 버는 데 주력해야 한다. 두 번째 적응 단계에서는 위기의 원인을 분석해서 새롭게 성장할 수 있는 능력을 쌓아야 한다.

훌륭한 관리자들은 이 두 단계를 구별해 대응한다. 긴급 상황의 단계에 처한 관리자들은 확신을 갖고 상황에 대처해야 하며 심리적 안정을 위해 자신의 경험에 의지할 필요가 있다. 하지만 두 번째 적응 단계에서는 변화에 매우 개방된 모습을 보여야 한다. 즉 자신의 경험과 행동 방식을 잠시 접어두고 새로운 아이디어를 도입함으로써 조직을 적응시켜 나가야 한다.

비즈니스에서는 이 과정들이 다양한 모습으로 전개된다. 소위 경영혁신 전문가들은 오직 위기에 처한 회사들의 문제를 해결하기 위해 존재하는 사람들이다. 그들은 아무런 감정적 부담 없이 회사에 와서 일을 한 다음 떠난다. 스타트업의 사업가들은 회사가 안정적인 성장 궤도에 도달하고 나면 투자자들에 의해 교체되는 경우가 많다. 어쩌면 그들은 몇 개월 동안 집중해서 일할 만큼의 에너지나 반사 신경은 지니고 있지만, 몇 년 동안 이

어지는 힘들고 지루한 업무를 성실하게 수행하기에는 적당한 인재가 아닐지도 모른다. 하지만 회사를 위기 상황에서 건져내고도 그 다음의 적응 단계를 함께 하지 못해 물러나는 상황을 기뻐할 관리자는 많지 않을 것이다.

하이페츠 교수는 2009년 알렉산더 그래쇼Alexander Grashow, 메리 린스키Mary Linksky와 공저한 책에서 이렇게 말한다.[11] "많은 사람들이 심장마비를 겪고 살아났다. 그러나 심장병 수술을 받은 환자들 대부분은 곧 옛날 습관으로 돌아갔다. 담배를 끊고 음식을 바꾸고 운동을 시작한 사람들은 그중 20퍼센트에 불과했다. 사실 초기치료의 성공은 환자들의 위기의식을 감소시키고 자신이 곧 정상적인 상태로 되돌아갈 거라는 환상을 만드는 역할을 했다. 다시 말해 의료 기술 덕분에 생사의 고비에 처하는 문제가 해결되면서 환자들은 근거 없이 위기감에서 벗어나버린 것이다." 만일 기업의 관리자들이 하이페츠의 표현대로 '조직의 리셋 버튼'을 누르지 않고 수술실을 나와 다시 옛날 습관으로 되돌아간 환자들처럼 행동한다면, 그들은 긴급 상황을 계속 연장함으로써 많은 기회를 날려버리게 될 것이다.

위기관리의 적응 단계에서 또 하나의 중요한 요소는 '전쟁 게임' 시나리오를 만들어 다음에 닥칠 커다란 위기에 적절하게 대비하는 일이다. 위기 상황에서는 몸속의 아드레날린 호르몬이 마구 분출하며 흥분을 느끼게 된다. 하지만 반복되는 위기는 사람을 황폐하게 만든다. 그러므로 정작 큰 위기가 닥쳤을 때 완벽하게 에너지를 충전해서 대처할 수 있도록, 작은 위기들의 발생을 최소화하는 편이 현명하다.

12 Managing Others

협력을 이끌어내는 4가지 도구[12]

비즈니스 세계에서 활발한 경쟁이 성공을 이끈다는 믿음처럼 강력한 것은 없을 것이다. 이 믿음은 경제 및 관리 이론, 투자 모델, 동기부여 강의 등에 어김없이 포함되며, 어떤 기업들에게는 사업 전략의 핵심 중 하나이기도 하다.

하지만 최근에는 협력이 경쟁보다 우월하다는 이론이 점점 설득력을 얻고 있다. 단순히 경쟁자들보다 빨리 달리기만 해서는 살아남기 어렵다. 오히려 다른 사람들과 함께 일함으로써 승리할 수 있는 방법, 다시 말해 모든 사람이 함께 번영할 수 있는 신뢰와 협력의 시스템을 구축해 함께 살아가는 길을 모색해야 한다.

이런 관점을 받아들이지 못하는 사람들도 많을 것이다. 특히 경쟁 본능이 마음속 깊이 박혀 있는 사람일수록 더욱 그렇다. 하버드 대학교Harvard University의 생물학 및 수학 교수 마틴 노왁Martin Nowak과 〈뉴 사이언티스트New Scien- tist〉에서 편집장을 지낸 로저 하이필드Roger Highfield는 공저 《초협력자SuperCoopera-tors》에서 삶의 승리자들은 다른 사람들과 끊임없이 충돌하고 싶은 유혹을 이겨낸 사람들이라고 주장한다. 반면 패배자들은 반드시 다른 사람을 응징하며, 그로 인해 몰락한다.

그들의 주장은 노왁 교수가 찰스 다윈의 관점을 발전시켜 진화의 법칙을 연구한 결과에 바탕을 둔다. 그들은 인간이 '초협력자supercooperators'라고 주장한다. 즉 인간에게 나타나는 이타적인 행동은 자연선택의 결과라는 것이다. 인간이라는 종種은 서로를 이기려고 하기보다 신뢰하고 협력하면서 발전한다. 개미가 군집群集을 이루고, 사람들이 도시를 건설하는 일도 이런 맥락에서 설명이 가능하다.

노왁 교수는 이 이론을 비즈니스에 적용해 다음과 같이 말한다. "가장 궁극적인 교훈은 혁신을 이끄는 요소가 경쟁이 아니라 협력이라는 사실이다. 창의성을 기르고 직원들에게 새로운 아이디어를 이끌어내기 위해서는 채찍의 공포가 아닌 당근의 유혹이 필요하다… 사람 사이의 협력이 없다면 건설이나 복잡성 같은 개념은 존재할 수 없다."

비즈니스에서 협력이란 다양한 형태로 이루어진다. 한 기업에 근무하는 여러 직원들은 공동의 목표 달성을 위해 협력할 수 있다. 또 기업들끼리 시장을 장악하기 위해 협력하는 일도 가능하다. 심지어 협력과 경쟁이 대척하지 않고 서로 보완적인 역할을 하기도 한다. 일례로 어떤 회사의 직원들이 협력하여 경쟁자를 물리친 경우가 그렇다. 노왁 교수는 다음과 같이 말한다. "모든 사람이 치열하게 경쟁하는 은행과 모든 사람이 협력하는 은행이 있다면, 시간이 흐른 후 이기는 쪽은 협력하는 사람들이다."

하버드 경영대학원 교수 클레이 크리스텐슨Clay Christensen, 매트 막스Matt Marx, 하워드 스티븐슨Howard Stevenson은 기업에서 직원들이 경쟁 본능을 내려놓고 서로 협력하도록 설득하기 위해 사용할 수 있는 다양한 방법이 있다고 썼다.[13] 그 실마리는 직원들이 조직의 목표와 그 목표를 달성하는 방법에 대해 얼마나 동의하는지를 측정하는 것이다. 그러고 나서 협력을 이끄는 데 유용한 4가지 도구인 권력, 관리, 리더십, 문화를 적절히 사용해야 한다.

4가지 도구에는 적극적인 요소와 부드러운 요소가 공존하기 때문에 관리자는 어떤 시점에서 어떤 도구를 사용해야 하는지 이해하고 있어야 한다. 강제나 위협과 같은 '권력' 도구는 직원들이 조직에 필요한 목표와 수단 모두에 동의하지 않을 때 사용한다. 교육이나 측정과 같은 '관리' 도구는 직원들이 목표에는 동의하지만 목표 달성 수단에 대해서는 의견이 일치하지 않을 때 유용하다. 직원들에 대한 강의나 비전 강령과 같은 '리더십' 도구는 이미 잘 돌아가고 있는 조직에서 새로운 목표를 향한 협력이 요구될 때 효과가 있다. 전통에 대한 강조나 직원 참여와 같은 '문화' 도구는 가장 부드러운 도구이며 자발적으로 관리되는 기업에서 활용하는 편이 좋다.

파워 리더십의 극단적 사례 중 하나가 은행가 제이미 다이먼James Dimon에 관한 이야기다. 그는 2004년 JP모건의 CEO로 취임한 후 자신이 전에 근무하던 은행 뱅크 원Bank One을 인수하자마자 임원들의 급여를 절반으로 줄였으며, 만일 실적목표를 달성하지 못하면 해고하겠다고 지점장들을 위협했다. 또 IT부서에게 6주 안에 합병에 따른 단일 IT 플랫폼을 선정하지 못하면 자신이 직접 고르겠다고 선언했다.

스타벅스Starbucks의 최고경영자 하워드 슐츠Howard Schultz는 2008년 자신이 설립한 회사로 복귀해서 CEO에 취임했을 때 권력과 리더십 도구를 모두 사용했다. 그는 우선 권력 도구를 적용해서 많은 매장들을 폐쇄하고 수천 명의 직원들을 해고했다. 회사가 어느 정도 정상화되자 그는 《온워드Onward:

How Starbucks Fought for its Life without Losing its Soul》라는 책을 써서 자신의 입장을 설명했고, 이는 시련에 지친 직원들을 결속하는 리더십 도구로 작용했다.

관리자에게 중요한 덕목은 올바른 균형을 확보하는 일이다. 큰 조직의 최상층으로 올라가기 위해서는 협력과 경쟁을 잘 조합해야 한다. 아무리 경쟁력 있는 사람이라도 성공하려면 다른 사람들의 지원이 필요하다. 반면 지나치게 협력만을 추구하면 남들에게 이용당할 위험이 있다. 워털루 대학교University of Waterloo의 마크 웨버Mark Weber 교수와 노스웨스턴 대학교Northwester University의 J. 키스 머니건J. Keith Murnighan 교수가 쓴 글에 따르면, 늘 자발적으로 팀들을 규합하고 조직의 문제를 앞장서 해결하려고 노력하는 사람들은 회사에 매우 가치 있는 인재이지만, 한편으로는 자신의 이익을 추구하지 않고 남들에게 늘 이용만 당하는 바보 같은 사람으로 평가받기도 한다.[14]

기업들이 빠르게 변화하고 직원들도 빈번하게 입사와 퇴사를 반복하는 상황에서, 협업을 통한 장기적 효과를 거두기는 점점 어려워진다. 모든 직원이 단기적 목표를 향해 일하는 상황에서는 자기중심적 행동이 나타날 수밖에 없다.

보스턴 컨설팅 그룹Boston Consulting Group의 창업자 브루스 헨더슨Bruce Henderson은 1967년 〈비즈니스의 벼랑 끝 전략〉이라는 기사를 발표하면서 이 글의 제목을 '비합리적인 행동을 통해 비즈니스에서 성공하는 법'이라고 붙일 수도 있을 거라고 말했다.[15] 헨더슨은 이 글에서 효과적인 경쟁을 위해서는 실상은 자신의 길을 고수하면서도 겉으로 협력하는 듯 보이는 전략이 필요하다고 밝혔다. 그는 비즈니스를 평화로운 시기의 국제관계와 비교하면서, 모든 국가들이 치열하게 경쟁하면서도 전쟁을 피하기 위한 억제책을 실행하는 상황과 비슷하다고 말했다. 그는 이렇게 역설한다. "뜨거운 경제

전쟁의 최종 목표는 공존이다. 결코 적을 전멸시키는 일이 아니다."

세계적인 기업들도 이렇게 경쟁과 협력이 교차하는 패턴을 보이는 경우가 있다. 코카콜라와 펩시는 끊임없이 전쟁 중인 듯 보이겠지만 사실 그들 두 업체가 경쟁적으로 시장에 콜라를 공급함으로써 다른 소규모 경쟁자의 시장 진입을 막을 수 있으며 가격도 유지할 수 있는 것이다. 마이크로소프트와 인텔Intel은 PC 시장에서 수십억 달러를 벌어들였지만 여전히 PC 사업에서 창출되는 수익을 두고 끝없는 싸움을 계속하고 있다. 그들은 가치를 만드는 데는 협력하지만 그 가치를 분배하는 일에 대해서는 경쟁 중이다.

일부 벤처 캐피털 기업이나 기술 기업들은 '코피티션coopetition(협력cooperation과 경쟁competition의 합성어로 협력과 경쟁의 장점을 결합시키는 전략적 비즈니스 게임 이론—옮긴이)'이라는 어색한 용어를 만들어서 이사회, 투자자, 경영진, 직원들 사이의 복잡한 관계를 묘사하고 있다. 듣는 사람을 혼란에 빠뜨리는 이 단어는 반독점 규제기관의 눈길을 끌 만하다. 기업들이 경쟁하는 체하며 사실상 서로 협력하면서 경쟁자들을 차단하고 가격을 담합하는 일은 독점금지법을 위반할 위험이 있다.

기업 내에서 이루어지는 협력은 효과적인 조직을 만드는 데 도움을 준다. 반면 기업 간의 경쟁은 소비자들에게 유리하게 작용하는 경향이 있다. 하지만 노왁 교수는 그런 식의 경쟁으로 모든 문제를 해결할 수는 없다고 말한다. 일례로 은행들은 각자에게 가장 유리한 방향으로 서로 경쟁을 했지만 결국 2008년에 금융 시스템의 붕괴를 초래했다. "우리는 언제나 협력과 경쟁 사이를 오가면서 성쇠를 거듭하게 될 것이다." 노왁 교수는 말한다. "그 사이의 균형점은 결코 존재하지 않는다."

관리자들은 상충하는 시장의 메시지 속에서 협력을 해야 할지 경쟁을 해야 할지 혼란에 빠지는 경우가 많다. 그럴 때 중요한 것은 전후 상황이다. 당신의 장·단기적 필요와 고객의 관심에 주목하라. 직원들이나 경쟁자들에게 하드볼 방식을 사용하든 다른 업체와 경쟁을 통해 최선의 해결책을 추구하든, 언제나 가장 중요하게 고려해야 할 사항은 고객 니즈다.

13

Managing Others

불평을 관리하는 방법

불평하는 사람들은 기본적으로 두 종류가 있다. 양쪽 모두 관리자들이 적절히 대응해야 할 대상이다.

첫 번째는 건설적인 불평꾼이다. 이 사람들은 기술적 지식이나 소비자들의 관점에 대한 이해를 바탕으로 회사의 경영에 어떤 문제가 있는지 파악하고 관리자가 관심을 갖기를 바란다. 그들 중에는 문제를 제기하고 이를 해결할 유용한 방법을 제안하는 사람들도 있다. 하지만 어떤 사람들은 동료에게 불만을 늘어놓는 일이 전부다. 관리자는 그들이 불이익을 받을까 우려하지 않고 스스럼없이 불만을 털어놓을 수 있는 환경을 만들어야 한다. 또 그들이 기술 개선이나 관리 프로세스에 대한 아이디어들을 내놓는 것을 적극적으로 유도하고 장려할 필요가 있다.

두 번째 부류는 파괴적인 불평꾼이다. 그들은 모든 일에 불만을 드러낸다. 주차시설이 좋지 않다, 식당이 엉망이다, 급여가 너무 낮다, 회사가 새로 시작한 계획은 쓰레기 같다 등등. 관리자들은 이런 종류의 불평꾼들에 대해 보다 섬세하고 참을성 있는 자세를 보여야 한다. 일반적으로 관리자들이 이런 상황에 대처하는 일차적인 방법은 주변에 독을 퍼뜨리는 사람들을 업무 시스템에서 제외시키는 것이다. 심지어 조직에 더 심각한 피해를 끼치기 전에 해고하는 편이 나은 사람들도 있을 것이다.

하지만 훌륭한 관리자들은 그런 사람들이 내뱉는 불평을 보다 상세히 검토한다. 그리고 그 불평들이 타당한지 아닌지 판단한다. 아마 주차시설이 실제로 문제가 있거나 급여가 너무 낮을 수도 있을 것이다. 만일 그렇다면 어떻게 해야 할까? 이 불평꾼들의 말에도 일리가 있는 걸까? 그렇다면 그들의 불평은 어떻게 관리해야 하나?

물론 모든 사람들을 행복하게 만들기란 불가능하다. 하지만 행복하든 그렇지 못하든 직원들이 업무에 최선을 다할 수 있도록 만드는 일은 관리자의 몫이다. 불평꾼들은 때로 작은 개선을 통해 큰 효과를 거둘 수 있는 영역을 발견하게 해주는 역할을 한다. 구내식당의 음식을 개선하고 주차시설을 더 편리하게 만드는 일은 겉으로는 사소해 보이지만 직원들의 사기를 획기적으로 올려줄 수도 있다.

파괴적인 불평꾼들에 대한 또 하나의 핵심적인 사실은 그들이 조직의 안전밸브와 같은 역할을 한다는 점이다. 사실 직원들은 언제나 불평을 한다. 어떤 한 사람이 커다란 소리와 함께 증기를 폭발시키듯 다른 모든 직원들의 불만을 대신 터뜨려준다면, 모든 사람들이 씩씩거리며 불만을 머금고 있는 상황보다 훨씬 긍정적이다.

조직에 결정적인 해를 입히지 않는다면 파괴적인 불평꾼들도 중세의 법정에 서 있는 바보의 역할을 수행할 수 있을 것이다. 왕을 거침없이 비웃고 다른 사람들이 감히 입을 열지 못하는 진실을 소리 높여 말하는 그런 사람 말이다.

14 ---- Managing Others

성과 대신 효용성을 측정하라

앞서 구글의 사례에서 살펴보았듯이 직원들의 성과 관리 자체는 그리 기분 좋은 일이 아니다. 성과를 관리하는 목적은 조직에서 원하는 목표를 달성하기 위해서다. 어떤 직원이 아무리 훌륭하게 업무를 수행하더라도 그 업무가 회사에 별로 도움이 되지 않는다면 관리자는 관심을 기울이지 않는다. 회사는 학교가 아니다. 학교의 교사들은 학생들이 공부에 흥미를 느끼게 만들고 학습을 더 잘할 수 있도록 돕는다. 하지만 회사의 직원은 특정한 업무를 수행하기 위해 고용된 사람이다. 만일 그 직원이 일을 제대로 안 하거나 회사의 목표를 달성하는 데 충분히 기여하지 못한다면 아무 쓸모도 없어진다.

따라서 당신은 직원의 성과를 측정하기보다 효용성을 측정하는 데 주력해야 한다. 그리고 이를 측정하는 시스템을 만들 때 다음과 같은 2가지 질문을 고려해야 한다. 첫째, 이 상황에서 내가 무엇을 할 수 있을까? 둘째, 내가 관리하는 직원이 무엇을 할 수 있을까?

어떤 조직에서든 개별 직원의 성과는 개인적 능력과 노력, 그리고 그 직원을 성공으로 이끌기 위해 제공되는 도구에 달려 있다. 아무리 똑똑하고 열심히 일하는 영업 사원이라도 제품이 부실하거나, 업무 지원이 제대로 되지 않거나, 관리자가 게으르고 피드백이 늦다면 성공을 거두기 어렵다. 그런 상황에서 그 직원에게 목표를 달성하지 못했다고 나무란다면 엉뚱한 곳에 책임을 돌리는 셈이 된다.

관리자가 취할 첫 번째 단계는 스스로에게 다음과 같은 질문들을 던지는 것이다. 나는 이 직원의 업무를 돕고 관찰하기 위해 할 수 있는 모든 일을 했는가? 나는 앞으로도 이 직원을 도울 수 있는가? 이 직원을 평가하는 기준은 명확히 설정되어 있는가? 나와 이 직원이 통제하지 못하는 외부적 요소가 그의 성과에 얼마나 영향을 미치는가?

또한 목표 달성에 어려움을 겪는 직원이 있다면 당신은 그를 돕기 위해 무엇을 할 수 있는지 살펴봐야 한다. 경우에 따라 전혀 해결할 수 없거나, 매우 큰 대가를 치러야 해결이 가능한 문제도 있을 것이다. 예를 들어 사회 공포증이 있는 영업 사원에게는 대대적인 심리치료가 필요할지도 모른다. 반면 회사 차량이 필요한 영업 사원을 돕는 일은 비교적 간단할 것이다.

관리자가 직원과 성과에 대해 논의할 때에는 구체적이고 시의적절해야 하며, 특정한 행동에 중점을 두고 피드백을 하는 것이 중요하다. 예컨대 몇 주일이나 지난 행동이 잘못되었다고 뒤늦게 지적한다면 그 직원으로서는 미칠 노릇일 테다. 그리고 당신의 말이 무엇을 의미하는지 명확히 밝히지 않고 '잘못된 신호를 보내는' 경우도 마찬가지다. 게으른 피드백은 당신이 비합리적인 편견을 지니고 있다는 비난이 되어 되돌아올 위험이 크다.

미국 캔자스Kansas에 있는 의료 소프트웨어 기업 서너Cerner의 CEO는 2001년 관리자들에게 메일을 보냈다. 그는 주당 근무시간이 40시간도 안 되는 직원들이 수두룩하다고 불평했다. 오전 8시와 오후 5시에 주차장이 텅 비어 있는 모습을 보고 놀랐다는 것이다. 그는 메일에서 이렇게 말했다. "관리자들이 직원들의 노력에 대한 기대치를 잘못 설정함으로써 이렇게 바람직하지 못한 상황이 초래된 것입니다. 어떤 경우든 문제는 여러분에게 있습니다. 문제를 해결하지 못하면 여러분은 일자리를 잃게 될 것입니다. 나는 지금까지 직장생활을 하는 동안 어떤 부하 직원에게도 일주일에 40시간만 일하는 직무를 준 적이 없습니다. 그런 문화를 만든 것은 여러분이고, 내가 그 일을 허용한 셈입니다. 하지만 더 이상은 아닙니다." 그 CEO는 인력을 감축하겠다고 선언하면서 직원들에게 공장 근로자처럼 출퇴근을 기록하라고 요구했다. 그리고 실행하려던 복지 혜택을 모두 보류했다. 그는 앞으로 이른 아침과 늦은 저녁, 그리고 주말에 주차장에 얼마나 많은 차들이 있는가에 따라 관리자들이 개선에 쏟은 노력을 평가하겠다고 말했다. 또 직원들이 피자를 배달시켜 먹으면서 저녁 늦게까지 회의를 하는 모습을 보고 싶다고도 했다. "주차장은 관리자들의 '노력'을 평가하기에 그리 적당한 장소가 아니라는 사실을 알고 있습니다. 또한 '노력'보다 중요한 요소가 '결과'라는 점도 알고 있습니다. 하지만 더 이상의 논쟁은 하지 않겠습니다. 우리에게는 커다란 비전이 있습니다. 그리고 이를 달성하기 위해서는 커다란 노력이 필요합니다. 여러분, 이것은 직원들의 문제가 아니라 관리자의 문제입니다. 축하합니다. 여러분은 관리자입니다. 여러분에게는 직원들을 관리할 책임이 있습니다. 따라서 나는 이 상황을 개선할 책임도 여러분에게 드리겠습니다. 여러분이 자초한 상황이니까요. 주어진 시간은 앞으로 2주입니다. 시간이 흐르고 있습니다. 똑딱, 똑딱….”

CEO의 이메일이 외부에 공개되자 서너의 주가는 폭락했다. 그리고 회복하는 데 한참이 걸렸다. 그럼에도 불구하고 그 이메일에 담긴 가치 중 하나는 메시지가 매우 열정적이면서 명확하다는 사실이다. 다시 말해 직원들의 성과를 매우 구체적인 측정 기준, 즉 주차장의 차량 대수로 평가하겠다는 점을 분명히 했으며 관리자들에게 그 일의 책임을 맡긴 것이다.

이렇게 극단적인 방식으로 직원들과 소통하기를 원하는 사람은 별로 없겠지만 그 CEO가 보여준 명확성은 참고할 만하다.

성과를 평가하는 일은 특정한 목표, 또는 목표를 달성하기 위한 업무의 진행 상황을 평가하는 데 초점을 맞추어야 한다.

직원들의 성과를 평가하는 회의를 시작할 때에는 회의의 목적, 즉 업무 목표를 점검하고 그에 대한 진행 상황을 검토하기 위해서라는 점을 분명히 밝혀라. 그리고 평가 대상자가 현재 상황에 대해 설명할 기회를 주고 말을 끊지 마라. 잘 진행되는 일이 무엇인지, 또 잘 진행되지 않는 일이 있다면 그 이유가 무엇인지 설명하게 하라. 이 과정을 확실히 마친 후에 직원에게 적절한 제안이나 도움을 줄 수 있는 깊이 있는 이야기를 나누어라. 당신이 직원에게 설정한 기대치와 직원이 거둔 성과 사이에 간극이 있다면 그 원인이 무엇인지를 파악하고, 그 차이를 줄이기 위해 취해야 할 행동의 구체적인 시한과 과정을 정하라. 당신과 직원 둘다 회의에서 주고받은 이야기를 정확히 기록해야 합의한 대로 실행되는지 살펴볼 수 있다. 당신이 단순히 대상자를 칭찬하거나 비난하지 않고 이렇게 파트너십과 공동의 문제 해결이라는 사고를 바탕으로 평가를 실시한다면, 직원 평가를 두려움이나 갈등의 원천으로 생각할 필요가 없다.

만일 어느 직원이 성과를 거두지 못한다면 관리자는 어떤 형태로든 그를 적절히 제재할 것이다. 승진에서 누락시키거나, 직급을 강등시키거나, 아예 해고할 수도 있다. 그리고 직원들이 그 징계를 담담하게 받아들인다면 관리자들은 일을 제대로 완수했다고 여긴다.

하지만 제대로 된 관리 시스템을 운영하는 기업은 관리자들에게 직원을 변화시키고 개선시키기 위한 모든 기회를 준다. 또 해당 직원에게도 그 노력이 어떻게 진행되는지를 지속적으로 알려준다. 어떤 경우라도 직원을 해고해야 하는 경우가 생긴다면 그 상황이 즐거울 리는 없다. 직원들은 결국 관리자가 공정하지 않은 방식으로 결정했거나 자신들에게 적절한 경고를 주지 않았다고 불만을 드러낼 것이다. 하지만 정상적이고 지속적인 평가 시스템을 운영한다면 이런 위험 부담을 줄일 수 있다.

요컨대 당신은 연말에 전사적으로 진행될 직원들과의 일대일 평가 회의를 기다리지 말고 평소에도 그들과 소통해야 한다. 이를 통해 당신과 직원 모두 스트레스를 줄일 수 있으며, 연말 평가 회의 시간이 되어서야 엄청난 문제가 발견되는 상황을 피하고 직원들이 필요로 할 때마다 업무에 관여해 그들을 도울 수가 있다.

15 Managing Others

해고는 투명하고 솔직한 자세로

직원을 해고하는 절차의 첫 번째 단계는 회사의 변호사와 상의하는 일이다. 직원 해고를 잘못 처리하거나 서툴게 대응하면 당신의 명성은 물론이고 회사의 이미지에도 커다란 흠집을 낼 수 있다.

법적인 준비가 완료되면 당신이 해고하려는 대상자에게 직접 말하는 방법이 가장 좋다. 대화를 시작하면서 당신이 그를 해고하려 한다고 곧바로 말하고, 해고에 따른 조건이나 부대사항들을 설명해야 한다.

관리자가 직원을 해고해야 하는 상황은 크게 두 종류로 나뉜다. 첫째, 당신이 통제할 수 없는 이유, 즉 회사 차원의 인력 감축 등으로 인해 발생하는 해고다. 두 번째는 직원 자신으로 인해 야기된 이유, 즉 성과가 부진하거나 잘못된 행동으로 인해 그 사람을 해고해야 하는 상황이다. 관리자는 어떤 경우든 회사에 맞서 직원 편을 드는 일을 피해야 한다. 또한 향후 법적인 문제의 빌미가 될 수 있는 어떤 말도 하지 말아야 한다. 해고의 이유에 대해 투명하고 솔직한 자세를 취하라.

그리고 가능하다면 월요일에 해고 통지를 하길 권한다. 해고된 사람이 주말이 오기 전까지 새로운 직장을 찾아볼 수 있기 때문이다. 직원을 해고하는 일은 사람을 공개 입찰에 내놓는 것과 같다. 금요일 저녁에 해고 통지를 함으로써 모든 사람의 주말을 망치는 일을 피하라.

16 신뢰할 수 있는 관리자란

신뢰란 모든 관리 시스템의 윤활유 같은 요소다. 신뢰가 없으면 모든 일에 훨씬 오랜 시간이 걸릴 수밖에 없다. 직원 간에 신뢰가 없다면 무슨 업무를 하든 자신을 보호할 대책을 먼저 마련해놓아야 할 것이다. 이메일을 보낼 때에는 온갖 사람들을 다 참조하고 관련자들은 수많은 서류에 서명을 해야 할 것이다. 하지만 관리자와 직원들이 서로 신뢰한다면 안정적인 관리와 혁신을 이룰 수 있으며, 공유와 협업의 분위기도 충만해질 것이다. 서로의 아이디어를 공유하는 일을 꺼리지 않고, 한 번의 실수나 잘못된 말 한마디로 인해 경력 전체를 망치리라 여기지도 않을 것이다. 기업들은 개방성이나 투명성이 필요하다는 점을 자주 언급하지만, 그 모든 것의 바탕이 되는 요소는 신뢰다. 이는 우리를 비즈니스에서 성공하게 만드는 동력이다.

신뢰는 자신감의 표현이다. 만일 직원, 공급자, 고객들이 당신의 행동과 말에서 자신감을 느낄 때, 다시 말해 당신이 직원들과의 약속을 지키고, 공급자에게 대금을 제때 지불하고, 고객에게 상자에 쓰인 것과 똑같은 내용의 제품을 배달하리라고 모두가 믿을 때 당신은 그들의 신뢰를 얻었다고 말할 수 있다. 반면 신뢰가 없는 상태에서는 다른 사람과 협력하기가 매우 어려우며, 그렇게 되면 조직은 비용 부담이 더욱 커질 수밖에 없다. 직원들은 관리자들이 자기 이익만 챙긴다고 생각하기 때문에 항상 이직할 기회를 노린다. 공급자들은 당신이 제때 대금을 지급할 것이라는 믿음이 없으므로 최상의 서비스를 제공하지 않는다. 고객들도 당신에 대한 충성심이 생기지 않기 때문에 언제라도 계기가 생기면 떠나버린다.

신뢰는 타인의 협조를 이끌어낼 수 있는 가장 손쉬운 방법이다. 모든 조직은 신뢰를 통해 혁신이나 판매 등의 업무를 더욱 잘 해나갈 수 있다. 당신과 직원들이 서로 신뢰한다면 직원들을 일일이 감독하거나 시시콜콜한 내용까지 담긴 업무 합의서를 만드는 데 시간과 비용을 낭비할 필요가 없다. 또한 일터를 더욱 매력적인 곳으로 만들 수도 있다.

하지만 신뢰를 얻고 유지하기는 쉽지 않다. 많은 사람들이 신뢰를 쌓는 일을 어려워한다. 그들은 신뢰를 구축하는 과정에서 자신의 본모습을 고스란히 드러내야 하기 때문에 불신의 장벽을 만들어 스스로를 보호하려고 한다. 또 자신에 대한 사람들의 신뢰를 어쩔 수 없이 배신해야 하는 상황이 생길까 봐 두려워한다.

사회과학자들은 1960년대 이후 산업화되고 민주화된 현대의 주요 기관들, 즉 기업, 교회, 정부기관 같은 시설에 대한 사람들의 신뢰가 처참하게 무너지고 있다는 사실을 발견했다. 아마 우리는 그런 곳에서 일하는 사람들에게 너무 많은 것을 기대했는지도 모른다. 정치인들이 불명예스러운 모습을 보이고, 기업에서 스캔들이 터지고, 한때는 철석같이 믿었던 또 다른 사회적 기둥들이 발밑에서 무너져 내리는 모습을 볼 때마다 우리의 신뢰감은 조금씩 사그라든다. 어떤 경우든 책임을 져야 할 사람은 관리자들,

즉 다른 사람 위에서 상황을 더 잘 파악해야 하는 사람들이다. 그들은 모든 아랫사람들을 배신했다는 비난을 받아 마땅하다. 침몰하는 배의 선장은 모든 선원들에 대한 책임을 떠안아야 한다.

때로 관리자들은 자신의 잘못이 아닌 문제로 비난을 받기도 한다. 어느 제조업체 공장에 근무하는 관리자는 정부가 다른 국가와 무역협정을 체결해서 값싼 제품들이 쏟아져 들어오고 기업들이 더 저렴한 공급업체를 찾아나서야 하는 상황이 발생해도 달리 할 수 있는 일이 없다. 새로운 기술이 걷잡을 수 없는 속도로 밀려들어와 가장 발 빠른 관리자도 미처 따라가기 전에 회사의 핵심 사업이 시대에 뒤처져버릴 수도 있다. 하지만 이런 일이 생길 때마다 실패의 책임은 관리자에게 돌아간다. 그는 사람들의 신뢰를 받았지만 결국 실패한 것이다.

치열한 경쟁은 신뢰를 강화하기보다는 의심을 키우는 역할을 한다. 우리는 인정사정없는 경쟁이 난무하는 시장에서 극단적인 냉소주의자들이 오히려 큰 보상을 받는 상황을 자주 목격한다. 착한 사람이 경쟁에서 승리했다는 말을 들어본 적이 있는가? 언제나 가장 공격적이고, 가장 자기중심적이며, 가장 의심이 많은 사람들이 이기는 법이다. 우리는 주주들이 직원들을 희생양 삼아 이익을 챙기고, 고위 경영진이 평생 일해온 직원들을 해고한 대가로 두둑한 보상을 받는 일을 목격한다.

이런 상황을 어떤 관리자들은 다음과 같은 말로 정당화한다. "이건 개인적인 일이 아니라 비즈니스다." 하지만 그런 행위로 인해 피해를 입은 사람들에게 이 상황은 극히 개인적인 일일 뿐이다. 에드워드 프리먼Edward Freeman 같은 학자들은 인간의 윤리와 도덕성에서 비즈니스가 분리되는 현상을 '분리 원칙separatist principle'이라고 부른다. 용어야 어떻든 간에, 관리자들은 시장에서 성공하고 싶은 욕구와 품위 있게 행동하고 싶은 욕구 사이에 존재하는 끝없는 갈등을 항상 기억해야 한다.

어떤 컨설턴트들은 모든 직원들이 서로 신뢰하는 기업에서 최고의 실적을 낸다고 말한다. 또 성공을 위해서는 무자비한 경쟁의 정신이 필요하다고 말하는 사람도 있을 것이다. 어떤 사람들은 항상 약속을 지키는 일은 불가능하다고 조언하기도 한다. 시점과 상황에 따라 모두 맞는 말일지도 모른다.

회사 내에서 신뢰에 영향을 주는 요인에는 2가지가 있다. 첫째는 위험에 대한 포용성, 자신감의 수준, 권력의 크기와 같은 개인적 요인이다. 위험을 감수하는 성향이 크고, 자신감이 강하며, 강력한 권력을 지닌 사람은 남들을 더 많이 신뢰한다. 반면 일을 두려워하고 변화와 위험을 싫어하는 낮은 직급의 직원들은 사람들에 대한 신뢰감이 대체로 더 낮다.

두 번째 요인은 당신이 속한 환경과 관련이 있다. 수익이 매우 높고 시장에서 확고한 위치를 점유한 회사에서는 직원들이 행복하고 서로 신뢰하는 경우가 많다. 또 직원들이 서로에게 비슷한 점이 많다고 인식할 때도 상대방을 더 많이 배려한다. 사람들이 한 배를 탔다고 느낄 때도 마찬가지다. 또 그들의 행동이 공동의 보상이나 처벌로 이어질 때도 서로 협력하는 경향이 있다. 우리는 자신에게 마음을 써준다고 생각되는 사람뿐 아니라 능력이 뛰어나다고 여겨지는 사람을 신뢰한다. 그가 스스로 약속한 바를 지켰으며 문제를 훌륭하게 해결한 전력이 있기 때문이다. 또한 우리는 솔직하게 말하는 사람, 즉 좋은 일이건 나쁜 일이건 우리가 당연히 알아야 할 일을 알려주는 사람을 믿는다. 거짓말, 왜곡, 부실한 소통 등은 신뢰감을 깨뜨리는 요소다.

좀 더 자세히 설명한다면, 우리가 관리자를 신뢰한다고 말할 때 단순히 그를 좋은 사람이라 생각하기 때문에 신뢰한다는 의미는 아니다. 우리는 자신이 약속한 것을 지킬 능력이 있어 보이는 사람을 신뢰한다. 그는 우리와 이해관계를 공유하고 우리의 이익에 기여할 수 있는 사람이다. 우리가 비행기 조종사를 신뢰하는 이유는 그가 자신의 동료에게 선한 행동을 했기 때문이 아니라, 그가 비행기를 조종하는 훈련을 받았으며 조종을 잘하지 못했을 때 그의 생명도 우리의 생명과 마찬가지로 위험에 처할 수 있기 때문이다.

그러므로 신뢰할 수 있는 관리자란 좋은 가치관이나 의도를 지녔을 뿐 아니라 그 가치관과 의도를 행동으로 옮기는 실행 능력을 발휘함으로써 자신이 매일 상대하는 모든 사람들의 삶을 더 낫게 만들 수 있는 사람이다. 그 관리자가 사람들에게 불러일으킨 신뢰감은 그의 손길이 닿는 조직의 구석구석에 스며들 것이다.

직원들의 신뢰를 얻기 위한 첫 번째 단계는 직원들에게 당신이 어떤 사람인지 알리는 일이다. 물론 자신의 진면목을 보여주기 위해 굳이 어울리지 않는 행동까지 할 필요는 없다. 중요한 것은 직원들이 당신을 신뢰하는데 필요한 정보를 제공해야 한다는 사실이다. 직원들이 더욱 큰 위험에 과감히 맞서도록 하고 싶다면 당신에게 위험을 극복하고 관리할 수 있는 능력이 있음을 알려야 한다. 또한 그런 역량과 경험이 있다는 증거를 보여주어야 한다. 당신 자신의 진로 계획에 대해 설명하고, 필요하다면 개인적인 상황도 밝혀라. 당신이 생각하는 모든 것이 직원들의 자신감을 끌어올리는 데 관련이 있다. 당신이 공개하기로 마음먹은 정보는 직원들이 당신을 신뢰하게 만드는 데, 즉 그들로 하여금 당신이 하는 일이 옳다고 생각하도록 하는 데 도움을 줄 것이다.

물론 당신이 1000명도 넘는 생산 현장 기술자들을 관리하고 있다면, 당신에게 세 명의 아이가 있고 대출받은 집에서 살고 있다는 사실까지 모두에게 알릴 필요는 없다. 대신 그들은 당신이 직원들의 고용 안정을 위해 최선을 다하고, 안전한 작업장을 만들기 위해 애쓰며, 그들의 이익을 보호하는 유능한 관리자라는 점을 알아야 한다. 반면 당신이 광고회사에서 네 명의 카피라이터로 구성된 팀을 맡은 관리자라면, 당신이 그들의 광고에 대한 아이디어를 대변하고, 어떤 '소송' 사건에서도 그들 편에 설 것이며, 창조의 과정이 반드시 기계적으로 진행되지는 않는다는 점을 잘 알고 있다는 사실을 밝힐 필요가 있다. 당신은 직원들이 업무에 최선을 다할 수 있는 환경을 만들고, 좋은 작품을 창조했을 때 큰 보상이 주어지리라는 점을 그들에게 인식시킴으로써 신뢰를 얻어야 한다.

직원들에게 채찍을 휘두르는 대가로 관리자들에게 보상을 제공하는 비밀스런 인센티브 방식이 직원들에게 발각된다면 관리자에 대한 신뢰감은 당연히 추락한다. 하지만 직원들이 좋은 성과를 거두었을 때 관리자도 보상을 받는다면 신뢰는 더욱 돈독해질 것이다.

신뢰가 무너졌을 때 닥쳐올 끔찍한 결과에 대해서도 생각해볼 필요가 있다. 엔론에 대한 신뢰가 땅에 떨어지자 이 회사의 거래 업무도 함께 무너졌다. 연이어 발생한 일련의 상황들은 엔론의 경영진들이 인정한 것보다 훨씬 심각했다. 하지만 회사의 붕괴가 임박했을 때도 고위 경영진은 자신들이 '적절한 때에 적절한 비즈니스 모델을 이용해서 적절한 회사를' 만들었다고 주장했다. 그리고 '잘 정립된 비즈니스 접근방식과 혁신적인 직원들'에 대해 자랑을 늘어놓았다. 하지만 그 무엇도 이 회사를 범죄의 구렁텅이에서 건져내지는 못했다.

회사에서 갑자기 직원들에게 복잡한 말들을 늘어놓기 시작하면 관리자나 조직에 대한 신뢰가 추락한다. 복잡함은 조직의 약점이나 더 나쁜 무언가를 덮기 위해 사용되는 경우가 많다. 이해관계의 충돌이나 부실한 인센티브도 신뢰를 잃게 만드는 요인이다. 컨설팅 기업 아서 앤더슨Arthur Andersen은 엔론에 회계감사 서비스를 시행해서 올리는 매출보다 컨설팅 서비스를 판매해서 벌어들이는 돈이 훨씬 많았다. 이 회사에 문제가 생기면 막대한 매출이 사라질까 우려했던 아서 앤더슨이 제대로 된 감사를 했을 리가 만무했다. 나중에 엔론의 비리를 세상에 알린 셰런 왓킨스Sherron Watkins는 이렇게 말했다. "내가 내린 안타까운 결론은, 엄청난 돈이 머리 위로 쏟아진다면 판단력이 마비된다는 사실이다."

르네상스 시대의 현자들은 자신의 도덕성을 스스로 일깨우기 위해 책상 위에 해골을 올려 두었다고 한다. 관리자들, 특히 성공적인 시기를 보내고 있는 관리자들은 이런 마음가짐을 본받을 필요가 있다. 성공의 근원은 자신의 역량에 대한 주변 사람들의 신뢰에 있으며, 이는 순식간에 잃어버릴 수도 있다는 사실을 항상 기억해야 한다.

17 Managing Others

동기부여의 기술

관리자가 직원들의 인센티브를 결정할 때 무수히 다양한 동기부여의 요인을 무시하면 주먹구구식의 계획이 나올 수밖에 없다. 모든 기업들은 직원들로부터 제대로 된 결과, 다시 말해 지속적인 수익을 가져다줄 실적을 기대한다. 그러나 그런 성과를 얻기 위해서는 열정과 지루함, 창의성과 소극적 태도 등 인간의 다양한 심리 상태 및 행동양식을 파악하고 이를 적절히 조절할 수 있어야 한다. 그중 몇 가지는 우리에게도 잘 알려져 있다. 예를 들어 직원들의 업무에 창의성이 요구될수록 강력한 내적 동인, 즉 '내적 동기부여'가 필요하다. 높은 급여, 복지 혜택이나 승진 등의 '외적 동기부여'도 직원들이 업무를 제때 끝내도록 유도하는 데 도움이 되지만, 직원들 마음속에 창조의 강물이 흐르게 만들려면 그들이 스스로 흥미를 느끼고 의미를 찾음으로써 그 일을 하고 싶어 하는 상태가 되어야 한다. 그렇다고 해서 '외적 동기부여'를 완전히 무시해버리라는 뜻은 아니다. 아무 외부적 대가도 없이 일을 하면서 남에게 이용을 당한다는 느낌을 받으려는 사람은 없기 때문이다.[16]

직원 개개인에게 균형 잡힌 대응을 하는 일은 관리자에게 주어진 끝없는 과제다. 어떤 직원은 급여만 더 받을 수 있다면 무슨 일이라도 하려 든다. 반면 일에서 창의적인 가치를 발견했거나 어려운 문제를 해결하는 데 기여한다고 느낄 때 업무를 가장 잘 수행하는 직원도 있다. 새로운 직책을 부여받았을 때 즐거워하는 직원이 있는가 하면, 직책에는 관심이 없고 오직 동료들의 존중과 인정을 중시하는 직원도 있다. 동기부여를 하기에 적절한 시점도 각각 다르다. 업무 프로세스 초기에 일정을 넉넉히 확보하면 직원들을 심리적으로 여유 있게 만들고 창의적인 해결책을 도출하는 데 도움이 된다. 반면 프로세스 후반부에 촉박하게 마감 시한을 설정하면 직원들을 업무에 열중하게 만들어 최선의 결과를 끌어낼 수도 있다.

창의성을 자극하는 가장 큰 요인은 재미있고 도전적인 업무다. 스포츠 선수들은 자신보다 조금 더 잘하는 상대와 경기를 하고 싶어 한다. 자신의 경기력을 향상시키는 데 도움이 되기 때문이다. 도전적인 직원들 역시 이와 마찬가지로 어떤 일을 하든 이전보다 발전한 모습을 보여주길 원한다. 적절한 업무와 적절한 인력을 맺어주는 일은 관리자에게 부여된 과제다. 당신이 관찰한 바에 따라 적합한 직원을 배치할 수도 있지만, 자발적으로 그 업무를 해보겠다는 직원을 받아들일 수도 있을 것이다.

또한 얼마나 많은 예산과 시간을 그 업무에 투입해야 할지, 관리자로서 그 일에 어느 정도 관여해야 할지를 고려해야 한다. 당신은 직원들에게 충분한 시간과 경제적 지원을 제공함으로써 그들이 지닌 능력을 최대한 발휘해 업무에 집중할 수 있는 여건을 만들어주어야 한다. 하지만 그로 인해 업무가 지연되거나 자원이 낭비되는 상황도 피할 수 있어야 한다. 다시 말해 직원들에게 충분한 자율성을 부여해 그들이 업무에 대한 주인의식을 느끼고 재능을 최대한 활용할 수 있도록 돕는 동시에 적절한 지침을 제시함으로써 그들이 목표의식을 분명히 하고 방향을 잃지 않도록 해야 한다.

관리자들이 직원들에게 창의적으로 일하라고 말할 때, 그것은 위험을 감수하고 자신을 드러내라는 의미다. 직원들이 하는 업무를 너무 일찍 비판하거나, 반대로 업무의 진행 상황에 지나치게 묵묵부답하면서 그들이 감수하고 있는 위험을 존중하지 않는 사람은 최악의 관리자다. 직원들의 창의성을 고취시킬 수 있는 기회는 여러 번 주어지지 않는다. 일단 자신이 하고 있는 일이 마무리되기도 전에 관리자에게 무시당하고 비웃음을 받은 직원은 또 다른 '창조적' 업무를 새롭게 시작하는 일에 부담을 느낀다. 따라서 다시는 자신을 그런 식으로 섣불리 드러내지 않는다. 또한 야심이 강한 직원들은 자신을 더 똑똑해 보이도록 만들기 위해 동료 직원이 만들어낸 결과물을 칭찬하기보다 비판하는 경향이 크다. 하지만 이런 행위는 창의성을 길러내는 데 독이 되므로 관리자가 적극적으로 막아야 한다. 창의적인 업무는 성공보다 실패의 확률이 더 크고, 지속적인 수정과 개선이 반복되어야 하는 일이지만, 엄격한 원칙과 충분한 노력이 따른다면 궁극적으로는 성공에 이르는 가장 확실한 길이라는 사실을 항상 기억하라.

핵심 정리

직원 관리를 위한 10가지 좋은 습관

1. 사람들은 회사에 이끌리는 만큼 회사의 문화에도 이끌린다는 사실을 기억하라.

2. 당신이 할 수 있는 모든 일을 관찰하고 측정하라. 하지만 측정의 대상이 되는 숫자가 인간적 요소를 반영할 수 있도록 열린 자세를 취하라.

3. 과거에 성취한 일이 아니라 미래의 잠재력을 보고 직원을 채용하라.

4. 특정한 업무나 목표를 달성할 수 있는 사람을 뽑아라. 성격 유형에 연연하지 마라.

5. 어떤 일을 해야 할지 잘 이해하는 사람이 있고, 그 일을 어떤 방법으로 실행해야 할지를 더 잘 파악하는 사람도 있다. 또 어떤 사람은 자신들과 함께 일하자고 남들을 설득하는 데 능하다. 세 부류의 사람들을 채용하는 일은 모두 다르다는 걸 명심하라.

6. 당신과 당신의 회사가 인재를 채용하는 데 있어 어떤 고정관념을 지

니고 있는지 파악해보고, '적절한' 채용이라는 당신의 인식에 도전장을 던지는 지원자들을 적극적으로 찾아보라.

7. 당신은 팀을 관리할 때도 각기 다른 동기와 욕구를 지닌 개인들을 관리하고 있다는 사실을 잊어서는 안 된다.

8. 팀의 성공을 위해서는 협업과 갈등이 모두 필요함을 인정하라. 협업은 일이 이루어지게 만들지만, 갈등은 아이디어가 부족하거나 노력이 충분하지 않을 때 문제를 제기하는 역할을 한다.

9. 영리한 직원들은 회사에서 사용되는 어떤 용어들이 의미가 없는지 금방 간파한다. 그런 말들은 아예 사용할 생각도 하지 마라.

10. 사람들이 월급 말고 무엇을 위해 일하는지 정확히 인식하라.

3

프로세스 관리 Managing Processes

성실한 **계획**과 **우직**한 **실행**

당신은 무슨 일을 하고 있는가? 당신이 올바르게 하고 있다는 사실을 어떻게 아는가? 뭔가 잘못되었을 때는 어떻게 대응하는가? 직원들이 이 질문들에 올바른 대답을 한다면 자신이 하고 있는 일을 진정으로 이해하는 것이다.

PLAN
1.
2.
3.

1952년 영국 알파인 클럽British Alpine Club과 왕립지리학회는 충격적인 소식을 접했다. 스위스 원정팀이 에베레스트 산 정상을 불과 수백 미터 남기고 등정에 실패했다는 것이다. 영국 사람들은 오랫동안 세계에서 가장 높은 산의 정상에 최초로 오르는 일은 자신들의 몫이라고 생각해왔다. 하지만 다른 나라의 등반대가 '그들의' 산을 먼저 정복할지도 모른다는 생각에 정신이 번쩍 들었다. 당시 네팔 정부는 에베레스트 산을 원정하는 등반대의 수를 일 년에 한 팀으로 제한했다. 1953년은 영국의 차례였다. 1954년은 프랑스, 그리고 1955년은 다시 스위스에게 순서가 돌아갈 예정이었다. 따라서 영국으로서는 1953년이 아니면 다시 기회가 없을 것 같았다.

당시 영국에서 가장 위대한 등반가는 에릭 십턴Eric Shipton이었다. 그는 최고의 등반가일 뿐만 아니라 누구보다 히말라야를 잘 아는 사람이었다. 하지만 알파인 클럽이 1953년에 예정된 원정을 상의하기 위해 런던에 모였을 때, 이번 원정에는 위대한 등반가보다 위대한 관리자가 필요하다는 결론을 내렸다.

그들은 존 헌트John Hunt를 원정대장으로 선택했다. 그도 훌륭한 등반가였지만 십턴에는 미치지 못했다. 하지만 헌트가 2차 세계대전에 참전했을 때 뛰어난 통솔력을 보여주었다는 점이 그를 선임하는 데 중요한 요소로 작용했다. 그는 특공 산악대 및 스키 학교의 수석 교관을 지냈으며 이탈리아와 그리스에서 부대원들을 이끌고 치열한 전투에 참가한 경력이 있었다. 전쟁 후에는 중동지역과 연합군 원정군 최고 사령부에서 선임 참모로 근무했다. 그는 맡은 일을 해낼 수 있는 사람이었다.

하지만 사람들은 42세인 그가 어려운 원정을 지휘하기에는 나이가 많다고 생각했다. 더구나 에릭 십턴을 지지하는 많은 베테랑 산악인들이 헌트의 선임에 반발했다. 그럼에도 불구하고 헌트는 꿋꿋하게 자신의 일을 추진하며 삽시간에 지지자들을 끌어모았다. 그는 에베레스트 원정을 단순한 육체적 또는 기술적 도전으로 생각하지 않았다. 그것은 성실한 계획과 실행이 요구되는 조직력의 싸움이었다. 그는 원정 준비 과정에 자신이 지닌 모든 관리적 재능을 쏟아부었다. "에베레스트 정복은 하루아침에 이루어진 일이 아니다. 또한 우리가 노심초사하며 산에 올랐던 작년 봄의 잊을 수 없는 몇 주일만을 의미하지도 않는다." 헌트는 후에 이런 글을 남겼다. "그것은 많은 사람들이 오랜 시간 동안 한결같은 노력을 투입해 만들어낸 모두의 이야기다."[1]

헌트는 문제의 본질을 파악하는 것으로 원정 준비를 시작했다. 그에게 등반 자체는 원정이라는 전체 과정의 일부에 불과했다. 이전의 원정에서는 산소가 부족하거나 산 위에서의 중요한 시점에 보급품이 떨어져 실패한 경우가 많았다. 다시 말해 재능이 있고 강인하며 서로 호흡이 잘 맞는 대원들을 뽑는 일도 필요하지만 장비나 보급품을 적절히 공급하는 작업도 그에 못지않게 중요했다. 뿐만 아니라 그에게는 경제적 후원자를 빠른 시일 내에 확보해야 하는 과제도 주어졌다.

그는 등반대원을 모집할 때 무엇보다 2가지 특성에 중점을 두었다. 첫째는 '더 높은 곳을 지향하는' 정신, 즉 정상 정복에 대한 강한 욕구이고, 둘째는 다른 사람을 위한 높은 희생정신과 인내력이었다. 한 사람이 이 두 특성을 모두 지닌 경우는 흔치 않았지만, 그는 단결력이 강하고 사기충천한 팀을 만들기 위해서는 그런 사람들이 꼭 필요하다고 생각했다.

헌트는 원정 준비에 필요한 요소를 다음 몇 가지로 구분했다. 첫째, 훈련하기. 둘째, 몬순이 시작되기 전에 원정 시점 선택하기. 셋째, 산 위에서 머무는 시간 최소화하기. 넷째, 가용한 시간을 최대한 활용하기. 다섯째, 충분한 산소 공급하기. 여섯째, 보급품을 산 정상으로 운반하는 데 있어 지형적 한계 파악하기. 그는 등산화, 텐트, 스토브의 무게에서부터 대원이 섭취할 음식이나 음료수까지 아무리 사소한 사항이라도 소홀히 하지 않고 꼼꼼히 챙겼다.

또한 가장 기초적인 상식에 대해서도 의문을 제기했다. 이전의 원정대들은 식료품을 보관함에 담아 통째로 운반했다. 하지만 헌트의 팀은 음식을 전투식량 같은 형태로 나누어 포장하는 방법을 사용했고 내용물도 유럽인들의 식단에 맞췄다. 그는 식품을 '하루 섭취 단위'로 포장함으로써 통째로 운반할 때 음식이 조금씩 도난당하는 일을 방지했고, 이동 과정에서 변질될 가능성도 줄였다. 또 필요한 양만 그때그때 운반했기 때문에 효율성도 증가시킬 수 있었다. 헌트의 의료진은 대원들이 전투식량에 질릴 수도 있다고 생각하고 원정을 떠나기 전 대원들이 영국에서 직접 고른 파인애플, 마마이트 잼, 럼, 체더 치즈 등의 음식으로 '호화판 상자'를 만들어 식량에 포함시켰다.

헌트는 원정대를 이끌고 산 위로 이동할 때 릴레이 시스템을 이용해서 보급품을 운반하고 캠프들을 설치하는 방법을 썼다. 그리고 이 모든 노력은 결국 에드먼드 힐러리Edmond Hillary와 셰르파 텐징 노르가이Tenzing Norgay가 1953년 5월 29일 정상 정복에 성공하는 쾌거로 이어졌다.

헌트는 후에 원정을 회고하면서 성공의 비결은 이전의 원정 사례들에서 얻은 학습, 그리고 '견실하고 철두철미하며 꼼꼼하게 이루어진 세부적 준비'였다고 평가했다. 그는 다음과 같이 기술했다. "에베레스트 위에서 맞닥뜨린 조직의 문제는 군사작전에서의 문제와 비슷했다. 나는 그런 식의 비교에 대해, 즉 우리가 군사작전을 하듯 에베레스트 등정을 준비했다는 사실에 대해 전혀 후회가 없다. 사실 그런 마음가짐으로 원정에 임했기 때문에 모든 세부사항을(다른 사람들의 경험에서 얻은 가르침을 바탕으로 우리가 판단한 사항들을) 예측할 수 있었을 뿐 아니라, 원정의 각 단계마다 명확한 실행 계획을 수립할 수 있었다. 이동계획, 고지 적응, 얼음폭포 대비 전략, 1차 및 2차 빌드 업 훈련, 정찰 및 로체 남벽 등반 준비, 그리고 정상 공격 계획 자체까지. 이 목표 하나하나에는 완료해야 할 날짜가 정해졌다. 그리고 우리는 결국 그 모두를 이루어냈다."

헌트가 쓴 마지막 문장은 기업을 포함해 모든 조직에 근무하는 관리자들이 벽에 붙여두고 되새겨야 할 구절이다.

1

토요타의 생산 시스템

토요타의 생산 시스템은 세계에서 가장 유명한 제조 방식이다. 이 시스템은 토요타를 세계 최고의 자동차 기업으로 끌어올린 효율성의 걸작이다. 토요타가 이 방식을 사용해 성공하자 거의 모든 경쟁사들과 다른 제조 기업들이 그 시스템을 모방하려고 시도했다. 하지만 그 기업들이 깨달은 것은 토요타 시스템의 특징인 엄격성, 구체성, 반복성 등의 요소들이 이 회사 특유의 창의력 및 적응력과 함께 작용한다는 사실이었다. 토요타에는 엄격하게 지켜지는 여러 생산 루틴들이 있다. 이 루틴들은 서로 모순되어 보이는 2가지 일이 가능하도록 설계되어 있다. 첫째, 훌륭한 제품을 지속적으로 생산하는 일. 둘째, 직원이나 관리자 그리고 공급업체들이 이 생산 절차들을 언제라도 수정할 수 있도록 하는 일.[2]

토요타의 생산 방식이 다른 기업들과 가장 큰 차이를 보이는 점은 세부사항에 대한 집중이다. 다른 기업들도 집중하는 일을 잘한다고 주장할지 모르지만 어느 기업도 토요타에는 미치지 못한다. 일례로 토요타 캠리 자동차의 우측 앞좌석을 장착하는 과정은 연속된 일곱 단계의 작업으로 이루어진다. 이 작업은 제조 중인 자동차가 담당자의 작업대를 일정한 속도로 통과하는 55초 안에 진행된다. 각 단계의 작업은 동일한 시간 내에 동일한 순서와 방법으로 행해져야 한다. 만일 사소한 일이라도 순서에서 어긋나면 담당자와 관리자는 뭔가 잘못되었다는 사실을 알아차린다. 담당자는 작업장 이곳저곳을 다니며 바닥에 표시를 해서 작업이 일정대로 진행되고 있는지 여부를 확인한다.

토요타에서는 관리자들이 직원들에게 업무 지시를 하는 대신, 그들에게 질문을 하고 대답을 이끌어낸다. 직원들은 이를 통해 자신들이 왜 이런 식으로 일을 해야 하는지 스스로 이해할 수 있다. 당신은 무슨 일을 하고 있는가? 당신이 올바르게 일을 하고 있다는 사실을 어떻게 아는가? 뭔가 잘못되었을 때는 어떻게 대응하는가? 직원들이 이 질문들에 제대로 대답을 한다면 자신이 하고 있는 일을 진정으로 이해하는 것이다. 그들은 매일 정해진 절차에 따라 업무를 수행하는 과정에서 이것이 옳은 길인지 끊임없이 되묻고, 과학자가 가설을 실험하듯 모든 업무 방법을 실험한다.

토요타에서는 구성원의 소통과 문제 보고의 방식에도 이 회사가 강조하는 완벽한 명확성의 원칙이 적용된다. 직원들 간의 모든 상호작용은 아주 세세한 것까지 정해져 있으므로 직원들은 누가 어떤 업무를 담당하는지, 예를 들어 누가 예비 부품을 배달하고 기술적 문제를 해결해주는지 금방 파악할 수 있다. 자동차 조립 과정에서는 이 상호작용의 응답성 테스트가 필수다. 어떤 문제가 해결되지 못하거나 부품의 배달 시간이 몇 초 이상 지연된다면 상호작용이 잘못 설계되었다는 뜻이다. 토요타는 자사의 생산 시스템이 문제가 발생한 즉시 직원들이 도움을 요청할 수 있도록 설계되었다고 말한다. 직원들은 생산 라인이 멈췄다가 다시 작동하는 상황이 반복돼도 생산 시스템 자체에 문제가 생길 것이라는 염려는 하지 않는다. 생산 프로세스 자체에 문제 해결 시스템이 내장되어 마치 문을 여닫는 것과 같이 효율적으로 작동하기 때문이다.

토요타의 생산 시스템은 인간의 지적 능력에 대한 깊은 신뢰에 바탕을 둔다. 그들은 회사 모든 곳에서 교육을 진행함으로써 직원들을 회사에 축적된 지식의 중심부로 인도한다. 관리자들은 직원들의 업무를 완벽하게 이해한다. 직원들 역시 매일의 작업을 연구실에서 진행하는 정교한 실험, 즉 시스템의 결함이나 잠재적 개선점을 찾아내기 위한 실험으로 여긴다. 토요타에서는 모든 가정이나 추측이 실험의 대상이 된다. 물론 가장 우수한 실험자는 직원들이다. 회사가 이렇게 지속적으로 실험하고 탐구하는 문화를 추구한다는 것은 결국 직원들이 현재의 시스템이 불완전하다는 사실을 인정한다는 뜻이다. 토요타 시스템의 가장 핵심적인 요소는 직원들이 단순히 변화의 필요성을 지적하는 것이 아니라, 자신이 거둔 성공이 끊임없이 변화를 실천한 결과라고 생각하는 데 있다.

토요타의 공장을 방문하는 사람들은 생산 라인 위에 걸린 줄들을 보고 의아해한다. 직원들은 언제든 이 줄을 당겨 생산 라인을 멈출 수 있다. 여느 공장에서라면 생산을 중단하는 일은 고위 간부에게만 허락된 특권이다. 하지만 토요타에서는 그 줄 자체에 그렇게 큰 의미를 부여하지 않는다. 그보다 중요한 점은 그 줄이 무엇을 의미하느냐 하는 문제다. 이는 회사가 직원들에게 생산 시스템을 개선하는 데 의견을 제시할 기회를 제공한다는 뜻이다. 토요타에 '영원한 해결책'과 같은 단어는 없다. 오직 그들이 '대응책'이라고 부르는 개념이 있을 뿐이다.

모든 '대응책'들은 불량품이 없고, 고객 맞춤형으로 생산과 공급이 이루어지며, 낭비적 요소가 없는 작업 환경을 지향한다. 또한 근로자들에게 안전하고 즐거운 작업 여건을 제공하는 생산 시스템을 추구한다.

토요타에 존재하는 수많은 규칙들은 직원들을 구속하기 위해서가 아니라 그들을 혼란에서 구원하기 위해 설계되었다. 토요타는 업무 목표나 지휘 체계에 대한 분명한 규칙을 설정함으로써 직원들을 관료적 혼란으로부터 해방시키고, 전체 시스템에 영향을 주지 않는 범위에서 그들이 담당하는 생산 시스템의 각 부분을 자유롭게 수정할 수 있도록 허용한다.

기업의 프로세스 전체를 관리하는 일은 어렵게 생각될지 모른다. 하지만 사소한 부분이라도 지속적으로 개선하려는 마음가짐을 지닌다면, 또 점진적인 변화를 위한 직원들의 제안을 적극적으로 받아들인다면 당신은 이미 토요타의 모델에 동참하는 것이다.

2 Managing Processes

빨리 실패하고 빨리 배우는 법

토요타의 유명한 생산 시스템은 제조업뿐 아니라 모든 분야의 기업들에게까지 영향을 미쳤다. 일단 소프트웨어 기업들이 영향을 받았다. 소프트웨어 개발 과정에서 담당자들 간의 긴밀한 네트워크를 바탕으로 테스트, 반복, 개선 등의 작업을 수행하는 이른바 '애자일agile' 개발 방법론은 이제 대규모 프로젝트까지 확산되는 추세다. 2008년 이후에는 실리콘 밸리의 사업가들도 이 방식을 받아들여 스타트업에서도 널리 사용되고 있다. 토요타는 2010년에 대량 리콜 사태를 겪으면서 명성에 심하게 상처를 입었지만 이 회사의 관리 원칙은 여전히 많은 기업들의 모범이 되고 있다.

토요타가 표방하는 경영철학의 핵심을 이루는 개념은 '린lean' 프로세스다. 이 용어는 값이 싸다는 뜻으로 오해를 받는 경우가 많다. 하지만 린 시스템은 모든 프로세스가 투명하고, 언제든지 개선이 가능한 생산 방식을 가리킨다. 다시 말해 '린 사고방식Thinking lean'이란 직원들이 수행하는 모든 업무를 지속적으로 측정하고, 개선이 필요하다고 여겨지면 신속하게 변화를 도입하는 방식이다. 또한 기업의 구상 및 설립 단계나 제품 또는 프로세스를 새로 만드는 과정에서 신속한 상황 적응을 위해 과정을 단순화하는 개념이다.

어떤 회사가 새로운 제품을 출시하는 과정을 떠올려보자. 전통적인 방식에 따르면 관리자들은 시장 기회를 파악하고 사업 계획을 수립한 후, 제품을 개발하고 실험하고 검증하는 단계를 거쳐 최종적으로 출시한다. 그들은 각각의 단계마다 필요한 자원을 확보하고, 그 다음 단계에 요구되는 기준들을 마련하며, 단계가 진행됨에 따라 그 기준들을 다시 조정한다. 문제는 오늘날 기술이나 고객 취향이 너무 빨리 변하기 때문에 이런 전통적인 방법으로는 대응하기가 쉽지 않다는 점이다.

스타트업 기업들은 위험 부담이 너무 큰 노력을 한번에 쏟아붓는 경우가 많다. 거의 모든 분야의 창업자들이 비슷한 실수를 저지른다. 그들은 고객 테스트도 거치지 않고 지나치게 공들여 제품을 만든다. 또 불확실한 정보를 바탕으로 의사결정을 하며 잘못된 사고방식에 오랫동안 집착한다. 그들은 고객들의 수없는 거절에도 불구하고 결국 성공을 일구어낸 위대한 혁신자들의 전설을 따라하고 싶은 것이다. 하지만 그런 방식은 더 이상 옳지 않다. 관리의 과학이나 우수 기업들의 경영 관행들을 살펴보면 그 이유를 뒷받침하는 사례들을 어렵지 않게 발견할 수 있다.

'린 스타트업lean start-up'이라는 개념을 만들어낸 실리콘 밸리의 사업가 에릭 리스Eric Ries는 신형 토요타 자동차를 구입해서 타고 다닌다. 그는 이 제품에 대체로 만족하지만 GPS 시스템의 문제가 자동차 전체의 문제를 압축해서 보여준다고 말한다. 이 자동차는 새로운 기술들로 가득 차 있지만, GPS 소프트웨어만큼은 자신의 스마트폰에 다운로드할 수 있는 제품보다 한참 뒤떨어져 있다는 것이다. 그 이유는 자동차의 혁신 주기가 GPS 소프트웨어의 개발 주기에 비해 훨씬 느리기 때문이다. 이로 인해 자동차의 특정 부분이 다른 부분들보다 먼저 낡아버린 듯이 보이는 상황이 발생한다.

리스는 린 스타트업이라는 개념을 창안하기 전, 어떤 스타트업을 설립해서 한 차례 실패를 겪었다. 그 후 IMVU라는 인스턴트 메시징 기업을 창업해 성공했다. 또한 투자자와 고문의 자격으로 다른 많은 기업들의 운명을 지켜보기도 했다. 그는 신생기업들이 전통적으로 운영하던 기계적인 관리 방식이나 혁신 프로세스가 자신에게는 효과가 없다는 사실을 깨달았다. 그런 구태의연한 방식이 자신과 어울리지 않았다는 말이다.

그 방식들은 기술이나 고객 니즈의 변화에 적절히 대응하기에는 융통성이 없었다. 당신이 새로운 제품을 출시하기로 결정했다고 가정해보자. 그리고 전통적인 방식에 따라 시장 기회를 파악하고, 자원을 확보하고, 개발 작업에 착수한다. 하지만 제품을 출시할 시점이 다가왔을 때 그 제품이 여전히 시장에서 매력적일 것이라고 장담할 수 있을까?

리스는 스타트업을 '극단적인 불확실성 속에서 새로운 제품이나 서비스를 창조하기 위해 만들어진 인간들의 조직체'라고 정의한다. 여기서는 '인간'과 '불확실성'이라는 단어가 핵심이다. 성공한 스타트업은 훌륭한 아이디어에만 의지하지 않는다. 그들에게는 혁신과 성장, 그리고 실패와 새로운 도전의 문제를 극복해나가면서 직원들을 적절히 관리하는 능력이 필요하다.

리스와 같이 새로운 관리 이론을 주장하는 학자들(대표적인 인물로는 스탠퍼드 대학교Stanford University와 하스 경영대학원Hass School of Business에서 강의를 하고 있는 스티브 블랭크Steve Blank를 들 수 있다)은 스타트업들이 제품 개발 과정에서 잠재 고객들과 지속적으로 의견을 교환함으로써 위험을 줄일 수 있다고 말한다. 다시 말해 개발 프로세스의 각 단계를 작은 단위로 나눈 후, 고객에게 개방해서 시의적절하게 피드백을 받는다면 문제를 신속히 바로잡고 제품을 개선할 수 있다는 것이다.

기업의 전략적 방향에 언제, 그리고 어떻게 변화를 주어야 하는가의 문제는 매우 중요하다. 회사가 기존에 정한 방법을 끈질기게 고수하기를 원하는 사람도 있는 반면 비즈니스 방향을 통째로 바꾸고 싶어 하는 사람들도 있다. 감정보다 이성에 기반한 의사결정을 위해서는 적절한 데이터를 사용하는 일이 중요하다. 린 관리 방식을 사용할 때에도 의사결정에는 숫자로 된 데이터가 필요하다. 하지만 회사를 어떤 방향으로 이끌지 결정하기 위해서는 단순한 매출액을 넘어 제품의 도입과 유지, 활용에 대한 고객의 패턴을 세심히 관찰하는 일이 중요하다. 맹목적 용기보다 이성적 사고를 바탕으로 판단한다면 전략적 '중심축'을 훨씬 쉽게 정립할 수 있다.

기술 기업들은 이런 아이디어를 활용할 수 있는 가장 좋은 환경에 놓여 있다. 페이스북은 처음 출범했을 때 사용자 프로필을 등록하는 페이지와 초보적인 메시징 서비스가 전부였지만, 사용자들에게 피드백을 받아가며 계속 기능들을 추가했다. 이 아이디어는 규모가 큰 기업들에도 적용할 수 있을 것이다. 리스는 이렇게 조언한다. "나는 높은 불확실성을 감수하고 새로운 무언가를 창조해야 하는 모든 조직이 스타트업이라고 생각한다. 기업의 규모와는 아무런 상관이 없다."

하지만 여기에 반대 의견을 제시하는 사람들도 있다. 그들은 위험을 최소화하려고 노력하기보다 위험에 용감하게 맞서는 편이 나은 경우도 있다고 말한다. 그들은 소위 고객개발customer development(스타트업 기업의 위험 감소를 목적으로 고객의 지속적인 피드백을 기반으로 제품을 개발하는 방법론—옮긴이)이라는 방법론은 어느 정도 매출액을 늘리는 효과가 있을 수 있겠지만 결코 극대화하지는 못한다고 주장한다. 위대한 영화제작자나 소설가들은 주로 고립된 상태에서 작품을 생산한다. 그들은 시장이 자신을 신뢰한다는 전제하에 제품을 내놓고 성공을 거두는 것이다. 하지만 이는 매우 위험한 시도다. 일반적인 경우라면 린 고객개발 방식이 훨씬 효과적이다.

아마존의 설립자이자 최고경영자 제프 베조스는 새로운 모험을 시도하는 일의 가치를 굳게 믿으며 직원들에게도 이를 장려한다. 그는 이렇게 말한다. "캄캄한 골목으로 자꾸만 들어가다 보면 언젠가 넓고 큰 길이 나올 수도 있다."[3] 이런 접근방식은 아마존 판매자들에게 고객의 구매 내역을 보여주는 프로그램처럼 실패작을 낳기도 했고, 다른 웹사이트들이 아마존으로 고객들을 유도해서 매출을 발생시켰을 경우 그들에게 로열티를 지불하는 제휴 프로그램Affiliates program 같은 히트작으로 이어지기도 했다.

린 방식을 바탕으로 혁신을 추구하기 위해서는 관리자가 자신감을 발휘해야 하며, 전통적인 관리 방식을 거부하면서 발생하는 즉흥성과 불확실성을 편안하게 받아들여야 한다. 예를 들어 두 명의 요리사가 주방으로 들어가는 상황을 가정해보자. 한 사람은 이곳이 예전에 사용하던 익숙한 주방이다. 그는 곧바로 조리법을 확인하고, 만들 음식을 결정한다. 그리고 재료들을 모아놓은 후에 사용량과 조리시간 등을 메모하고 바로 요리에 들어간다. 전형적인 선형 관리법이다. 즉 미리 목표를 설정하고 이를 달성하기 위해 필요한 단계를 밟아나가는 방식이다. 반면 다른 요리사는 음식을 만들어달라는 요청을 받고 낯선 주방에 즐겁게 들어간다. 그는 찬장에 어떤 도구들이 있는지 확인하고 그것들을 사용해 최선을 다해 요리를 한다. 결과는 훨씬 예측하기 어렵다. 끔찍한 음식이 나올 수도 있지만 맛있는 요리가 탄생할 수도 있다. 단지 뒤의 요리사가 앞의 요리사에 비해 훨씬 많은 것을 배웠다는 사실은 의심할 여지가 없다. 첫 번째 접근방식은 모든 일들이 잘 알려져 있는 경우에 효과적이다. 두 번째 방식은 앞날이 불투명한 상황에서 더욱 좋은 결과를 기대할 수 있다.[4]

군사 전략가들은 이렇게 실제적인 시도를 통해 지식을 쌓아가는 방식을 '작전을 통한 상황 전개'라고 부른다. 이는 준비를 갖추지 않았다는 뜻이 아니다. 사실 그 반대의 개념이다. 즉 할 수 있는 모든 준비를 하면서도 언제라도 현실을 반영할 자세를 유지하는 일이다. 이런 방식을 미군이 핵심 전략으로 받아들인 것은 이라크의 내란 진압 과정에서 수 년 동안 고집한 하향식 군사계획이 실패한 후였다. 병사들은 더 이상 검증된 방법론에 집착할 필요 없이 정찰과 탐색을 통해 보다 효과적인 방법을 찾아낼 수 있게 됐다. 그들은 실체가 없이 계속 움직이는 적들을 상대하기 위해 즉흥적인 작전을 구사하면서 상황에 적응해나갔다. 또 실수를 하더라도 개의치 않고 이를 통해 새로운 내용을 학습했다.[5]

썬 마이크로시스템즈Sun Microsystems의 공동 창업자이자 실리콘 밸리의 성공한 투자가인 비노드 코슬라Vinod Khosla는 사업가가 취해야 할 접근방식에 대해 다음과 같이 말했다. "나는 오랫동안 수없는 시행착오를 겪으면서 결코 포기하지 않는 자세를 갖게 됐다. 그러다 보면 성공이 당신의 문을 두드리게 된다. 실패에 이르는 모든 길을 경험했기 때문에 남은 길은 성공뿐인 것이다. 그러므로 성공은 사업가들에게 항상 뒤늦게 이루어지는 듯이 보인다. 하지만 성공이 언젠가 찾아온다는 사실은 분명하다."[6]

큰 기업들 중에서도 이렇게 '빨리 실패하고, 빨리 배우는' 방법을 받아들인 회사들이 있다. 수십억 달러의 매출을 올리는 소비재 제품을 20여가지나 보유하고 있는 프록터 앤드 갬블Procter & Gamble, P&G은 2001년 자사의 제품 개발 과정에 시제품화 전략을 도입했다. 회사는 제품 개발팀에게 구상 중인 제품들의 초기 버전을 먼저 만들고 이를 고객에게 테스트하라고 독려했다.

이 초기 버전들은 대충 만들어지기는 했지만 개발을 완전히 끝낸 제품들에 비해 관계자들의 솔직한 피드백을 이끌어내는 효과가 훨씬 컸다. 즉 사람들은 막대한 자원을 투입해서 개발을 마친 제품을 대할 때보다, 이 초기 버전들 앞에서 더 정직한 의견을 말했다. 회사는 이런 과정을 통해 제품 개발 초기에 시장의 요구를 반영할 수 있었다.

〈니모를 찾아서Finding Nemo〉, 〈카Cars〉 등의 히트작을 만들어낸 애니메이션 기업 픽사Pixar에서는 애니메이터들이 '플러싱plussing(다른 사람의 아이디어에 대해서 가혹하거나 비판적인 언어를 쓰지 않고 건설적인 의견을 제시하는 기법—옮긴이)'이라는 규칙을 운영한다. 가령 어떤 애니메이터가 몇 장의 그림을 완성한 후 감독과 회의를 한다. 감독은 이 시점에서 '된다' 또는 '안 된다'라는 말을 하지 않는다. 대신 "혹시 이렇게 해보면 어떨까." 등과 같은 완곡한 표현을 사용해야 한다.

이렇듯 직원들을 가혹하게 평가하지 않으면서도 적절히 영향력을 행사하는 방식은 모든 관리자들이 받아들일 필요가 있다. 관리자들은 모든 작업이 끝난 후에야 직원들에게 뒤늦은 피드백을 하기보다는, 업무 프로세스 초기부터 직원들과 함께 호흡하며 긍정적인 의견들을 제시할 수 있다. 또 이를 통해 'HiPPOhighest-paid person's opinion' 현상, 즉 가장 급여가 높은 사람의 의견이 대화의 결론을 좌우하는 상황도 방지할 수 있을 것이다.

또 다른 기법은 '최소화smallifying'라고 불리는 방법론이다. 이 기법 역시 직원들을 독려해 효율성을 높이고 위험을 최소화하면서 혁신을 극대화하려는 목적으로 사용된다. 이는 특히 소프트웨어 개발 업체들 사이에서 인기가 있지만 다른 분야에도 적용 가능하다. 최소화 방법이란 대형 과업을 1~2주 안에 해결 가능한 작은 문제들로 잘게 나누어 처리하는 것이다. 관리자들은 이를 통해 과업을 보다 수월하게 만들어 직원들의 창의성을 이끌어낼 수 있다. 이 아이디어는 혼다Honda와 같은 일본의 제조 기업들이 창안했다. 그들은 매 프로젝트마다 디자이너, 엔지니어, 제조 기술자, 영업 사원 등으로 이루어진 교차기능팀cross-functional team(프로젝트 중심으로 각 부서 직원을 차출해 한시적으로 구성되는 팀—옮긴이)을 조직해서 업무를 공동으로 진행한다. 최소화 방법론은 제너럴 모터스General Motors의 접근 방법, 즉 담당 부서의 기술자들에게 각각의 과업을 수행하게 만들고 최종적으로 전체를 통합하는 방법론과는 정반대의 개념이다.

CASE STUDY

익명의 금주 모임Alcoholics Anonymous에서는 금주 중인 사람들에게 영원히 술을 마시지 말라고 말하지 않는다. 대신 오늘 하루 술을 마시지 않는 일에 집중하라고 강조한다. 만일 1시간 동안 술에 대한 유혹을 이겨내면, 다음은 24시간 동안 참아내기 위해 노력한다. 그러다 보면 계속해서 술을 마시지 않은 날수를 늘려갈 수 있다. 이런 작은 승리들이 쌓이면 더 큰 승리의 발판이 된다.

관리자들도 마찬가지로 작은 성공을 반복해 거둠으로써 올바른 방식으로 일하는 습관과 승리하는 습관을 정착시킬 수 있다.

3 Managing Processes

업무의 파괴자, 파워포인트

1997년 애플로 복귀한 스티브 잡스는 회의에 참석한 사람들이 너도나도 파워포인트 슬라이드로 의견을 발표하는 모습을 보고 절망감을 감추지 못했다. "나는 사람들이 생각하려고 노력하는 대신 프레젠테이션 슬라이드를 사용하는 일을 싫어합니다." 잡스는 이렇게 말했다. "사람들은 프레젠테이션 파일을 작성함으로써 문제를 해결하려고 하죠. 나는 그들이 수많은 슬라이드를 보여주기보다 문제에 직접 뛰어들어 해결해내기를 바랍니다. 자신이 무슨 말을 하는지 알고 있는 사람들은 파워포인트가 필요 없어요."

파워포인트로 인한 지적 무력감을 경험해본 사람들은 잡스가 무슨 말을 하는지 잘 알 것이다. 공허한 내용과 조작된 숫자로 채워진 수많은 슬라이드, 화려한 그림, 사라졌다가 나타나는 아이콘들. '업무 파괴자 파워포인트death by PowerPoint'라는 말은 사람들이 할당된 회의시간에 맞춰 페이지 수를 늘렸다 줄였다 한 프레젠테이션 자료를 바라보며 회의실에서 헛되게 시간을 보내는 상황에 어울리는 표현이다. 하지만 그들에게는 그렇게 흘려보낸 시간이 업무를 했다는 증거로 남는다.

젊은 경영 컨설턴트들은 상사를 위해 파워포인트 슬라이드를 만드는 업무 말고는 다른 일을 거의 하지 않는다. 상사들은 그 자료를 사용해서 고객에게 회사를 개혁하라고 종용한다. 기업의 세계가 '테러와의 전쟁'과 같은 환경에 비견될 만큼 점점 급박해지고 있는 상황에서 이 무슨 시간의 낭비, 비용의 낭비인가?

아프가니스탄에 대한 미국의 복잡한 군사 전략을 장군들에게 파워포인트 슬라이드로 보여준 이후, 미군이 파워포인트에 혐오감을 갖게 된 일은 널리 알려져 있다. 아프가니스탄 주둔 미군 사령관 스탠리 맥크리스탈Stanley McChrystal은 이 자료를 처음 보았을 때 "우리가 저 슬라이드를 이해한다면 전쟁에서 이길 수 있을 것이다."라고 말했다.

어떤 장군은 〈뉴욕타임스〉에 기고한 글에서 "파워포인트는 우리를 멍청하게 만든다."라고 했다. 또 다른 사람은 "이 소프트웨어가 위험한 이유는 우리가 모든 것을 이해하고 통제할 수 있다는 환상을 심어주기 때문이다. 세상에 존재하는 문제들 중에는 슬라이드의 불릿bullet(문장 앞에 붙이는 머리기호—옮긴이)으로 표현할 수 없는 것들도 많다."라고 말했다. 심지어 스위스에는 반反파워포인트 정당도 있다. 그들은 전 세계 사람들이 파워포인트 프레젠테이션에 낭비하는 시간의 가치가 일 년에 3500억 유로에 달한다고 말한다.

파워포인트의 가장 큰 문제는 발표자가 회의에서 논쟁을 해야 할 필요성을 없애버린다는 점이다. 슬라이드들은 내용의 충실함보다 미학적 관점에 신경을 써서 만들어진다. 미군에는 기자들을 멍청한 상태로 만들려면 파워포인트 슬라이드가 제격이라는 농담도 있다. 그들은 이런 프레젠테이션 스타일을 '닭에게 최면 걸기'라고 부른다. 오바마 대통령이 백악관의 정보 발표 방식을 개선하기 위해 영입한 예일 대학교Yale University 교수 에드워드 터프트Edward Tufte는 파워포인트를 강력하게 반대하는 사람이다. 그는 액튼 경Lord Acton(영국의 정치가, 역사가, 작가. '절대 권력은 절대 부패한다.'는 격언으로 유명함—옮긴이)이 권력의 위험성에 대해 한 말을 이렇게 바꿨다. "파워(권력)는 부패한다. 파워포인트는 절대 부패한다."

터프트는 파워포인트의 폐해에 대한 글에서 다음과 같이 기술했다. "널리 사용되고 가격도 비싼 약이 하나 있다고 가정해보자. 그 약에는 사람들을 아름답게 만들어주는 효과가 있다고 알려져 있지만 사실이 아니다. 대신 심각한 부작용만 빈번하게 일으킨다. 즉 사람들을 멍청한 상태로 유도하고, 지루함에 빠뜨리며, 모든 이들의 시간을 낭비하게 만들고, 소통의 품질과 신뢰감을 떨어뜨리는 것이다. 이렇게 부작용이 큰 제품이라면, 전 세계적으로 리콜이라도 해야 마땅할지 모른다."

파워포인트는 정보를 짤막하게 순차적으로 제시하기 때문에 전후 내용을 참조하는 것이 불가능하다. 반면 간단한 숫자 데이터(잘 작성된 분석이 보충자료로 제공되는)로 구성된 몇 개의 도표를 회의 자료로 활용한다면 어떨까. 이 경우 모든 사람이 빠른 시간 안에 자료를 이해할 수 있기 때문에 회의에 적극적으로 참여하게 만드는 효과가 있다. 또 자료의 형식에 치중하는 과정에서 실제적인 사안들이 왜곡될 가능성도 줄일 수 있다.

터프트는 다음과 같이 말한다. "파워포인트는 자료의 내용을 파괴하고, 억누르고, 하찮게 만든다. 그러므로 파워포인트 프레젠테이션은 아이들의 학예회 연극과 매우 흡사하다. 모두가 큰소리로 떠들어대지만, 내용은 별것 없는 그런 연극 말이다."

미군이 깨달은 사실 하나는 사람들이 어떤 일을 하기로 동의했다고 생각하는 일과 실제로 결정한 일 사이에 큰 차이가 있다는 점이다. 전직 미 해군 대령 한 명은 2009년에 발표한 '멍청한 불릿'이라는 글에서, 파워포인트는 '신무기 도입 가속화' 같은 식의 모호한 문장을 그럴듯해 보이게 만든다고 말했다. 회의실 안에 있는 사람들은 이 말에 고개를 끄덕이지만 언제, 누가, 어떤 식으로 신무기를 도입할 것인가에 대해서는 구체적인 언급이 없다.[7] 2002년에 미국이 이라크를 침공했을 때 대부분의 군사 계획은 파워포인트로 작성되었다. "그들은 고위 지휘관들이 의사결정을 내려야 할 모든 사안에 대해 미리 보고를 받을 시간이 없기 때문에 부득이 파워포인트를 사용해서 지휘관들에게 설명할 수밖에 없다고 말한다." 그 대령은 이렇게 기술했다. "그 말이 사실이라면, 그 지휘관들은 너무 많은 의사결정에 관여하고 있음이 분명하다. 또 의사결정을 적절히 준비하기에 너무 바쁘다는 말은 그들이 잘못된 의사결정을 하고 있다는 의미가 된다." 이는 군대뿐만 아니라 기업에도 적용될 수 있는 논리다.

파워포인트가 전혀 쓸모가 없는 것은 아니다. 이 소프트웨어는 간단한 정보를 전달할 때 가장 효과가 크다. 하지만 의사결정을 위한 논의의 수단으로 파워포인트를 사용해서 프레젠테이션을 하는 일은 피해야 한다. 당신의 핵심 주장을 파워포인트로 제시하고, 나머지 논의는 구두로 진행하라.

구식이지만 플립 차트flip chart(강연 등에서 뒤로 한 장씩 넘겨가며 보여주는 종이로 된 큰 차트—옮긴이)도 상호적인 방식으로 회의를 진행하는 데 효과적이다. 회의 참석자들은 발표자의 슬라이드 기술에 사로잡혀 멍하니 자리에 앉아만 있는 대신, 단상 앞으로 나가 하고 싶은 말을 마커 펜으로 종이 위에 직접 덧붙일 수 있다.

당신이 회의에서 발표할 때 가장 좋은 방법은 몇 장의 인쇄물에 자신이 말하고자 하는 주요 논점을 정리해서 참가자들에게 미리 나누어주고, 플립 차트나 간단한 슬라이드를 사용해서 그 논점들에 대한 구체적인 이야기를 진행하는 것이다. 발표를 듣는 사람들은 궁금한 부분에 대해 당신에게 언제라도 질문을 할 수 있다. 하지만 슬라이드 자체가 모든 질문에 답을 할 필요는 없다. 대답은 당신의 몫이다.

슬라이드를 통해 너무 많은 정보를 제공하려 하면 듣는 사람들을 혼란스럽고 지루하게 할 뿐 아니라, 당신이 업무에 대해 정확히 이해하지 못하거나 무언가를 감추고 있다는 느낌을 갖게 만든다.

우리는 사람들에게 이메일을 보내면서 첨부파일로 대용량의 정보를 전달하는 경우가 많다. 그리고 수신자들이 그 정보를 읽기를 기대한다. 하지만 그들은 절대 읽지 않는다. 대량의 정보를 몇 개의 단락이나 핵심 요점으로 간추린 후 쉽게 프린트할 수 있을 정도의 분량으로 만들어라. 그리고 수신자들이 메일을 읽을 가능성이 높은 시간, 즉 이른 아침이나 늦은 저녁처럼 메일 수신함을 천천히 넘겨볼 만한 시간에 맞춰 전송하라.

전달하는 메시지를 더 명확하고 간결하게 만들면 상대방이 내 정보에 더욱더 귀 기울이게 만들 수 있다. 또한 다른 사람의 시간과 에너지를 중요하게 여긴다는 인상을 심어줄 수 있다.

4 Managing Processes

회의의 정석

2011년 미국 특허청은 IBM이 개발한 색다른 애플리케이션을 도입했다. 애플리케이션 개발자들은 스스로에게 이런 질문을 했다. 왜 모든 회의는 더 빨리 끝날 수 있음에도 불구하고 항상 기본 한 시간이 소요되는가? 그들이 내린 결론은 대부분의 사람들이 이런 식으로 하루를 시간 단위로 나누어 생활한다는 것이었다. 다시 말해 모든 회의 약속을 항상 몇 시에 시작해서 몇 시에 끝난다는 식으로 잡고, 이를 일정에 기록하며, 여기에 맞춰 회의실을 예약한다. 회의 자체의 구체적인 요건과는 상관이 없다.

IBM이 이에 대한 해결책으로 제공한 소프트웨어는 회의 시간을 필요에 따라 다양하게 정할 수 있도록 해주었다. 회의에 필요한 시간이 5분 또는 35분이라면 이 제품을 사용해 원하는 시간대에 맞춰 회의 예약이 가능하다. 사람들을 한 시간 내내 회의에 붙잡아둘 필요가 없다. 이 방식은 회의 프로세스 개선을 위한 참다운 시도의 하나였다. 요즈음은 많은 의사소통이 온라인에서 이루어지지만, 사람들끼리 직접 얼굴을 맞대고 진행하는 회의는 여전히 중요하다.

어떤 식으로 회의를 운영할 것인가의 문제는 당신이 어떤 식으로 업무를 운영하는가에 달려 있다. 전형적인 나쁜 회의는 특별한 사안도 없이 여섯 명 이상의 참가자가 회의실에 둘러앉아 진행하는 방식의 회의다. 수백만 시간의 귀중한 회사 자원이 그런 쓸모없는 활동으로 인해 공중으로 사라진다.

기업에 근무하는 모든 사람이 회의에 대해 불평하지만, 회의 자체는 피할 수 없는 현실이다. 회의는 업무 관리 수단의 하나다. 부하 직원과 회의를 하지 않는 관리자는 하나도 없다. 그러므로 최선의 방법은 회의를 가장 효율적이고 효과적으로 진행하는 것이다.

회의를 2가지 형태, 즉 프로세스에 관한 회의와 미션에 관한 회의로 나누는 방식도 유용하다.[8] 프로세스 회의에는 업무현황 검토 회의operation review, 연간 업무 보고, 부하 직원이나 동료와 주기적으로 진행하는 일대일 회의 등이 포함된다. 반면 미션 회의는 필요에 따라 수시로 열리며 반드시 특정한 의사결정으로 이어진다. 회의에 참석한 사람들은 이런 질문들에 답해야 한다. 이 특정 문제를 어떻게 처리할 것인가? 급한 불을 끄기 위해 어떤 절차를 밟아야 하는가? 올해 우리가 추구해야 할 전략은 무엇인가?

당신이 회의에서 해야 할 일은 참가자들의 시간을 낭비하지 않도록 노력하는 일이다. 이를 위해서는 일단 회의를 제시간에 시작해서 제시간에 끝내야 한다. 또 날짜, 회의에 초대받은 사람, 참석한 사람과 불참한 사람 명단, 논의된 내용, 결정 사항, 담당자, 완료 예정일 등을 담은 회의 결과를 요약해서 정리해야 한다.

이런 방식을 취한다면 회의를 정보 공유와 업무 배분을 위한 유용한 관리 도구로 활용할 수 있다. 또한 회의 프로세스를 개선하는 데에도 유용하다. 예를 들어 어떤 사람들이 회의에 초대됐고 실제로 참석한 사람들이 누군지 기록함으로써 앞으로 꼭 필요한 사람들만 회의에 참석하도록 명단을 수정할 수 있다.

또한 간단하면서도 명확하게 메시지를 전달하는 일도 시간 낭비를 줄이는 효과가 있다. 회의를 시작할 때 회의 목적을 분명히 밝히고 회의실에 있는 사람 모두가 참석할 필요가 있다고 생각하는지 물어보라. 그들이 계속 회의에 남아 있다면, 그것은 그 사람들의 선택이다. 만일 참석자들이 계속 회의에 늦는다면 그들에게 모욕감을 주지 않으면서도 잘못을 인식하게 만들 방법을 사용할 필요가 있다. 예를 들어 벌금을 물게 하고 나중에 그 돈을 기부할 수도 있을 것이다.

꼭 필요한 사람들이 회의에 참석하도록 하려면 초대할 사람들의 명단을 다양하게 구성하는 편이 좋다. 관리자들은 자신의 권위를 세우기 위해 하급 실무자들과 함께 회의하지 않으려 한다. 하지만 실무자들은 특정한 문제에 대해 관리자들보다 훨씬 잘 파악하고 있다.

공장 근로자들은 관리자에 비해 기계를 다루는 법에 능숙하다. 소프트웨어 개발자들은 자신이 개발한 제품의 기술적 타당성에 대해 영업 사원보다 잘 안다. 이런 전문가들을 회의에 참석시키면 '중국인의 귓속말Chinese whisper' 효과, 즉 정보가 조직의 위아래로 이동하면서 왜곡되는 현상을 줄일 수 있다.

또한 신입 직원들을 회의에 참석시키는 일도 유용하다. 비록 지금은 조직에 기여할 수 있는 힘이 부족하지만, 그들은 의사결정이 어떤 식으로 내려지는지, 또 어떻게 프로세스가 점검되는지 등을 지켜보면서 많은 내용을 배울 수 있다. 요컨대 회사가 어떤 일을 왜 하고 있는지 배울 수 있는 회의실은 그들에게 중요한 학습장이다.

회의 도중에는 각 업무 담당자들에게 당면한 문제에 대한 해결책이 무엇인지 물어야 한다. 참석자들이 질문을 받지 않아도 알아서 발언하리라 기대하지 마라.

일반적인 사고방식을 조금만 바꿔도 회의의 효율성을 크게 높일 수 있다. 일단 사람들이 자신의 시간을 어떤 식으로 운영하는지 인식해야 한다. 이를 위해서는 '관리자'와 '생산자'를 구분할 필요가 있다. 관리자들은 매일 여러 가지 의사결정을 해야 하고, 다양한 데이터를 수집하며, 많은 종류의 업무를 수행한다. 그들은 그 모든 일들을 해내기 위해 하나의 업무가 끝나면 또 다른 업무로 쉴 새 없이 옮겨간다.

반면 생산자들은 보다 긴 프로젝트 단위로 일하며 단일 업무에 필요한 시간도 훨씬 길다. 예를 들어 소프트웨어 개발자는 프로젝트를 완료하기 위해 여러 날 동안 어떤 약속이나 방해 요소도 없이 업무에 집중해야 하는 경우가 많다. 그러므로 한창 업무에 몰입한 오전 시간에 그 직원을 회의에 불러들인다면 그의 집중력에 찬물을 끼얹는 것과 다를 바가 없다. 데미언 허스트Damien Hirst(영국 출신의 현대 미술가—옮긴이)가 미술관의 비용 구조를 상의하기 위해 작업을 중단한 채 한 시간 동안 회의에 참석하기를 바라는 사람은 없을 것이다.

MEETorDIE.com이라는 미국 웹사이트가 있다. 여기에 접속해서 자신이 소속된 산업 분야, 회의 시간, 참석자 수 및 그들의 직무 등을 입력하면 회의로 인해 얼마의 돈이 낭비되었는지, 그리고 그 돈이 어떤 곳에 더 유용하게 쓰일 수 있는지 알려준다. 예를 들어 아프리카 사람들에게 마실 물을 공급하는 데 사용될 수도 있을 것이다. 브라질 기업가이자 《셈코 스토리The Seven Day Weekend》의 저자 리카르도 세믈러Ricardo Semler는 어떤 사람에게도 절대 회의 참석을 강요하지 말라고 제안한다. 만일 당신이 회의를 소집해서 사람들이 참석한다면 그 회의는 개최할 가치가 있는 것이다. 만일 아무도 참석을 하지 않는다면, 그 회의는 애초에 시간 낭비라는 의미다.

사람들이 모닝커피를 즐기는 아침에 선 채로 회의를 진행하면 많은 일을 짧은 시간에 처리할 수 있다. 10분 정도만 잠깐 모여 업무 지시를 내리고 우선순위를 설정한 후에 해산하기만 해도 충분하다. 필요한 직원들은 나중에 자유롭게 소규모 회의를 가질 수도 있다. 복도나 의자 없는 방에서 회의를 진행하면 누구도 오래 머물 생각을 하지 않는다.

회의에 오래 참석해야 할 유일한 사람들은 회의의 결과를 결정하는 사람들이다. 회의에서 내려진 의사결정에 따르는 일이 전부인 사람들은 참석할 필요가 없다. 앞에서 살펴본 IBM의 소프트웨어와 비슷한 개념이 스위스 국영철도Swiss Federal Railway에서 채택한 방법이다. 그들은 회의 시간을 매우 구체적으로 정한다. 예를 들어 오전 10시 12분에 시작해서 10시 26분에 끝낸다는 식이다. 이를 통해 사람들이 정확한 시간에 참석하게 만들고 업무의 일정을 긴장감 있게 유지할 수 있으며, '또 다른 사안'으로 넘어가면서 회의가 지연되는 상황을 피할 수 있다. 또한 주어진 회의 시간을 잘게 나누는 것도 방법이다. 90초 동안은 이 문제를 논의하고, 5분 동안은 다른 일에 대해 토론한다는 식으로 회의를 진행하면 필요한 사안을 모두 다룰 수 있으며 직원들이 옆길로 새는 것도 막을 수 있다. 누구에게도 안건에서 벗어나는 발언을 허용하면 안 된다. 극단적인 생각일지는 모르지만 퀘이커 교도들처럼 모든 회의를 침묵 속에 시작해서 용감한 사람이 정적을 깨고 발언하기를 기다리는 방식도 좋을 것이다. 이렇게 많은 생각과

적은 말을 추구하는 방식은 퀘이커 교도들이 캐드베리Cadbury나 바클레이즈Barclays 같은 회사들을 창업한 밑바탕이 되었다. 아마 그 기업들이 다시 부활하는 계기가 될지도 모른다.

5 Managing Processes

관리자를 위한 협상의 법칙

관리자들은 훌륭한 협상가가 되기 위해 몇 가지 사항을 기본적으로 숙지해야 한다. 가장 중요한 작업은 자신이 어떤 종류의 협상가인지를 깨닫는 일이다. 협상가에는 다음 3가지 유형이 있다.

1. 포커 선수

   협상을 순수하게 게임으로 생각하는 사람. 블러핑bluffing(카드 게임에서 자신의 패가 상대보다 약하다고 생각될 때 오히려 더 강한 베팅을 하여 상대를 기만하는 행동—옮긴이)이나 기타 형태의 속임수를 모든 사람이 인정하는 규칙으로 받아들인다.

2. 이상주의자

   협상 과정에서 솔직함과 투명성의 가치를 믿는 사람.

3. 실용주의자

앞 두 유형의 중간에 위치하는 사람. 법적으로 허용된 속임수든, 순수한 솔직함이든 모든 일은 자신이 뿌린 대로 돌아온다고 믿는다.

당신이 어떤 유형의 협상가인지는 태생적으로 이미 정해져 있다. 만일 그 스타일을 바꾸려 들거나 바꿔야 할 상황에 놓여 있다면 매우 불편하게 느낄 것이다.

인간의 기본적 윤리관은 바꾸기 어렵다. 협상을 게임으로 여기는 일을 병적으로 꺼리는 사람들은 장기적 관계가 중요한 분야, 즉 당사자들이 협상의 결과와 더불어 살아가는 비즈니스 영역이나 역할을 찾는 편이 좋다. 반면 협상을 포커와 같이 하나의 게임으로 생각하는 사람들은 협상이 끝나면 상대방을 다시 볼 일 없는 일회성 거래에 관련된 비즈니스에 종사하는 편이 효과적이다. 만일 당신이 상대편에게 끌려간다고 생각되면, 자신의 입장을 강하게 주장하라. 만일 상대방이 수용하지 않는다면 협상에서 빠져나오라.

협상의 과정에서 고려해야 할 정보는 다음 3가지다.

1. 숫자, 비용, 매출, 전략적 의미 등 협상의 대상이 되는 기본적 내용. 하지만 이 요소들에만 집착하면 진짜 중요한 부분을 간과할 수 있다.

2. 협상 당사자 사이에 존재하는 믿음이나 감정, 그리고 둘 사이의 관계. 이혼을 앞둔 부부가 진행하는 협상은 서로에 대해 공감과 이해를 지닌 두 비즈니스 파트너의 협상과는 매우 다를 것이다.

3. 협상의 과정. 아침 일찍 찬 공기가 도는 회의실에서 협상을 진행하는가, 또는 저녁 시간에 위스키 한 잔을 손에 들고 편안한 의자에 앉아 협상하는가? 당신은 신속한 의사결정을 내리라고 상대를 압박하는가, 아니면 시간을 끌며 대화를 계속하는가? 협상 장소에 어떤 사람들이 있는가? 모든 변호사, 회계사, 동료들을 참가시키는가? 또는 상대방과 일대일 협상을 선호하는가?[9]

뛰어난 협상가들은 이 모든 정보를 이용해서 상대를 설득하고, 협업하고, 흥정하고, 필요한 경우 위협한다. 마치 음악가가 음계와 화음을 자유자재로 활용하면서 즉흥적으로 음악을 만들어내듯이 말이다.

순수하게 테이블에서만 이루어지는 협상은 없다. 또한 현재 문제가 되고 있는 사안에만 한정해서 협상이 진행되는 경우도 드물다. 협상의 과정에는 권력에 대한 욕구, 상실에 대한 공포, 수치심이나 승리감 같은 외적 요인들도 다양하게 작용한다. 숫자는 협상의 일부에 불과하다. 협상에 임한 사람들이 어떤 감정을 지니는지가 나머지 요소들을 좌우한다.

단순히 더 많은 이익을 얻기 위해 애쓰기보다는 협상의 핵심을 파악하고 공유가치 창출의 기회를 얻어야 한다. 이를 위해서는 상대에게 강한 영향을 미칠 수 있는 대인관계 기술이 필요하다. 양측의 관계가 한 번의 협상으로 끝나는 경우는 드물다. 오히려 시간이 지나면서 쌍방 사이에 협상이 반복되는 경우가 훨씬 많다. 상대방을 강하게 밀어붙이거나 또는 한 번 정도 상대방에게 양보를 하는 행위는 상황에 따라 향후 진행될 협상에서 유리한 결과를 낳을 수도 또는 불리한 결과를 낳을 수도 있다.

협상 상대가 진정으로 원하는 게 무엇인지(돈이나 직위는 표면적인 이유에 불과한 경우가 많다) 파악하고 이를 그 사람에게 제공해줄 수 있는 방법을 찾는 일은 성공적인 협상의 지름길이다. 예를 들어 어떤 직원이 직장 생활을 힘들어하는 이유는 업무 시간 동안 가족과 떨어져 있어야 하기 때문일 수도 있다. 좋은 관리자라면 이런 경우 그 사람이 근무시간을 줄일 수 있도록 허용하면서 대신 급여를 조정하는 등의 해결책을 찾아낼 수 있을 것이다.

세금이나 회계 방식에 관련된 양측의 차이도 예상 실적, 비용, 매출 구조, 위험 평가 등에서 발생하는 의견 차이처럼 적절히 활용하기만 하면 가치 있는 결과를 낳을 수 있는 요소다. 한 투자자는 어떤 투자 건에서 얻을 수 있는 이익이 10퍼센트는 되어야 한다고 생각하는 반면 다른 투자자는 7퍼센트로 만족하는 경우도 있다. 또한 어떤 기업은 세제 혜택을 받을 수 있고 상대방은 그렇지 못할 때, 이 요인이 가격에 대한 논의에 반영될 수도 있을 것이다.

협상의 기술을 마스터하는 일에는 엄청난 연습이 필요하다. 관리자들은 훌륭한 협상이 불러올 모든 가능성을 열린 마음으로 받아들이면서 협상의 기술을 익혀나가야 한다. 또한 뛰어난 협상가들이 사용하는 전술들을 숙지할 필요가 있다. 그 전술들을 어떻게 적용해야 하는지, 즉 언제 속임수를 쓰고, 언제 위협하며, 언제 시한을 정해 밀어붙이거나 반대로 협상을 지연시켜야 하는지, 또 언제 작은 부분을 양보하고 대신 자신이 진정으로 원하는 목표물을 얻어내는 전략을 사용해야 하는지 등의 문제는 경험을 통해서만 답을 찾을 수 있다. 당신은 이 모든 전술들을 더 잘 구사할수록 사람을 관리하는 데 가장 즐거운 일이 바로 협상이라는 사실을(물론 잘 이루어졌을 경우) 깨닫게 될 것이다.

6 Managing Processes

혁신, 외부자의 시각을 가져라[10]

노키아Nokia에서 최고 기술 책임자를 지낸 밥 이아누치Bob Iannucci는 기술 산업 분야에서 이루어지는 기술 진화의 패턴, 즉 사람들이 '내가 전에 봤던 영화I've seen this movie before'라고 부르는 반복되는 발전 유형에 대해 언급한 적이 있다. 그는 메인프레임 컴퓨터에서 PC에 이르기까지 모든 중대한 기술의 변화는 유사한 형태로 이루어졌다고 말한다. PC를 예로 들어보자. 처음에는 애플, 코모도어Commodore, 왕Wang, 그리고 기타 업체들이 서로 호환되지 않는 하드웨어와 소프트웨어들을 각자 시장에서 판매하고 있었다. 그러다 IBM이 표준화된 플랫폼을 내놓았다. 그 후 델Dell, 휴렛팩커드Hewlett-Packard, 인텔, 컴팩Compaq 같은 기업들이 표준화된 하드웨어 제품들을 들고 나왔으며, 마이크로소프트가 등장하면서는 PC의 가치가 소프트웨어로 기울게 되었다. 마지막으로 IBM, EDS, 오라클Oracle 등의 기업들이 서비스 사업에 뛰어들었다.

2011년 모바일 기술 분야에서도 똑같은 패턴이 나타났다. 처음에는 마이크로소프트나 노키아 등이 저마다의 시스템을 시장에 공급하고 있었다.

그러다가 구글의 안드로이드와 애플의 아이폰 운영체제 사이에 치열한 플랫폼 전쟁이 시작되었다. 하드웨어 제조 기업, 소프트웨어 개발사, 그리고 모바일 서비스 업체들은 이 피라냐 수조 속 같은 전쟁터 주변을 맴돌면서 어떤 플랫폼이 발전하고 몰락할 것인가, 어느 쪽에 투자해야 하는가를 결정해야 했다.

모바일 기술 역사와 PC 기술 역사의 가장 큰 차이점은 변화의 속도다. 오늘날 제품의 개발 주기는 기업의 전통적인 혁신 구조가 따라갈 수 있는 속도보다 훨씬 빠르다. 애플이나 구글 같은 기업들은 그런 변화의 속도에 편안하게 동참했지만 노키아와 RIM 등의 업체들은 실리콘 밸리에 밀려온 혁신의 물결에 올라타지 못했다는 비판에 직면했다.

모든 관리자들은 이런 격렬한 전투를 바라보며 매일매일 진행되는 극심한 경쟁의 압박감 속에서 어떻게 혁신을 이룰 것인가를 고민해야 한다.

혁신 전쟁에서 가장 도전적인 과제는 좋은 기회나 적절한 기술의 발견이 아니다. 그 모든 혁신의 요소를 의미 있게 만들고 이를 미래에 대한 비전으로 통합하는 작업이 더욱 중요하다. 또한 다양한 아이디어에 의미를 부여해서 고객에게 유용한 제품으로 만들어내야 한다. 2008년에 노키아가 투입한 연구개발 비용은 매출액 대비 기준으로 애플보다 4배가 많았다. 하지만 이 회사는 2009년이 되어서도 시장의 판도를 바꿀 만한 제품을 만들지 못했다. 반면 애플은 이미 아이폰을 내놓은 상태였으며 아이패드 출시도 눈앞에 두고 있었다.

두 기업의 차이는 무엇일까? 애플은 자신들이 보유한 기술을 의미 있는 제품으로 만들었지만 노키아는 그렇지 못했다는 사실이다. 기능이나 성능은 그 자체로 상품이 아니다. 고객에게 유용하게 사용되어야 의미가 있다.

회사의 모든 직원이 흥분할 정도로 훌륭한 기술일지라도 시장에서는 몰락의 길을 걸을 수 있다.

RIM은 블랙베리를 출시하면서 사용자들이 휴대폰에서 가장 많이 사용하고 싶어 하는 기능이 이메일 사용하기라고 생각했다. 따라서 다른 운영 소프트웨어들에는 관심을 두지 않고 오로지 이 기능을 구현하는 데만 주력했다. 반면 애플은 MP3 플레이어를 처음 만들지는 않았지만, 멋진 디자인의 아이팟에 아이튠즈를 결합하면서 음악 다운로드의 불법성 논란까지 해결해버렸다. 또 아이폰에 터치스크린 기능을 장착하며 이 기술에 의미를 부여했다. 이는 단순한 상술이 아니었다. 소비자들이 휴대폰을 생각하는 방식에 일대 전환을 가져온 혁신이었다.

영화 산업에 잠시 몸담았던 스티브 잡스의 경험은 애플의 경쟁력을 크게 강화시키는 역할을 했다. 픽사의 창업주였던 잡스는 1997년 애플로 돌아왔을 때 음악, 영화, 게임 등에 눈을 돌리기 시작했다. 그는 컴퓨터의 세계와 컴퓨터 바깥의 세계를 소통하게 만들 수 있었다. 즉 다른 어떤 사람들보다 기술과 콘텐츠를 배합하는 능력이 뛰어났던 것이다. 이는 대단히 중요한 관리적 역량이었다.

노키아는 사회과학자들을 고용해 전 세계 사람들이 휴대폰을 어떤 용도로 사용하는지 관찰하도록 했다. 그리고 이를 통해 자사의 폐쇄적인 혁신의 굴레를 벗어나려 애썼다. 그들은 아프리카에서 사람들이 전화카드를 사고팔면서 이를 현금과 맞바꿀 수 있는 금융 상품처럼 생각한다는 사실을 발견했다. 또 인도에서는 하인들이 휴대폰을 사용해 자신들을 노예계약 상태에서 벗어나게 해줄 수 있는 새로운 고용주를 찾고 있었다. 이런 일련의 조사는 노키아가 개발도상국의 수많은 고객들을 지원하기 위한 혁신적 방법을 고려하는 데 어느 정도 도움이 됐다. 하지만 2011년이 되어도 회사의 수익은 나아지지 않았다.

MIT 슬론 경영대학원MIT Sloan School of Management에서 기술 혁신을 가르치는 에릭 본 히펠Eric von Hippel 교수는 기술 기업들이 연구 및 혁신 과제를 '내부적으로 해결할 수 있는 업무와, 외부적으로 해결했을 때 가장 효과적인 업무로 나누어야' 한다고 지적했다.

내부적으로 해결할 수 있는 혁신 업무는 스크린 해상도, 인체공학, 사용자 인터페이스 디자인 등과 같은 '장점의 크기'와 관련 있는 개선들이다. 반면 외부적으로 해결해야 하는 과제는 새로운 고객 니즈와 관련이 있다. 예를 들어 애플이 2007년 아이폰을 처음 출시했을 때 수많은 사용자들이 자신들의 욕구에 맞춰 이 기계를 사용하기 위해 소프트웨어를 '탈옥jail-break' 했다. 히펠 교수에 따르면 이 상황은 스티브 잡스가 소프트웨어 개발 키트를 발표하는 계기로 작용했으며, 결국 애플의 앱스토어는 개발자들이 올린 수많은 앱으로 넘쳐나게 되었다. 애플은 아이폰의 플랫폼을 계속 자사의 통제하에 두기는 했지만, 이를 개방하라는 외부의 거센 강요에 직면했던 것이다. "고위 경영진은 혁신 시스템을 근본적으로 재정비해야 한다는 사실을 인식해야 한다." 히펠 교수의 말이다. "기존의 체제를 살짝 손질해서 될 일이 아니다. 완전히 새로운 패러다임으로 바꿔야 한다." 이 모델은 디자인과 소통에 소요되는 비용이 줄어들면서 가능해졌다. 또 이로 인해 더욱 많은 사람들이 혁신의 과정에 동참하게 됐다.

히펠 교수는 관리자들이 시장에서 최첨단의 기술 영역을 과감하게 탐구함으로써 사용자들과 지속적인 교감을 나누어야 한다고 말한다. 그는 이를 '혁신의 민주화'라고 부른다.

밀라노 폴리테크니코 대학교Politecnico di Milano의 로베르토 베르간티Roberto Verganti 교수 역시 비슷한 견해를 지닌 사람이다. 그는 관리자들이 '통역자들', 즉 기업의 내·외부에서 바깥세계에 존재하는 문화적·사회적 힘을 이해하는 사람들의 이야기에 귀를 기울여야 한다고 말한다. 그들은 시장 조사 전문가들이 아니며, 다양한 산업 분야나 직업에 종사하면서 신선한 관점으로 기업에 의견을 제시하는 사람들이다.

모든 관리자가 문화인류학자를 고용할 수는 없다. 하지만 관리자 자신이 외부인의 입장이 되어 조직과 제품을 평가해보고, 친구나 가족들의 의견을 물으며, 자신의 행동을 보다 폭넓은 문화의 관점에서 바라볼 수는 있을 것이다.

잡스는 1997년 애플로 복귀했을 때 기술 분야의 리더가 되는 길을 택하지 않았다. 물론 애플의 하드웨어와 소프트웨어들은 많은 면에서 이미 혁신적인 면모를 갖추고 있었다. 하지만 그는 기존의 기술들을 상품화하고, 이에 관련된 통합적인 네트워크를 구축함으로써 소비자의 삶을 증진시키는 방향으로 혁신을 집중했다.

잡스의 아이디어가 그토록 커다란 효과를 거두었다는 사실은 많은 사람에게 뜻밖의 사건으로 받아들여질 수 있다. 하지만 애플이 세계 최고의 기술 기업으로 성장하며 과거의 명성을 회복한 일은 혁신적 접근방식의 가치를 입증하는 사례다.

7 Managing Processes

프로세스를 바꾸면 생각이 바뀐다

기술의 발전으로 인해 사람들은 전화, 이메일, 화상회의 등을 활용하면 누구와도 소통이 가능하다는 그릇된 인식을 갖게 되었다. 하지만 결코 그렇지 않다. 관리자가 직원들을 직접 만나는 일은, 비록 그 직원이 아주 멀리서 근무하는 사람이라 하더라도 여전히 중요하다. 특히 당신이 창의력과 인적 상호작용에 의존하는 복잡한 업무 프로세스를 관리하고 있다면 더욱 그렇다.

BMW는 1986년 독일어 약자로 FIZ라고 표기하는 연구 혁신 센터Group Research and Innovation Center를 만들었다. 이 조직은 프로젝트하우스Projekthaus라고 불리는 몇 개의 건물에 자리를 잡고 BMW 자동차를 디자인한다. 프로젝트하우스는 '프로세스 중심 사고'를 고취하기 위한 방향으로 지어졌다. 그 의미는 이 건물에 특정한 목표를 달성하는 데 꼭 필요한 독특한 장점들이 있다는 뜻이다. 중앙 회의실들은 마치 체육관처럼 규모가 크다. 그리고 전문가들끼리 만나서 자신들이 디자인한 컴퓨터 모델이나 점토 원형 등에 대해 상의할 수 있는 작은 방들이 있다. 또 자연 채광이 넘쳐나는 아트리움 아래로 분주하게 오가는 사람들이 끊임없이 교차한다.

프로젝트하우스의 중심 철학은 사람들이 아이디어를 꿈꾸고 그것을 현실화하기 위해서라면 직접 만나 얼굴을 맞대고 진행하는 회의보다 나은 기술이 없다는 것이다.

이전에는 자동차를 디자인하기 위해 몇 개의 단계를 순차적으로 거쳤다. 하지만 더 이상은 그렇지 않다. BMW는 소위 '동시 엔지니어링simultaneous engineering'이라는 프로세스를 운영하면서 모든 부품들을 동시에 디자인한다. 프로젝트하우스의 구조는 사람들이 한 장소에서 다른 장소로 이동할 때 최대한 짧은 경로를 거치게 해서 원하는 사람이나 정보를 쉽게 찾을 수 있도록 설계되었다.

이는 단지 디자이너들에게 회사가 자신들을 소중하게 대우한다는 느낌을 주려는 의도 이상의 의미를 담고 있다. 보다 중요한 문제는 고객 니즈의 본질이 변하고 있다는 사실이다. 거리를 뒤덮은 수많은 자동차들, 그리고 걷잡을 수 없이 빠르게 진화하는 기술 속에서 자동차 기업은 더 이상 단일 제품을 디자인하고 시장에 내놓은 후 최선의 결과를 기다리는 일이 불가능해졌다. 고객들은 맞춤형 자동차를 원한다. 즉 차의 특정 기능이 오직 자신을 위해서만 만들어지기를 바란다. 또한 지속성과 효율성, 호화로움과 안전성, 속도와 경제성을 동시에 추구한다. BMW는 이 모든 요구에 대응하기 위해 고객의 상상만큼이나 다재다능한 생산 시스템을 필요로 했다. 다시 말해 개인 맞춤형 자동차를 생산할 수 있는 대량 생산 시스템을 원했던 것이다.

BMW는 이런 노력의 일환으로 디자이너들에게 자동차가 생산 단계에 돌입하기 수 년 전에 새로운 개념과 재료들을 미리 실험하라고 독려했다. "그런 아이디어들이 기존에 생산되고 있는 시리즈 모델과 꼭 관련이 있어야 할 필요는 없었습니다." 이 회사의 책임자는 이렇게 말했다. "오히려 직원들의 창의성과 연구의 방향을 새롭게 바꾸기 위한 의도였죠. 이런 디자인 방식으로 인해 우리는 미래에 등장할 자동차의 외관뿐 아니라 재료, 구조, 기능, 제조 프로세스까지 고려하게 되면서 이전에는 상상할 수 없었던 혁신적 잠재력을 발휘할 수 있었습니다. 말하자면 미래 고객들의 요구사항이 우리의 벤치마킹 대상이 된 것이지요."

BMW는 이런 비전이 조직의 핵심에 자리 잡음으로써 업계를 선도하는 혁신적 제조 개념을 탄생시킬 수 있기를 희망했다. 그들은 미래의 자동차를 상상함으로써 자사의 생산 시스템을 대량 생산 시스템 내에서 고도의 맞춤형 부품들을 만들어내는 방식으로 변화시켰다. 물론 이런 체계를 통합적으로 관리하는 일은 결코 쉽지 않다. 관리자들은 무엇보다 혁신의 프로세스에 대해 고민하고 이를 통해 전체 조직의 문화와 습관에 영향을 끼쳐야 한다.

BMW가 자동차 디자인 방법론을 바꾸었다는 것은 건물 내에서 사람들이 이동하는 방식을 포함해 조직 전체를 디자인하는 방식을 변화시켰다는 의미다. 이는 모든 관리자에게 2가지 중요한 교훈을 준다. 첫째, 원하는 결과를 얻기 위해서라면 모든 변화의 가능성을 고려해야 한다. 둘째, 깊고 창의적인 인간관계를 수립하고 이를 발전시키기 위해서는 사람들 간의 소통에서 기술이 담당할 수 있는 역할에 한계가 있음을 인식해야 한다.

핵심 정리

프로세스 관리를 위한 10가지 좋은 습관

1. 창의성과 혁신을 이끄는 수단으로서의 프로세스 개선에 초점을 맞춰라.

2. 프로세스의 모든 단계에 주목하라. 작다고 무시할 수 있는 업무는 없다.

3. 당신이 생각한 바를 남들에게 분명한 방식으로 설명하라. 파워포인트 뒤에 숨지 마라.

4. 불필요한 사람을 회의에 불러들여 그들의 시간을 낭비하지 마라.

5. 회의를 월간 검토 회의 같은 프로세스 회의와 수시로 의사결정을 내리는 데 필요한 미션 회의로 구분하라. 프로세스 회의는 공식적인 성격을 띠는 데 반해 미션 회의는 형식, 참석자, 진행 방식 등에 보다 융통성이 있다.

6. 시계 눈금의 함정에서 빠져나오라. 회의가 매 시간 단위로 진행될 필요가 없다면 짧게 진행하라.

7. 어떤 내용을 협상할지 생각하기 전에 누구와 협상을 하고 있는지를 먼저 생각하라.

8. 업무 프로세스 자체보다 그 프로세스의 주변 환경에 집중하라. 잘 설계된 사무실, 적절히 조직된 회의나 업무 흐름 등은 건전한 비즈니스를 만드는 중요한 요소들이다.

9. 회사 내부의 노력을 통해 가장 성공적으로 수행할 수 있는 프로세스와, 회사 외부에서 수행해야 할 프로세스를 구분하라. 그리고 당신이 가장 잘할 수 있는 분야에 자원을 투입하라.

10. 새로운 프로세스를 시작할 때는 당신이 어떤 일을 하고 있는지 정확히 파악하고 새로운 변화에 적응하기 위해 린lean 방식을 채택하라.

MANAGEMENT MATTERS

4

숫자 관리 Managing Numbers

비즈니스의 **언어**를 **장악**하라

회계는 정보와 관련된 업무다. 하지만 단순히 회계 규칙이나 회계사들의 복잡한 실무에 대한 정보만을 의미하지는 않는다. 그것은 측정, 해석, 판단 등이 관련된 과학과 같은 기술이며, 수학보다는 법률에 가깝다. 회계 자료는 조작되기 쉽고 심지어 사기의 수단으로 활용될 수도 있다.

MEASURE

관리자들이 재무와 회계를 잘 알아야 하는 이유는 그들이 수익성과 위험 관리에 대한 책임을 지고 있기 때문이다. 주당순이익이라든가 최근에 발표된 정부 규제안 같은 요소들을 걱정하는 일은 다른 사람들의 몫이다. 하지만 현금 흐름 현황과 이를 통제하는 방법을 정확히 이해하는 관리자는 경쟁자들보다 앞서갈 수 있다.

기업들은 수익 창출의 필요성을 너무 쉽게 잊어버린다. 회사가 창업했을 때에는 모두들 현금 흐름에 가장 큰 관심을 기울인다. 그러나 회사가 성장하고, 자금을 조달할 수 있는 공급처가 늘어나며, 제품과 서비스가 다양해지고, 부서와 사업 영역이 확장되면서 수익에 대한 초점은 흐려지기 시작한다. 회계 조작이 이루어지고, 직원들도 인센티브 시스템에 좌지우지되면서 모든 사람들이 수익을 내고 있다고 주장하는 상황이 벌어진다. 그런 와중에 회사는 손실에 시달린다.

대부분의 기업들이 20~30퍼센트의 사업 영역에서는 많은 수익을 낸다. 그리고 그 수익은 이익을 내지 못하는 다른 영역의 손실을 만회하는 데 사용된다. 하지만 기존의 관리 시스템으로는 어떤 쪽에서 이익이 나고 어떤 쪽이 그렇지 못한지 정확히 파악할 수 없다. 또 이익을 내지 못하는 사업을 수익성 있게 만드는 방법도 알아내지 못한다.

영업 손실이나 수익성 악화를 겪고 있는 대부분의 기업에서 첫 번째로 내놓는 대응방식은 전략을 재평가하는 일이다. 하지만 이보다 더 바람직한 출발점은 운영방식의 효율성을 세심히 점검해보는 것이다. 즉 고객 청구서를 일일이 확인해서라도 수입과 지출 현황을 면밀하게 이해할 필요가 있다.

이렇게 세세한 수준까지 숫자를 파악하고 있는 관리자들은 현재 비즈니스가 사업부서별, 제품별, 고객별로 각각 어떤 상황에 처해 있는지 정확히 판단할 수 있다. 스프레드시트에 깔끔하게 정리된 전사적 현황 보고가 고위 경영진들에게 전달되기 한참 전에 말이다. 많은 관리자들은 숫자로 보이는 모습과 실제 상황이 꼭 일치하지는 않는다는 사실을 알고 있다. 즉 각각의 제품과 고객에 따라 비즈니스의 형편이 다르다. 어떤 고객들은 많은 양의 제품을 주문하지만 한 번이 아니라 여러 번에 나누어 배송을 요청한다. 그런가 하면 '전략적'으로 마진이 높은 제품도 고객으로부터 맞춤 서비스에 대한 요청을 받는 경우가 많아지면 결국 손해로 이어질 수 있다.

그러므로 여기서 핵심적인 관리의 비결은 다른 모든 경우와 마찬가지로 눈앞의 무성한 덤불을 헤치고 진실을 정확히 꿰뚫어보는 것이다. 그리고 어떤 제품이나 고객이 자신에게 수익을 안겨주는지 판단한 후 이를 종합적으로 평가해야 한다. 요컨대 수익이 발생하는 곳이 어딘지를 정확히 알아야 수익성을 극대화하기 위해 할 수 있는 일이 무엇인지 알 수 있으며 적절한 계획을 세우는 일이 가능하다. 그러지 못하면 당신은 다음과 같은 오래된 농담에 등장하는 사람과 다를 바 없을지도 모른다. 어떤 사람이 동료에게 말했다. "자네는 물건을 팔 때마다 손해를 보고 있군." 그러자 그 동료는 이렇게 대답했다. "그렇다네. 하지만 많이 팔아서 보충하면 돼."

마케팅 전문가들은 제품product, 시장place, 판매promotion, 가격price 같은 마케팅의 4가지 요소, 즉 4P에 대해 말하기를 좋아한다. 하지만 여기에 한 가지 더 추가해야 한다. 바로 수익성profitability이다. 수익을 내지 못한다면 다른 요소들은 아무 가치가 없다.[1]

수익성을 향상시키는 일은 CEO부터 부서장, 그리고 일선 관리자에 이르기까지 모든 관리자들의 책임이다. 이런 상황은 기업들이 더 적은 제품으로 방대한 시장을 겨냥하는 동시에 세밀한 틈새시장 전략까지 구사해야 하는 오늘날에 더 심화되고 있다. 한 종류의 스파게티로는 더 이상 모든 손님들을 만족시킬 수 없다. 고객의 기호에 맞추기 위해서는 수십 가지 다양한 요리가 필요하다. 청바지 같은 가장 기본적인 제품들도 이제는 수많은 디자인과 재질, 그리고 다양한 가격대에 맞춰 고객에게 제공된다. 이런 다양성을 관리하기 위해서는 어떤 제품과 고객이 회사에 수익을 가져다주는지를 지속적으로 파악해야 하며 고객관리와 공급망, 그리고 지속적인 변화가 미치는 영향 등을 이해해야 한다.

물론 이를 위해서는 많은 시간과 노력이 필요하며, 불확실성을 감수하고 의사결정을 하겠다는 의지도 있어야 한다. 만일 누구나 사업의 수익성을 쉽게 예상할 수 있다면 관리자가 이를 파악하기 위해 애쓸 필요가 없다. 하지만 그런 경우는 드물다. 만일 당신이 매달 각각의 거래 단위로 수익의 실제 현황을 분석해낼 수 있다면 그로 인한 보상을 충분히 받게 될 것이다. 처음에는 이런 작업을 할 수 있는 정보가 충분치 않을지 모른다. 하지만 시간이 지나면서 거래 데이터는 늘어나기 마련이다. 그리고 이렇게 수집한 데이터를 회사의 다른 경영 활동 데이터와 결합한다면, 그 정보는 진실에 더욱 가까워진다. 당신이 어떤 자리에 있든, 이런 작업을 매년 반복해보라. 회사의 고위 경영진도 얻기 힘든 정보를 확보할 수 있을 것이다.

회사의 제품과 고객을 수익성의 측면에서 고려하면 다음과 같은 질문들에 근거해 의사결정을 내릴 수 있다.

- 가장 수익성이 높은 사업 영역은 어디인가?
- 시장에 이와 비슷한 제품들이 있는가? 고객들은 그 제품을 사고 싶어 하는가?
- 그 영역에서 수익성을 향상시킬 방법이 있는가?
- 수익성이 향상되지 않는다면 그 사업 영역 전체를 포기해야 하는가?

오늘날에는 높은 수익성을 자랑하는 기업들조차 이를 유지하기 위해 힘든 싸움을 벌이고 있는 형편이다. 학자들은 수많은 연구를 통해 자본수익률이 높은 기업도 10년에서 15년 사이에는 보통의 수익률로 되돌아간다는 사실을 반복해서 입증했다.[2] 어느 시점에서 S&P 기업의 평균 자본수익률을 훨씬 능가하던 기업들도 10년 후에는 다른 기업들과 수익을 두고 치열하게 싸우는 상태로 되돌아올 것이다.

물론 코카콜라, 마이크로소프트, 월마트처럼 이런 평범함의 함정을 벗어나 15년 이상 지속적으로 엄청난 수익을 낸 극소수의 기업들도 있다. 그들은 주주들의 환호를 받을 자격이 있다.

1 Managing Numbers

관리자가 알아야 할 기업 가치의 4가지 조건

가치는 기업 내부보다 외부 사람들이 더 잘 이해하는 용어다. 가정에서 생활비를 지출하는 사람들은 좋은 가치와 나쁜 가치의 차이를 잘 알고 있다. 우리 대부분은 어떤 상품의 가격이 적절한지 그렇지 않은지 날카롭게 판단한다. 하지만 기업의 세계로 들어오면 가치라는 용어의 의미가 갑자기 흔들리기 시작한다.

회사에는 주주 가치라는 개념이 있다. 반면 이해관계자stakeholder의 가치라는 말도 함께 존재한다. 요컨대 가치의 의미에 대한 여러 정의가 섞여 있는 상태다. '무형의 가치' 또는 '잠재적 시너지의 가치' 따위의 보이지 않는 개념에 현혹되어 다른 기업을 인수하면서 엄청난 가격을 지불하고 나중에 그 돈을 물거품처럼 날려버리는 경우도 흔하다. 워런 버핏이 말한 '가치 투자value investing'라는 개념은 훌륭한 기업을 좋은 가격에 인수한다는 의미다. 결코 정신 빠지게 만드는 신호나 시장의 자극에 홀려서 섣불리 투자를 결정한다는 뜻이 아니다. 따라서 모든 관리자들은 주변의 소음에 휘둘리지 않으면서 오롯한 가치의 개념을 받아들일 필요가 있다.

비즈니스 가치의 가장 기본적인 의미는 그 비즈니스에서 미래에 기대되는 현금 흐름의 현재 가치가 합산된 개념이다. 하지만 현금 흐름 할인모형 discounted cash flow model(미래의 현금 수입과 지출의 가치를 화폐의 시간가치를 고려하여 현재의 가치로 계산한 현금 흐름—옮긴이)을 직접 세워본 사람이라면 누구나 알겠지만, 은행가들이나 기업재무 과목 교수들이 언제까지나 이런 단순한 논리에만 의존할 수는 없을 것이다. 그들의 말대로라면 위험에 대한 가격은 어떻게 산정해야 하나? 현금 흐름이 달라지면 위험의 수준도 달라지는가? 미래가 생각대로 전개될지 어떻게 아는가?

그러므로 가치를 관리하는 과정은 보다 구체적이어야 한다. 다음은 관리자가 가치를 이해하기 위해 기억해야 할 4가지 요소다.[3]

1. 기업들은 자본 비용보다 미래의 현금 흐름 수익률이 더 높은 곳에 투자함으로써 가치를 창출한다.

2. 기업들은 부채를 줄이거나 늘리고, 주식을 발행하거나 자사주를 매입하는 등 자본 구조를 변경하는 방법을 통해서가 아니라 오직 높은 현금 흐름을 달성함으로써 가치를 창출한다.

3. 기업의 실제 경영 성과 못지않게 미래에 대한 시장의 기대도 회사의 주가를 끌어올리는 역할을 한다. 따라서 주주들이 기업에 쏟는 기대가 클수록 기업은 이에 부응하기 위해 최선을 다해야 한다.

4. 기업의 가치는 어떤 사람이 조직을 이끄는지, 또 어떤 전략을 추구

하는지에 따라 크게 달라진다. 훌륭한 CEO나 좋은 관리자는 기업의 가치를 획기적으로 높일 수 있다.

책임 있는 투자자들은 기업의 장기적 가치에 초점을 맞춘다. 아울러 그 조직에서 좋은 관리자들이 일하기를 바란다. 그들은 블룸버그 단말기 Bloomberg Terminal(24시간 세계 각국의 경제전문 뉴스를 서비스하는 블룸버그 사의 컴퓨터 단말기—옮긴이)가 시시각각 제공하는 뉴스에 일희일비하지 않는다. 대신 앞서 말한 4가지 요소를 바탕으로 가치를 바라본다. 최고의 기업주와 관리자들이 일하고 있는가? 적절한 전략을 추구하는가? 투입된 비용 이상의 수익을 창출하고 있는가? 이는 지속될 것인가? 만일 이 모든 조건들이 갖춰진다면, 시장에서 어떤 긍정적 또는 부정적 현상이 일시적으로 나타나더라도 결국 투자자들은 합당한 보상을 받을 것이다.

기업의 주가에 따라 자신의 성과를 평가받는 관리자들은 주가를 변동시키는 요인이 무엇인지, 그리고 그런 평가 방식이 공정한지 알아두어야 한다.

CASE STUDY

2010년 지멘스Siemens의 최고경영자 피터 로셔Peter Loscher는 지난 10년 동안 관리자들이 회사를 회복시키기 위해 각고의 노력을 쏟은 결과 다시 성과를 내기 시작했다고 발표했다. 지난 10년 동안 꿈쩍도 하지 않았던 지멘스의 주가는 투자자들이 미래에 대한 기대로 들끓게 되면서 급상승했다. 로셔와 전임 CEO들은 기업 개선이 진행되는 동안 시장으로부터 어떤 보상도 받지 못했다. 그들이 적절한 대가를 받은 것은 지멘스의 경영이 궤도에 오르고 성장할 준비를 갖춘 후의 일이었다.

가치를 인식하는 일은 직선적으로 진행되지 않는다. 관리자가 어느 날 가치를 파악했다 하더라도 다른 모든 사람들이 이를 알아차리는 것은 그보다 뒤의 일이다. 주가가 실제 사실에 근거해서 꾸준하게 움직이기보다 일련의 사건들에 따라 갑자기 등락을 거듭하는 이유는 이 때문이다.

가치를 잘못 이해하면 많은 부정적 결과를 대가로 치른다. 첫째는 무분별한 행동이다. 어떤 기업이 한 사업 분야에서 거둬들인 높은 수익이 다른 분야의 손실로 물거품이 되어버리는 경우는 수없이 많다. 조직이 얼마나 커지는가에 따라 직·간접적 보상을 받는 경영진은 문제 있는 인수합병 건을 추진하거나 순현재가치net present value(최초 투자 시기부터 사업이 끝나는 시기까지의 연도별 순편익의 흐름을 각각 현재 가치로 환산한 개념—옮긴이)가 마이너스인 프로젝트에라도 투자해서 회사의 몸집을 불리고 싶은 유혹을 받는다. 워런 버핏은 1984년에 투자자들에게 보낸 편지에서 이런 현상에 대해 언급했다.

지속적으로 높은 수익을 내는 기업들은 유보이익의 상당 부분을 경제적인 매력이 없고 심지어 재난에 가까운 분야에 투자하는 경우가 많습니다. 그 기업들의 훌륭한 핵심 비즈니스가 벌어들이는 수익은 반복되는 실패(대개 과도하게 높은 가격을 주고 기업을 인수하는 경우)를 덮어주는 역할을 합니다. 실패한 관리자들은 자신이 어떤 교훈을 얻었는지 그럴싸하게 늘어놓으면서도 대개 또 다른 교훈을 찾아 나섭니다.(실패가 그들의 판단력을 흐리게 하는 듯합니다) … 투자자 여러분께 가장 이상적인 상황은 회사가 유보이익금을 수익률 높은 비즈니스에 투입하고 나머지는 배당금으로 나누어주거나 자사주를 매입하는 데 사용하는 것입니다.

이와 반대되는 위험은 관리자들이 손실에 대한 우려 때문에 지나치게 신중한 자세를 취하는 일이다. 다시 말해 그들은 현재의 주당순이익에 너무 집착한 나머지, 이 수치가 떨어지면 시장의 제제를 받을 것이라고 염려하면서 장기적 가치를 창출할 수 있는 좋은 기회를 날려버린다. 이런 상황이 벌어졌을 때 고통받는 것은 관리자나 기업들만이 아니다. 성장에 목말라 있는 경제 전체가 어려움을 겪을 수 있다.

하지만 관리자들이 가치를 적절하게 판단한다면 놀라운 결과를 불러오기도 한다. 2001년 제너럴 밀스General Mills는 104억 달러를 주고 디아지오Diageo의 자회사 필스버리Phillsbury를 인수했다. 디아지오의 주요 사업 분야는 알코올 음료였지만 제너럴 밀스는 필스버리처럼 포장 식품을 파는 일이 핵심 비즈니스였다. 제너럴 밀스는 필스버리를 인수하자 구매, 제조, 유통 등에서 양사가 공통으로 활용 가능한 영역들을 쉽게 찾아낼 수 있었으며, 미국의 학교와 같은 자사의 기존 영업 채널을 통해 필스버리의 제품들을 판매할 수 있었다.

필스버리의 세전 현금 흐름은 단기간 내에 4억 달러를 돌파했으며 영업이익률도 70퍼센트가 늘었다. 필스버리는 제너럴 밀스에 인수된 후 기업가치가 훨씬 높아졌다. 기업의 가치를 극대화할 수 있는 기업주는 탁월한 관리 기술뿐 아니라 연구개발, 제조, 유통, 영업 등 가치 사슬에 걸친 다른 기업들과 특별한 관계를 만들어내는 역량을 갖춘 사람이다. 일례로 제품 브랜드를 개발하고 이를 마케팅하는 능력이 특히 탁월한 기업 중 하나가 P&G다. 이 기업은 타이드Tide 세제와 같이 오래된 브랜드나 최근에 인수한 질레트Gillette 면도기, 그리고 심지어 사내 스타트업 브랜드까지도 동일한 원칙을 적용해서 브랜드를 구축한다. 그리고 잘 개발된 영업 채널을 통해 이 제품들을 유통한다. P&G는 자사가 정통한 분야의 비즈니스를 반복하면서 계속 성장한다. 그리고 기존의 강점을 바탕으로 가치를 향상시킨다.

CASE STUDY

인튜이트는 1990년대 개인 소비자를 대상으로 한 금융 관리 소프트웨어를 판매했다. 그러던 중 소규모 기업들도 그 제품을 많이 사용한다는 사실을 발견했다. 관리자들은 대부분의 기업 회계 소프트웨어가 작은 회사들이 사용하기에 너무 복잡하다는 사실을 간파하고 중소기업을 위한 회계 업무 소프트웨어를 개발했다. 그리고 2년 만에 이 분야의 시장 점유율을 80퍼센트로 늘렸다. 또 1980년대 중반 석유 및 천연가스 기업 윌리엄스 컴퍼니Williams Companies는 더 이상 사용하지 않는 자사의 파이프라인을 활용해 경쟁사보다 훨씬 저렴한 비용으로 광섬유 케이블을 설치했다. 이 회사가 미국 전역에 가설한 케이블의 총 연장 길이는 1만 7700킬로미터에 달했다. 윌리엄스 컴퍼니는 이런 형태의 자산 가치가 급등하던 1994년에 이 사업 부문을 250억 달러에 매각했다. 이 두 이야기는 모두 자칫하면 지나칠 뻔했던 가치를 관리자들이 발견하고 현실화시킨 사례다.

사모 펀드 회사를 비난하는 사람들은 그들이 오직 재무 레버리지만으로 성공한다고 지적한다. 이곳의 투자자들은 대출 이자가 낮아지고 경제가 호황기에 들어서면 다른 사람들의 돈으로 기업들을 매수한다. 그리고 사들인 기업들을 효율적이고 수익성 있게 개조해서 엄청난 이익을 남기고 팔아버린다.

하지만 그런 비난의 목소리들은 사모 펀드 회사에서 뛰어난 관리자들이 수행하는 중요한 역할을 놓치고 있다. 이 회사들은 사적으로 설립되었기 때문에 시장의 반응에 조바심을 칠 필요가 없이 가장 핵심적인 영역에 집중할 수 있다. 연구에 따르면 사모 펀드 회사의 이사회 멤버들이 핵심 업무에 쏟는 시간은 상장 기업 이사들에 비해 3배나 길다고 한다. 상장 기업 이사회의 주된 의제는 규칙 준수나 위험 회피 등이지만, 사모 펀드의 이사들은 업무 시간의 대부분을 전략과 성과 관리에 할애한다. 또 상장 기업 이사회는 통제, 단기 수익, 투자자 기대 충족 등에 초점을 맞추지만, 사모 펀드 이사들은 장기적 가치에 더 관심을 둔다.[4]

가치 창출은 자신이 하고 있는 일을 얼마나 잘 파악하는가에 달려 있기 때문에 관리자들은 회사나 환경의 변화에 따라 스스로를 새롭게 바꾸어나갈 필요가 있다.

예전에는 화학회사와 제약회사들이 하나의 기업군을 이루고 있는 경우가 많았다. 제네카Zeneca는 ICI라는 거대 기업의 일부였으며, 아벤티스Aventis는 훼히스트Hoechst에 속해 있었다. 하지만 시간이 지날수록 두 비즈니스의 관리적 요구가 매우 다르다는 사실이 점점 더 분명해졌다. 화학회사는 소비재 기업이며 대규모 생산시설, 운영의 효율성, 철저한 비용관리 등을 필요로 한다. 반면 제약회사는 연구개발, 법규, 영업 인력, 대정부 관계 등에 집중해야 한다. 이런 차이점이 명확해지면서 제네카는 1993년 ICI와 분리되었으며 아벤티스도 1999년 훼히스트를 떠났다. 회사를 매각하거나 경영의 방식을 바꾸는 일은 실패를 인정하는 것이 아니라, 가치를 인식하는 것이다.

물론 사업 분야를 인수하거나 매각하는 일은 고위 경영진의 몫이다. 하지만 다른 모든 관리자들도 어떤 사업에서 수익이 발생하고 있으며 그 원인이 무엇인지를 이해해야 한다. 요컨대 당신의 업무에 대한 재무적 가치를 파악하고 이를 유지하고 개선하려는 노력을 멈추지 말아야 한다. 또한 그 가치가 다른 사람들에게 어떤 영향을 미치는지 이해함으로써 자신의 경력을 관리해나가야 한다.

2

장기적 투자냐, 단기적 수익이냐

장기적 차원의 투자를 하면서 어떻게 단기적 수익을 올릴 수 있을까? 투자자와 직원들을 당장 행복하게 만드는 일과, 앞날에 대한 계획을 위해 시간과 자원을 확보하는 일 사이에서 균형을 잡는 일은 관리자들에게 중요하면서도 오래된 과제다. 사람들은 기업 구조가 복잡할수록 단기 수익에 집중하는 경향을 보인다. 매출보다 수익에 역점을 두는 일은 훌륭한 단기적 목표다. 하지만 이를 위해 필요한 비용을 줄이거나 해야 할 투자를 놓친다면 장기적으로 조직에 치명적 영향을 끼칠 수 있다.

최근 400명의 최고재무책임자들을 대상으로 주목할 만한 설문조사를 실시한 적이 있다. 분기 수익 목표를 달성하기 위해 어떤 조치를 취하겠느냐는 질문에 대해 응답자의 80퍼센트가 장기적 성과를 희생하더라도 마케팅이나 제품 개발에 쓰이는 비용을 줄이겠다고 답했다. 또 장기적으로 가치를 창출할 수 있는 프로젝트가 단기 수익을 감소시킨다면 이를 연기하겠다고 대답한 사람도 55퍼센트에 달했다.[5]

기업이 단기 수익에 집중해야 하는 현실을 극복하기란 쉬운 일이 아니다. 수많은 사람들이 관리자들의 경영 활동을 비판하기 위해 호시탐탐 기회를 엿보고 있다. 미래의 이익을 위해 현재의 수익을 줄여야 한다고 그들을 설득하기란 매우 어렵다.

이 문제를 해결하기 위한 방법 중 하나는 관리자들에 대한 인센티브를 활용하는 것이다. 분기별 실적에 따라 인센티브를 받는 경영진들은 장기적 가치보다 단기적 가치에 따라 움직이는 것이 당연하다. 따라서 모든 인센티브 시스템은 단기적 성과와 장기적 성과를 잘 결합시켜서 수립해야 하며, 이를 위해서는 단순한 기계적 측정 방식 이상의 관리 방법론이 필요하다. 경영진들은 주당순이익과 주가뿐 아니라 제품 개발, 직원 개발, 고객만족 등과 같은 기타 요소들에 의해서도 보상을 받아야 한다. 주가는 결국 실제적 경영성과뿐만 아니라 시장의 단기적 기대에도 영향을 받는다. 관리자로서 당신이 반드시 피해야 할 행동은 시장의 기대를 상승시킴으로써 주가를 끌어올린 후, 그에 상응하는 성과를 올리는 데 실패하는 일이다.

또한 전략 기획 회의나 이사회와 같은 중요한 관리자 회의에서는 다음의 문제를 구체적으로 협의해야 한다. "어떤 트레이드오프trade-off(두 목표의 가치가 상충할 때 어느 한쪽을 위해 다른 쪽을 희생시키는 일—옮긴이)를 해야 하는가?" 이에 대한 논의를 회의 초반에 진행하면 차후에 의사결정이 좀 더 수월할 것이다.

전략 기획과 예산 계획의 연결고리를 끊는 일은 좋은 출발점이다. 요컨대 전략 기획과 예산 계획은 수립하는 시점과 주기가 다르다. 따라서 어떤 전략도 단순하게 향후 5년에 걸친 예산 계획 같은 형태로 수립되지는 않는다. 전사적 전략은 조직 전체의 장기적 가치 창출에 초점을 맞추며 사업별 전략과 구별된다. 즉 여기에는 단순히 사업에 소요될 비용이 아니라 어떤 사업을 시작하거나 중단해야 하는지와 같은 보다 핵심적인 문제들이 포함된다.

예산을 짤 때에는 특정한 조치를 조직 전체에 일괄적으로 적용하는 일을 피하라. 예를 들어 모든 사업부서에 비용을 5퍼센트 절감하라고 지시한다면 회사 전체를 대상으로 똑같은 조치를 실시한다는 의미이며, 이는 매우 현명하지 못한 방법이다.

관리자들은 자신이 처한 비즈니스의 상황에 따라 단기적 성과와 장기적 성과, 그리고 전략과 기회 사이의 트레이드오프를 정확히 이해해야 한다.

재무적 성과를 논의할 때에는 회사의 온갖 흑막이 숨어 있을 수 있는 회계 이익이나 수익 증가율보다는, 비교적 투명한 숫자인 투하자본수익률ROIC이나 매출 증가율에 초점을 맞추는 편이 좋다. 하지만 이 숫자들 역시 과거지향적인 측정 기준이다. 어느 사업부서가 마케팅과 같은 미래지향적 비용을 줄인 결과 그 부서의 수익률이 몇 년간 증가했다면, 이 조직은 조만간 붕괴할 우려가 있다. 이는 마치 자전거 바퀴에서 바퀴살을 하나씩 빼내는 일과 다를 바가 없다. 처음 잠깐 동안은 별일 없을지 모르지만, 언젠가는 자전거 전체가 내려앉을 수밖에 없다. 미래를 고려하지 않고 오로지 비용을 줄이고 가격을 올려서 단기적 수익의 향상만을 꾀한다면, 언젠가 더 이상 가격을 올릴 수 없는 지점에 도달하면서 시장 점유율은 추락하게 된다. 그리고 결국 이러지도 저러지도 못하는 상태에 갇히게 될 것이다. 이런 상황에서 빠져나와 원상태로 복귀하기 위해서는 오랜 시간이 필요하다. 스테로이드 약물과 같은 임시방편의 성장 방식을 지양하고 건강한 기업 활동을 추구하라.

성과 측정 방식을 잘 활용하면 단기적 재무 성과에 연연하는 현상을 극복할 수 있다. 또 현재의 성과를 유지 및 개선하고 비즈니스를 건실하게 운영한다는 목표하에 당신의 조직이 현재 어디쯤 위치하고 있는지 알게 된다. 훌륭한 측정 방식에는 영업 생산성, 운영비용 생산성, 자본 생산성 등과 같은 단기적 가치 요인과 사업 건전도, 성장 지속도, 제품 개발 파이프라인, 브랜드 기반 및 고객 기반, 비용 구조, 시장 경쟁력, 자산 건전도, 자산 생산성 유지 및 개선 등과 같은 중기적 가치 요인이 포함된다. 일례로 호텔에 자주 묵는 사람들이라면 자산이나 시설을 잘 관리하는 업체와 방의 보수나 개조에 인색한 업체의 차이를 금방 발견할 수 있다. 마지막 장기적 가치 요인에는 유망한 벤처기업에 대한 투자, 직원들의 기술 개발, 지속적인 인재 확보, 연구 개발 등이 있다.

관리자들은 조직의 모든 사람이 이런 트레이드오프의 전반적 내용을 숙지하도록 만들어야 한다. 또 구체적인 사항들을 전부 이해하지는 못하더라도 그 트레이드오프가 각자의 직무에 어떻게 영향을 끼치는지 파악할 수 있도록 도울 필요가 있다.

3

Managing Numbers

데이터, 유연하게 접근하라[6]

누구나 확실한 근거를 바탕으로 의사결정을 내린다면 정말 이상적일 것이다. 하지만 먼저 의사결정을 하고 그 결정을 뒷받침할 근거를 찾는 경우도 많다. 사이먼 프레이저 대학교Simon Fraser University의 피터 팅글링Peter Tingling 교수와 마이클 브라이든Michael Brydon 교수는 근거를 바탕으로 의사결정 내리기와 의사결정을 바탕으로 근거 만들기의 차이에 대해 기술했다.[7]

호레이쇼 넬슨Horatio Nelson 경은 코펜하겐 해전에 참전했을 때 지휘관으로부터 퇴각하라는 신호를 받는다. 넬슨은 망원경을 실명한 오른쪽 눈에 대고 "신호가 보이지 않는걸! 진짜야!"라고 말했다. 몇 시간 후에 덴마크 함대는 도주하고 넬슨은 영웅이 되었다. 그는 싸움을 계속하겠다고 먼저 결정하고 나서 후에 근거를 만들어냈다. 성공적인 결과가 그의 결정을 정당화한 것이다.

하지만 금융 서비스 또는 스포츠처럼 데이터를 바탕으로 한 의사결정이 존중되는 세계에서 관리자들은 먼저 결정하고 나중에 근거를 찾는 넬슨식의 접근방식을 꺼리는 경우가 많다.

팅글링과 브라이든에 따르면 근거는 관리자들의 의사결정에 3가지 방식으로 관여한다. 즉 결정을 내리게 만들고, 결정을 위한 정보를 제공하며, 결정을 뒷받침하는 역할을 한다. 결정을 내리게 만든다는 의미는 의사결정이 직접적으로 그 근거를 바탕으로 이루어진다는 말이다. 또 결정을 위해 정보를 제공하는 역할이란 근거가 당사자의 직관이나 다른 사람과의 협상 등과 같은 요소들과 함께 작용해서 결정에 영향을 미친다는 뜻이다. 그리고 결정을 뒷받침한다는 말은 이미 내려진 의사결정을 정당화하는 수단으로 근거가 사용된다는 의미다. 팅글링과 브라이든은 부하 직원들이 상사가 기대할 거라고 생각되는 방식에 맞춰 근거를 만드는 경우가 많다고 한다.

근거에 입각하지 않고 결정을 내리는 일에는 다음과 같은 위험 요소가 따른다.

1. 잘못된 의사결정이 이루어질 수 있다. 물론 넬슨처럼 본인의 경험에서 비롯된 직관을 바탕으로 근거에 어긋나는 의사결정을 한다면 가장 이상적일 것이다. 하지만 최악의 경우 의사결정 자체가 무지한 편견의 산물로 전락할 수 있다.

2. 당신이 진실을 발견하려고 노력하기보다 자신이 내린 결정에 맞는 근거를 찾는 일에 더 관심이 있다는 사실을 부하 직원들이 알게 된다면, 회사 전체에 비도덕적이고 파괴적인 냉소주의를 확산하는 결과를 가져올 수 있다.

허먼 밀러Herman Miller가 에어론Aeron 의자를 설계했을 때, 고객 포커스 그룹focus group(시장 조사나 여론 조사를 위해 각 계층을 대표하도록 뽑은 소수의 사람들로 이뤄진 그룹—옮긴이)들은 부정적인 반응을 보였다. 하지만 회사는 그들의 의견을 무시하고 생산을 밀어붙였다. 결국 이 제품은 공전의 히트를 기록했다. 허먼 밀러는 근거를 받아들일 수도 있었지만, 결국 근거를 무시함으로써 성공했다.

반면 모든 의사결정을 전적으로 데이터에 의존해서 내리는 기업들도 있다. 1950년대 포드 자동차의 CEO 로버트 맥나마라Robert McNamara는 모든 일에 데이터를 요구했다. 그는 회사의 인턴 사원들에게 수많은 신문 기사를 일일이 오려 서류철에 정리하게 했다. 그리고 임원들은 의사결정을 할 때마다 이 엄청난 양의 자료를 참고했다.

엔론의 연구부서 책임자 빈스 카민스키Vince Kaminski는 50명의 우수한 수학자들이 엔론의 위험한 거래에 대해 지적했지만 거래 실적과 매출 신장을 무엇보다 우선시하는 경영진에게 무시당했다고 한탄했다.

그렇다면 관리자는 어떻게 해야 하는가? 데이터의 사용을 장려하면서도 때로 직관적 의사결정의 여지를 남겨놓으려면 무엇이 필요한가? 한 가지 해결책은 의사결정의 대상들을 보다 유연하게 분류하는 것이다. 모든 의사결정에 동일한 수준의 근거가 필요하지는 않기 때문이다.

또 근거를 모으는 데 드는 비용도 고려해야 한다. 그 비용이 가치가 있는가? 만일 그렇지 않다고 생각한다면 굳이 근거를 만들어내려고 노력하지 마라. 대신 그동안 갈고닦은 자신의 직감을 신뢰하고 인정하라. 특히 회사 직원들에게는 이런 솔직한 접근방식이 필요하다. 때로 회사 외부의 관계자들을 위해서는 무리를 해서라도 근거를 제시해야 하는 경우도 있다. 적어도 근거를 제시하는 척이라도 해야 한다. 하지만 내부 직원들에게는 그런 식의 위장이 필요 없다. 그들은 상황을 훨씬 잘 이해하는 사람들이기 때문에 근거에 대해 사소한 속임수를 쓰더라도 언젠가는 그 대가를 치르게 된다.

4 Managing Numbers

리스크 관리의 핵심은 현금 흐름에 있다

현금 흐름 확보는 리스크 관리의 핵심이다. 현금을 충분히 확보한 회사는 회사 가치를 향상시키기 위해 투자할 여력이 있다. 하지만 현금을 확보하기 위해 차입을 하거나 주식을 발행하는 등 회사 바깥으로 손을 뻗어야 한다면 회사의 행보는 달라진다. 만일 외부의 자금에 지나치게 많은 조건이 붙어서 공급된다면 회사의 활동은 매우 조심스러워질 수밖에 없다. 반대로 자금 운영의 결과를 오직 투자자들만 책임지는 상황이라면, 회사는 책임감 없이 무모한 행동에 나서기 십상이다.

회사가 새로 주식을 발행해 자금을 모집하면 기존의 주주들은 자신의 지분이 희석되는 상황을 불편해한다. 또한 부채를 차입하려면 금융기관과 논의해야 하고, 이자율을 변경해야 하며, 여러 법적 절차도 밟아야 한다. 이 때문에 기업들은 내부적으로 충분한 현금이 마련되지 않으면 중요한 비용의 지출을 줄이는 방법을 택함으로써 결국 미래의 성장을 놓치는 경우가 많다. 미국에서 진행한 어느 조사에 따르면 기업들은 현금 흐름이 1달러 줄어들 때마다 평균 35센트의 비용을 덜 지출한다고 한다.[8] 자체적으로 자금 조달을 할 수 없는 기업들은 좋은 투자 기회가 찾아오더라도 번거롭게 외부에 손을 벌리느니 차라리 기회를 날려버리는 길을 택한다.

현금은 환율 변동, 이율, 원자재 가격이나 인건비와 같이 통제할 수 없는 요인들로부터 관리자들을 보호해주는 훌륭한 방패다. 기업은 현금만 있다면 거시적 상황이 어떻게 돌아가든 원하는 곳에 투자를 계속할 수 있다.

리스크 관리의 목적은 기업 가치를 높이는 데 지속적으로 투자할 수 있는 여건을 확보하기 위해서다. 요컨대 사람들은 가치 향상을 위해 항상 더 많은 현금을 필요로 한다.

금융 옵션의 개념은 아리스토텔레스가 쓴 책에 처음 등장한다.(아리스토텔레스의 《정치학》에 나오는 이야기임—옮긴이) 밀레토스의 철학자 탈레스는 찻잎으로 점을 쳐서 6개월 후에 올리브가 풍작이 될 것을 예견했다. 그는 올리브유 압착기 주인을 찾아가서 약간의 선금을 지불하고 올리브를 추수할 시기에 압착기를 정상 임대료로 빌려 쓸 수 있는 권리를 확보했다. 예상했던 대로 올리브는 대풍년이었고 농부들은 압착기를 빌리기 위해 아우성을 쳤다. 탈레스는 미리 얘기해둔 대로 평상시 임대료로 주인에게 압착기를 빌렸다. 그리고 이를 훨씬 높은 가격에 다른 사람들에게 임대해서 큰돈을 벌었다.

기업의 관리자들은 탈레스의 예를 따르기 위해 모든 방법을 동원한다. 원유 생산업자들은 향후 유가가 떨어질 것 같으면 현재의 고정 가격으로 기름을 팔기 위해 애쓴다. 또 농부들은 겨우내 가축들에게 먹일 사료의 가격이 오르락내리락하는 때를 대비해 일정 금액을 선불로 지급함으로써 자신들의 구입가격을 유지하려 할 것이다. 옵션이나 헤징hedging은 관리자들이 회사에 필요한 자금의 수요와 공급을 맞출 수 있도록 해주는 새로운 도구들이다. 예를 들어 당신이 이탈리아에서 영국 시장을 겨냥한 제품을 생산하는 공장의 관리자라면 유로화와 파운드화의 환율에 대한 관심을 기울여야 하며 이를 적절히 헤징해야 한다. 만일 유로의 가치가 올라가는 상황에서 여전히 파운드를 받고 상품을 판매한다면 수익률은 감소한다. 반면 이탈리아 공장에 대한 투자금이 감소할 때는 유로화 자금에 대한 수요도 줄어들게 된다. 요컨대 당신이 얼마나 많은 현금을 벌어들이는지 뿐만 아니라 그 현금이 어디에 필요한지도 중요하다는 사실을 명심해야 한다.

관리자들은 이렇게 골치 아픈 일에서 손을 떼고 재무부서에 모두 맡겨버리고 싶은 생각이 간절할 수도 있다. 하지만 그것은 매우 큰 실수다. 재무부서가 존재하는 이유는 관리자들이 회사의 가치를 향상시킬 수 있는 곳에 투자할 현금을 확보하기 위해서다. 만일 당신 앞에 훌륭한 인재 채용, 공장 시설 개선, 유망한 신생 기업 인수와 같은 좋은 기회들이 놓여 있지만 그 기회를 살릴 만한 충분한 자금이 없다면 재무부서가 일을 잘 못한다는 의미다. 당신에게는 이를 해결하라고 요구할 의무가 있다. 관리자들은 회사의 재무적 의사결정 절차를 정확히 파악함으로써 필요한 곳에 자금이 사용되도록 만들어야 하며, 비용을 절감해야 하는 상황이 찾아왔을 때도 이를 이해할 수 있어야 한다.

5 Managing Numbers

숫자 이면의 진실을 읽어라

회계는 정보와 관련된 업무다. 하지만 단순히 회계 규칙이나 회계사들의 복잡한 실무에 대한 정보만을 의미하지는 않는다. 그것은 측정, 해석, 판단 등이 관련되어 있는 과학과 같은 기술이며, 수학보다는 법률에 가까운 영역이다. 회계 자료는 꾸며지거나 조작되기 쉽고 심지어 사기의 수단으로 활용될 수도 있다. 회계 감사관이나 세무 관계자들을 위해 만들어진 회계 자료와 내부 관리자들이 업무에 활용하는 회계 자료가 다른 경우도 많다.

관리자들은 회계 자료를 편집하거나 검토할 때 그중 어떤 부분이 타당하고 신뢰할 수 있는지 정확히 알고 있어야 한다. 자료에 담긴 숫자나 표가 전혀 현실을 반영하지 못하는 경우도 많기 때문이다. 그러므로 그 자료에 불가피하게 편향된 숫자나 측정 오류가 포함될 수밖에 없다는 사실을 인식하고, 실체를 정확히 판단할 수 있는 안목을 지녀야 한다.

어떤 분기의 영업 매출이 급격히 증가한 이유는 특별 보상금 때문일 수도 있다. 그런 경우 다음 분기의 매출은 다시 줄어들기 마련이다. 현금 흐름과 순이익은 감가상각 일정이나 이연세금 납부와 같은 요소들로 인해 일치하지 않는 경우가 많다. 창고에서 실제로 상품이 입출고될 때, 창고 관리자와 세금 담당 회계사가 그 가치를 평가하고 이를 업무적으로 처리하는 방식은 서로 다르다. 현금 흐름이 건전한 기업은 항상 개방적이다. 회사의 현금 흐름을 정확히 이해하기 위해서는 스프레드시트에 담긴 숫자 이면에 놓인 진실을 파악할 수 있어야 한다.

기업이 고객에게 제품이나 서비스 제공을 마무리하지 않았는데도 현금이 입금되어 수입으로 기록되는 경우가 생길 수 있다. 요컨대 현금의 입출은 제품이나 서비스의 물리적 제공, 또는 비용의 발생과 항상 일치하지는 않는다.

하지만 기업에서 활용할 수 있는 데이터는 재무적 자료뿐만이 아니다. 로버트 카플란Robert Kaplan과 데이비드 노턴David Norton은 1992년에 균형성과기록표Balanced Scorecard라는 개념을 만들어냈다. 이는 기업들이 무형 자산을 개선하고 관리하기 위한 수단이다. 그들은 영국 과학자 캘빈 경Lord Kelvin이 남긴 말에서 영감을 얻었다. "자신이 말하고 있는 바를 측정해서 숫자로 표현할 수 있다면, 당신은 그 일에 대해 충분히 알고 있는 것이다. 하지만 측정도 못하고 숫자로도 표현하지 못한다면 당신의 지식은 빈약하고 불만족스럽다. 측정하지 못한다면 개선할 수도 없는 것이다."[9]

카플란과 노턴의 주장에 따르면 재무 지표가 회사의 성공 여부를 가늠할 수 있는 최종적인 측정 자료이기는 하지만, 회사가 장기적 주주 가치를 얼마나 창출했는지 평가하기에는 충분하지 않다. 따라서 관리자들은 고객, 내부 업무 프로세스, 학습과 성장 등 3가지 분야의 진행상황을 평가함으로써 앞서 말한 단기적 실적 위주의 편향된 시각을 피할 수 있다는 것이다.

균형성과기록표는 1950년대 제너럴 일렉트릭General Electric이 사업의 성과를 평가하기 위해 다음과 같이 하나의 재무적 기준과 7가지 비재무적 기준을 사용한 데서 착안했다.

1. 수익성
2. 시장 점유율
3. 생산성
4. 제품 리더십
5. 공공에 대한 책임(법, 윤리, 주주, 공급자, 유통업체, 공동체)
6. 직원 개발
7. 직원들의 태도
8. 단기적 목표와 장기적 목표 사이의 균형

마지막 8번째 항목은 균형성과기록표의 취지를 대표하는 동시에 훌륭한 관리의 핵심 개념이다. 장기적 성공을 희생해서 단기적 수익을 높이는 일은 바보라도 할 수 있다. 그런 반면 올해의 성과 따위에는 아예 신경을 쓰지 않고 향후 5년이나 10년에 대한 계획에만 열을 올리는 사람들도 있다. 훌륭한 관리자란 이런 양 극단 사이를 적절히 항해하면서 오늘, 그리고 이번 분기의 실적에 대한 요구사항을 만족시킴과 동시에 회사를 미래 지향적인 조직으로 발전시킬 수 있는 사람이다. 물론 이는 엄청나게 어려운 작업이다. 제너럴 일렉트릭은 많은 노력을 쏟아부었음에도 불구하고 몇몇 사업 분야가 가격 담합 혐의로 유죄판결을 받았으며, 관리자들은 회사가 장기적 성장이나 공공에 대한 책임보다 단기적 수익을 중시한다고 비난했다.[10]

보통의 기업 문화에서는 관리자들이 단기적 재무 성과라는 목표로부터 벗어나기가 매우 어렵다. 잡지의 머리기사나 투자자들은 회사의 수익을 늘린 CEO들에게 존경의 눈길을 보낸다. 반면 직원 개발과 같은 장기적 투자는 성과도 잘 보이지 않고 가치를 인정받지도 못한다. 수많은 기업들은 물리적 제품이나 생산시설, 그리고 기업을 인수하는 일처럼 유형 자산에 투자하기를 선호하며, 직원들의 기술 및 프로세스 혁신 또는 고객 만족과 같은 무형 자산에는 관심을 두지 않는다. 균형성과기록표는 이런 무형자산에 대한 성과를 측정하고 관리함으로써 기업이 이에 대해 적절한 관심을 갖도록 만드는 도구다.

무형 자산은 공장의 설비시설과 달리 그 자체만으로는 가치가 없다. 무형 자산의 가치는 그것들이 다른 자산들과 어떻게 결합되어 있는가 하는 전후 상황에 달려 있다. 창의력이 뛰어난 그래픽 디자이너에게 회사 홍보책자 따위를 만드는 지루한 일을 맡긴다면 비효율적이다. 반면 그 사람에게 세계적인 스포츠의류 기업 전체의 비주얼 툴을 개선하는 일을 부탁한다면 뛰어난 실력을 발휘할 수 있을 것이다. 또 운송 협상이 전문인 기업 변호사에게 주택 구매 업무를 의뢰했다면 일을 망칠 수도 있다. 이처럼 전후의 맥락을 고려하지 않고 직원들의 재능이나 잠재력을 평가하는 일은 의미가 없다. 하지만 모든 상황을 참조해서 그들의 능력을 정확하게 측정하는 일도 간단하지는 않다. 성공에 이르기까지 여러 인과 관계가 복잡하게 얽혀 있는 경우가 많기 때문이다.

다시 말해 직원들의 행위와 결과의 연계성을 파악하기는 매우 어렵다. 어떤 영업 사원이 효과적으로 고객 방문 활동을 했기 때문에 고객이 만족했고, 이를 통해 고객 충성도가 높아졌으며, 결국 매출 증가와 수익 향상으로 이어졌다는 사실을 입증하기는 쉽지 않다. 이런 연결고리들을 적절히 파악해서 의미 있게 만드는 작업, 즉 재무적 성과와 그 성과를 낳은 조직의 행동 및 업무 프로세스를 연동하는 일에는 많은 노력이 필요하다. 경제 전문가들은 성과와 급여를 연결시키는 간단한 방법만 사용하더라도 관리자들을 핵심 영역에 집중하게 만들 수 있다고 주장한다. 하지만 균형성과기록표를 만든 사람들은 그런 방법에 회의적이며, 보다 섬세하고 균형 잡힌 측정 시스템이 필요하다고 믿는다.

"비행기를 탄 승객이 운항 시간 준수와 안전한 여행 보장이라는 목표를 두고 조종사와 계약을 맺는다고 가정해보자." 카플란은 이렇게 말한다. "재무 경제 전문가가 설계한 비행기의 조종석에는 오직 목적지와 도착시간만 표시되는 계기판 하나밖에 없다. 하지만 또 다른 조종석에는 예상 도착시간, 잔여 연료량, 고도, 예상 항로와의 편차, 다른 비행기와의 거리 등 보다 상세한 운항정보를 보여주는 계기들로 꽉 차 있다. 비록 조종사와 승객에게 부여되는 인센티브가 정시 도착과 안전 운항이라는 목표와 완벽히 연계되어 있다고 해도 조종석에 하나의 계기판만 있는 비행기를 타면서 편안함을 느끼는 사람은 별로 없을 것이다. 인센티브가 중요한 만큼 정보, 소통, 연결 등의 요소도 그 못지않게 중요하다."

균형성과기록표는 복잡성과 집중 사이에 놓인 관리적 갈등을 해결해준다. 즉 직원들의 성과에 영향을 미치는 다양한 요인들을 정확히 파악할 수 있도록 관리자들을 돕는 동시에 궁극적으로 가장 중요한 사안, 즉 지속적인 수익 창출이라는 목표에 몰두할 수 있게 만든다.

균형성과기록표의 영향력은 기업뿐 아니라 다른 조직으로도 확산되는 추세다. 카지노와 리조트를 운영하는 하라스Harrah's는 데이터를 활용하는 데 매우 관심이 큰 회사로, 자사가 운영 중인 의료 및 건강 프로그램이 직원 참여도 향상에 얼마나 영향을 미치는지 파악하기 위해 분석 기법을 사용한다. 또 제트블루JetBlue 항공사에서는 직원들이 타인에게 자기 회사를 일하고 싶은 직장으로 추천할 의사가 얼마나 있는지 평가하는 측정표를 만들고 이를 '승무원 순홍보 측정표crewmember's net promoter score'라고 부른다. 이 측정표는 직원들에 대한 인센티브에 변화를 주었을 때 어떤 효과가 나타나는지 파악하는 데에도 도움을 준다. 이 회사는 직원들이 만족하면 매출은 그에 따라 향상된다고 믿는다.

구글 역시 균형성과기록표와 비슷한 측정 시스템을 만들어서 직원을 채용할 때 활용해왔다. 그들은 이 자료를 통해 뛰어난 학벌을 갖춘 지원자보다 업무를 주도적으로 이끌어갈 수 있는 능력을 지닌 사람이 성공할 가능성이 높다는 사실을 깨달았다. 또 이탈리아의 명문 축구 클럽 AC 밀란은 선수 한 명당 무려 6만 개의 데이터 항목을 사용해서 선수들의 건강과 체력을 평가한다. 이는 선수들의 경기력을 향상시키는 데 도움이 될 뿐 아니라, 선수들의 시장 가치를 평가할 때도 그들이 시합 중에 보여주는 경기력에만 의존하는 것보다 훨씬 정확한 결과를 알려준다.

제너럴 일렉트릭의 마케팅 부서는 최근 혁명적인 변화를 이루어냈다. 이 회사의 최고 마케팅 책임자는 부서원들의 연간 성과를 평가할 때 전략 및 혁신, 제품 이미지 및 소통, 영업 인력과의 효과적 협업, 새로운 기술, 시장 지식, 시장 구분 및 목표 선정, 가치 창조 및 가격 책정, 상업적 활동성 등의 8개 항목을 측정한다. 이 항목들은 다시 35개의 기술과 140개의 정의로 나뉜다. 예를 들어 시장 지식이라는 항목에 속한 기술 중 하나는 시장의 트렌드와 그 영향력을 파악할 수 있는 능력이다. 그리고 이 기술에는 정책 및 법률의 이해, 사회적 변화가 고객 니즈에 미치는 영향 등 4개의 정의가 포함된다. 매 정의마다 해당 직원의 점수가 부여되며 이들을 합산하면 8개 항목에 대한 평가 점수가 도출된다. 이런 평가 데이터는 직원들에게 어떤 영역을 개선해야 하는지 알려주는 기준점으로 작용한다. 매우 어려운 작업이기는 하지만 제너럴 일렉트릭 정도의 기업이라면 직원들과 회사의 운영 현황을 이해하기 위해 이런 자료를 개발할 가치가 충분하리라 생각된다.

균형성과기록표는 궁극적으로 측정이 아닌 관리 도구다. 측정표 자체는 그다지 큰 의미가 없다. 측정 자료만 의미 없이 늘어난다면 그 자체가 나중에는 문제로 변할 뿐이다. 핵심은 이 기록표가 관리자들이 더 좋은 의사결정을 내리는 데 도움을 주는가 하는 것이다. 요컨대 관리자들은 자료를 바탕으로 문제를 더욱 잘 진단해 보다 훌륭한 해결방법을 찾을 수 있어야 한다. 균형성과기록표가 존재한다는 사실 자체가 관리자들의 행동을 변화시키는 요인이 되어야 한다.

자신들에게 이런 측정 기준이 적용된다는 사실을 직원들이 알게 되고, 측정된 점수에 따라 평가가 이루어진다면 직원들도 그 기준에 맞춰 행동을 바꾸게 된다. 또한 어떤 문제가 발생했을 때 직원들 사이에 더 활발한 토론이 이루어질 수도 있다. 이를 통해 직원들 간의 대화는 구체적 행동과 해결책으로 이어지게 된다. 결국 그 측정 기준들은 기업의 전략을 실행하는 관리 시스템으로 발전할 것이다.

모든 측정 시스템과 마찬가지로 균형성과기록표 역시 경영진과 관리자들의 적극적인 참여에 성공 여부가 달려 있다. 무엇을 측정할지, 각 항목에 어떤 가중치를 둘지, 그리고 그 항목들을 전략과 어떻게 연결시킬지 결정하는 일은 그들의 몫이다. 또한 비즈니스의 향상을 위해 직원들이 이를 활용하게 만드는 방법도 고려해야 한다. 경영진과 관리자들만이 무의미하고 무작위로 보이는 숫자들에 적절한 의미와 생명을 불어넣을 수 있다.

핵심 정리

숫자 관리를 위한 10가지 좋은 습관

1. 회사의 자본 비용을 파악하고 당신과 직원들이 이를 초과하는 수익을 내고 있는지 확인하라.

2. 공식적 회계 자료에서 규칙이 아닌 현실적 타당성을 발견하라.

3. 측정할 수 있는 대상을 모두 측정하라. 그리고 그 측정 자료가 의미있고 유용한지 나중에 판단하라.

4. 손익 계산서가 아닌 현금 흐름에 초점을 맞춰라.

5. 자의적으로 작성된 월별, 분기별, 연간 보고서로 인해 당신의 활동에 제약을 받지 마라. 당신의 목표는 장기적인 가치를 창조하는 데 있다.

6. 재무부서를 방문해서 자금이 어떤 식으로 할당되고 전사 차원에서 매출과 비용이 장부에 어떻게 반영되는지 알아보라.

7. 그 방식을 당신 부서 내의 자금 할당 방식과 비교하라. 여기서 차이가 발생한다면 당신의 성과에 대한 평가가 왜곡될 수 있다.

8. 리스크 관리를 위해 현금을 아껴라. 현금을 많이 보유할수록 융통성 있는 의사결정을 할 수 있다.

9. 직원들과 숫자를 공유하고 그 숫자들이 어떻게 산출되었는지 밝혀라. 그리고 직원들의 비판에 귀를 열어라. 성과 평가 과정에서 객관성을 높일 수 있는 길이다.

10. 수익성 목표를 활용해 비즈니스에서 가장 중요한 영역에 지속적으로 집중하라.

MANAGEMENT MATTERS

5

변화 관리 Managing Changes

새로운 시대에 적응하는 조직 만들기

조직을 변화시키는 일은 집을 개축하는 과정과 같다. 넉넉하게 예상 시간과 비용을 잡아도 실제로는 그 2배가 소요되기 때문이다. 하지만 가장 큰 실수는 변화의 필요를 애초에 부정하는 행위다.

COORDINATE

하버드 대학교의 마이클 비어Michael Beer 교수는 조직의 변화에 대한 이해를 돕기 위해 다음과 같은 공식을 만들었다.

변화의 양 = (불만족 × 현재 운영 모델 × 현재 프로세스) 〉 변화의 비용

이 공식에 따르면 모든 변화는 조직 구성원들이 현재의 상태를 불만족스러워하는 데서 출발한다. 다시 말해 변화는 현재의 운영 모델과 프로세스를 바꾸었을 때 얻을 수 있다고 생각되는 이익이 그 변화에 따르는 불편함이나 우려보다 큰 경우 발생한다. 사람들의 불만족은 여러 형태로 나타난다. 업무가 지루하다거나, 동료들과의 관계가 예전 같지 않다는 등의 사소한 문제에서부터 당장 무언가 바꾸지 않으면 회사가 무너질 지경의 명백한 위기 상황까지 다양한 모습으로 발생한다.

기업이 바뀌어야 할 필요가 있는데도 조직 전체에 불만족이나 위기감이 부족할 때, 변화의 불씨를 당기는 일은 관리자의 몫이다.

한국 기업 삼성전자는 '끊임없이 위기를 생산하는 기계'라고 불린다. 이곳의 경영진은 직원들에게 잠시라도 마음을 놓는다면 재앙이 닥칠 수도 있다는 점을 항상 강조한다. 예전에 이 회사의 남자 화장실 벽에는 2001년의 9·11 테러 당시 비행기가 세계무역센터에 충돌하는 사진이 걸려 있었다. 그리고 사진 아래에는 이런 재난이 언제 어디서든 닥칠 수 있기 때문에 항상 정신을 바짝 차려야 한다는 글귀가 적혀 있었다.

1996년부터 2008년까지 삼성전자의 CEO를 지낸 윤종용 사장은 삼성을 세계에서 가장 수익성 높은 기업으로 키워낸 인물이다. 그는 전자 업계에서는 시장에 먼저 진입하는 회사가 승리한다고 직원들에게 항상 강조했다. 잠시라도 속도를 늦추면 최신 제품이 어디서나 볼 수 있는 평범한 상품으로 전락해버린다. 그러면 최저 비용으로 물건을 생산해내는 중국의 제조기업들에게 곧 따라잡힐 것이다. 그는 다음과 같이 말하곤 했다. "생물이 지구상에 생존할 수 있는 이유는 강해서가 아니다. 새로운 환경에 적응할 수 있는 능력이 있기 때문이다."[1]

어느 미국 잡지에서 삼성의 최고참 엔지니어 한 명을 인터뷰할 때 왜 그 사람은 가족들과 보낼 시간을 희생해가며 하루 18시간에서 20시간을 일하는지 물었다. 그는 이렇게 말했다. "물론 '비용을 줄이고 고객을 위한 가치를 만들기 위해서'라고 답을 할 수도 있겠지요. 맞는 말입니다. 우리가 8시간 이상 일하고 있는 것은 사실입니다. 우리가 그렇게 함으로써 다음 세대들이 8시간만 일할 수 있는 환경을 만들 수 있지요. 우리는 회사나 가족만을 위해 일하지 않습니다. 나라를 위해서도 일합니다."[2] 윤종용 사장은 삼성전자를 업계의 지배적인 위치로 끌어올린 후 CEO로서 전성기를 구가하던 시절에도 이렇게 외쳤다. "우리는 세계의 리더가 되느냐 아니면 커다란 실패자가 되느냐를 판가름하는 기로에 서 있다." 그는 이런 공포심을 회사를 움직이는 동력으로 활용하는 일이 전혀 잘못되었다고 생각하지 않았다. "당신은 아내를 사랑하겠지요." 그는 이렇게 말하곤 했다. "그렇지만 아내에게 사랑한다고 매일 말해야 하는 겁니다."

삼성이 강조하는 위기의식은 다소 극단적으로 보일 수도 있다. 하지만 그런 의식이 탄생한 배경 자체가 극단적이었다. 일본의 강제 점령과 한국 전쟁의 참화를 겪은 한국은 1960년대 후반까지만 해도 세계에서 가장 가난한 나라 중 하나였다. 오늘날 이 나라가 자랑하는 세계 수준의 제조 기반 시설과 엔지니어링 기술은 당시에 찾아볼 수 없었다. 한국이 점차 국력을 회복하는 상황에서도 기업가들과 관리자들은 자신들의 능력을 입증해야 했다.

1995년 삼성그룹의 이건희 회장은 삼성이 만든 휴대폰을 친구들과 직원들에게 나누어주었다. 하지만 제품은 결함투성이였다. 이건희 회장은 매우 당황했다. 그는 5000만 달러 상당의 휴대폰 재고 전부를 공장 앞마당에 쌓아놓으라고 지시했다. 그리고 삼성의 최고경영자들이 지켜보는 앞에서 휴대폰들을 깨부수고 불태워버렸다. 삼성이 원자재 부품 제조업체에서 세계적 전자 브랜드로 도약한 것은 이런 과정을 거쳤기 때문이다. 이건희 회장은 1996년 윤종용을 CEO로 임명했을 때 다음과 같이 말했다. "마누라와 자식 빼고 다 바꿔야 한다." 윤종용 사장이 이 전략을 실천에 옮기기 시작한 1997년, 아시아에 금융 위기가 찾아오면서 삼성도 위기에 빠졌다. 그는 더 이상 낭비할 시간이 없었다. 직원의 3분의 1을 감원하면서 회사를 평생 직장이라고 생각하던 모든 사람을 공포에 떨게 만들었다. 그리고 디지털 기술에 집중하면서 회사를 새로운 방향으로 이끌기 시작했다.

윤종용 사장은 자신의 경영 철학을 '정도正道 경영'이라고 불렀다. 그는 단기적 경쟁력 강화를 위해 불필요한 비용을 줄이고, 장기적으로 중요한 기술 연구에 과감하게 투자했다. 또 더 이상 높은 수익을 내지 못하거나 시장에서 앞서가지 못하는 사업은 계속할 가치가 없다고 믿었다. 그리고 시장에서 살아남기 위해서는 새로운 트렌드를 신속하고 지속적으로 받아들여 품질 좋은 제품을 생산해야 하며, 아무리 사소한 업무 프로세스도 끊임없이 개선하기 위해 노력해야 한다고 말했다.

윤종용 사장에게는 직원들이 현 상태에 불만족하는 정도로는 충분하지 않았다. 그는 회사의 전 직원이 윤 사장 자신의 불만족을 공유함으로써 업계의 경쟁적인 역학관계를 이해하고 회사가 강조하는 위기의식을 피해망상과 구별하도록 만들었다. 그는 또한 가장 큰 불만족을 느껴야 할 사람은 회사의 관리자들이라고 생각했다. 그들이야말로 회사의 모든 곳에서 개선해야 할 점을 발견하는 데 많은 시간을 투자했으며 이 문제들을 바로잡기를 간절히 원하는 사람들이었기 때문이다.

피해망상이나 지속적인 불만족 같은 단어들은 듣기에 별로 유쾌한 관리적 용어들이 아니다. 그럼에도 불구하고 삼성은 '정도 경영'이나 지속적인 개선의 노력을 통해 급격하고 빈번한 변화에 적응할 수 있는 건강한 기업으로 탈바꿈했다.

Managing Changes

1

위대한 리더는 위대한 관리자다

관리자와 리더의 차이점은 무엇일까? 이는 경영학자들이 특히 변화에 대해 논의할 때 즐겨 하는 질문이다. 하지만 둘 사이에 큰 차이는 없다. 아브라함 잘레즈닉Abraham Zaleznik 교수에 따르면 리더는 보다 감정적이고 다른 사람들의 영감을 자극하며 후천적이라기보다는 선천적으로 타고난 재능을 바탕으로 하는 사람이다. 반면 관리자는 합리적이고 실용적이며 임무를 완수하는 데 초점을 맞추는 사람이라고 한다. 물론 이는 터무니없는 분석이다.

위대한 리더는 위대한 관리자다. 리더십은 관리의 하위 개념이며 별도의 원칙이나 규율을 의미하지 않는다. 특히 직원들에게 영감을 주거나 정서적으로 접근하는 일에만 치중하고 정작 해야 할 관리 업무를 도외시하는 CEO는 이내 문제점이 드러난다. 위대한 리더십을 발휘한 사람들의 이야기를 조금만 자세히 들여다보면, 결국 감정이나 영감이 아닌 효과적인 관리에 대한 이야기라는 사실을 깨닫게 된다.

기업의 부활에 대한 가장 유명한 사례 중 하나는 1990년대 루 거스너와

IBM의 이야기다. 매킨지의 경영 컨설턴트 출신으로 아메리칸 익스프레스와 RJR 나비스코Nabisco에서 고위 임원을 지낸 루 거스너는 1993년 IBM의 CEO로 선임되었다. 그가 첫 출근한 날은 만우절이었다. IBM 임원들은 회사 내에서만 사용되는 암호 같은 용어들을 쓰면서 대화를 나누었다. 거스너 같은 베테랑 사업가조차 알아듣기가 어려웠다. 예를 들어 '문제를 오프라인으로 논의하자(회의가 끝난 후 개인적으로 대화하자는 의미—옮긴이)', '하드 스톱hard stop(회의 시간 후에 바로 다른 스케줄이 있기 때문에 정해진 시간에 회의를 마친다는 의미—옮긴이)', '푸시 백push back(회의나 약속을 다른 날짜로 미룬다는 의미—옮긴이)' 같은 말들은 나중에 비즈니스 용어에 포함되기는 했지만 당시에는 매우 생소했다.

거스너가 우려한 점은 이런 내부 암호들이 회사에 대한 철저한 분석을 어렵게 만들고 있다는 사실이었다. IBM은 여전히 찬란했던 과거의 영광에 젖어 있었다. 한때 미국에서 가장 큰 기업이었고, 전설적인 관리자들과 영업 조직을 보유한 기술 분야의 선구자였으며, 파란색 정장과 흰색 셔츠, 그리고 짙은 색 넥타이만으로도 금방 알아볼 수 있는 우수한 직원들이 일하는 회사였다.

거스너가 IBM에 입사했을 때 IBM에는 여전히 30만 명의 직원이 있었으며, 매년 수십억 달러의 적자를 기록하고 있었다. 하지만 이곳에서 평생을 근무한 관리자들은 무엇을 해야 할지 전혀 알지 못했다. 손익 계산서만 잠깐 들여다봐도 이 회사가 더 이상 잃을 게 없는 상태라는 사실은 명백했다. 그럼에도 불구하고 매일 일터로 향하는 수많은 직원들은 IBM의 역사와 문화에 대한 강한 신뢰 속에서 회사가 평생 자신을 책임져줄 거라고 믿고 있었다. 그들에게 변화란 그 무엇보다 커다란 공포의 대상이었다.

"기업의 변화는 위기의식이나 절박감으로부터 시작된다." 거스너는 후에 이렇게 회고했다. "자신들이 커다란 문제에 빠져 있으며 생존을 위해 무언가 다른 시도를 해야 한다는 사실을 깨닫지 못하는 조직은 근본적인 변화를 이루어내지 못한다."[3]

거스너는 조직 외부에서 영입된 사람이라는 이점이 있었다. 즉 그는 내부 직원들이 상상조차 하지 못하는 일을 시도할 수 있었다. 다행히도 중요한 위치에 있던 몇몇 임원들이 상황의 심각성을 인식하고 그를 도왔다. 첫 번째 작업은 현금이 거의 바닥을 보이고 있던 회사에 지불 능력을 갖추게 하는 일이었다. 거스너는 수십억 달러의 비용을 줄이고, 직원 수천 명을 감원했으며, 현금을 확보하기 위해 자산을 매각했다.

많은 사람들은 전직 컨설턴트였던 거스너가 무엇보다 회사의 전략을 우선적으로 검토할 거라고 짐작했다. 하지만 그의 생각에 전략은 IBM을 벼랑에서 구할 수 있는 요소가 아니었다. 죽어가는 회사를 되살릴 수 있는 것은 전략보다 구체적인 실행이다. "전략만으로는 승리할 수 없다." 그는 이렇게 말했다. "같은 업계에 속한 기업들의 전략은 서로 엇비슷하다. 당신만의 독특한 전략을 만들어내기는 쉽지 않다. 설령 훌륭한 전략을 세웠다고 하더라도 경쟁사들이 매일 당신을 모방하고 있다는 사실을 잊지 말아야 한다."

거스너가 생각해낸 해결책은 IBM의 프로세스와 문화를 개선해서 고객들의 요구에 맞춰 하드웨어, 소프트웨어, 서비스를 망라하는 통합형 거대 기술 기업으로 탈바꿈하는 것이었다. 그는 IBM을 여러 개의 경영 단위로 잘게 쪼개려는 계획에 곧바로 제동을 걸었다. 이 회사는 고객을 위해 내부적 통합을 이루는 일이 더 필요했던 것이다.

'내부적 통합'이란 직원들이 한 팀으로 일하는 상황을 의미하는 멋진 용어다. 하지만 철저하게 개인 중심의 업무가 몸에 밴 영업 사원들로 이루어진 IBM에서 이 일은 매우 어려운 작업이었다. IBM의 조직은 흩어지는 대신 뭉쳐야 했다. 이를 어떻게 이루어야 하는가에 대한 해답은 조직 운영의 세부사항에 달려 있었다.

IBM은 고객에게 제공할 통합 솔루션을 만들기 위해 모든 사업부가 기술 계획을 공유하도록 만들었다. 고객과 계약한 전체 금액에서 사업부별로 제품의 매출액을 떼어가 실적을 기록하던 관행은 사라졌다. 모든 사업장, 산업 분야, 사업부에 똑같은 관리 시스템이 적용되었다. 관리자들은 자신을 위해 일하던 사무 보조원이나 부하 직원들을 떠나보냈으며, '군림하지' 말고 실질적인 관리를 하라는 지시를 받았다.

거스너는 직원들끼리 경쟁하는 관행을 중단시키기 위해 특정 사업부별 성과가 아닌 회사 전체의 성과에 직원들의 인센티브를 연동시켰다. 그리고 모든 직원이 IBM 전체의 목표를 달성하는 데 도움을 주는 3가지 '개인적 약속'을 하도록 만들고, 그 약속의 성과와 인센티브를 직접 연결시켰다. 그는 또한 직원들에게 조직 운영을 방해하는 지나친 '완벽주의'를 자제하라고 요구했다. 즉 모든 일을 너무 완벽하게 수행하려고 노력하기보다는 신속하면서도 제대로 완료하는 자세가 중요하다는 점을 강조했다. 거스너는 수억 달러를 투자했지만 아무런 실적을 내지 못하고 있는 기술들도 미련 없이 포기했다.

또 그는 IBM과 거래하고 있던 광고 회사들을 모두 정리하고 오길비 앤드 매더Ogilvy & Mather에 광고 업무 전체를 일임했다. 그리고 전 세계를 대상으로 IBM의 제품과 서비스에 대한 단일 브랜드 이미지를 만들도록 했다. 또 그는 IBM의 금주禁酒 문화나 엄격한 복장 규정도 폐지함으로써 직원들이 보다 자유로운 상태에서 진짜 핵심적인 일에 몰두할 수 있도록 했다.

IBM을 고객 가치에 집중하고 시장 주도적 업무를 지향하는 기업으로 탈바꿈시키는 리엔지니어링 과정은 순탄하지 않았다. IBM의 어느 고위 관리자는 이렇게 분통을 터뜨렸다. “리엔지니어링이란 머리에 불을 지른 후 망치로 두드려 끄는 일과 같다.”

이런 새로운 관리 방식은 IBM의 파벌 문화를 무너뜨리는 역할을 했다. 거스너는 기업에서 문화가 차지하는 중요성에 대해 다음과 같이 말했다. “나는 55세가 되어서야 문화가 무엇인지 이해하게 됐다. 그 전에는 문화를 마케팅이나 광고처럼 일상적인 대화 주제 중의 하나로만 생각했다. 즉 문화란 관리자가 기업에서 활용할 수 있는 여러 도구 중 하나였을 따름이었다. 하지만 나는 IBM에서 문화란 모든 것을 의미한다는 사실을 배웠다.”

거스너가 IBM에서 이뤄낸 업적은 오늘날 위대한 리더십 사례의 하나로 연구되고 있지만 그가 말한 대로 IBM에서 필요했던 전부는 바로 실행이었다. 다시 말해 적절한 관리였다. 거스너의 이야기와 다른 무수한 사례들이 증명하는 바와 같이 리더십과 관리는 떼려야 뗄 수 없이 서로 얽혀 있다.

2 Managing Changes

전체를 볼 수 있는 시야

사람들은 조직의 한 부분에서 어떤 변화가 이루어졌을 때, 다른 부분에 그 영향이 전해질 거라고 예상한다. 하지만 꼭 그렇지는 않다. 기상학자들은 매우 시적으로 들리면서도 심오한 내용이 담긴 하나의 질문에 오랫동안 매료되었다. 브라질에서 나비가 날개를 펄럭이면 텍사스에 허리케인이 일어날까? 즉 초기 조건에 나비의 날갯짓처럼 작은 변화가 일어났을 때 결과가 극적으로 바뀌는 상황이 발생할 수 있는가 하는 문제다.

관리자들은 회사에서 이루어지는 업무의 모든 측면을 상세히 살펴볼 시간이 없다. 하지만 변화의 노력을 시작하기 위해 반드시 기억해둘 것이 하나 있다. 기업이란 많은 부분들이 서로 연결되어 이루어진 조직체이므로 한 곳에서 발생한 변화는 다른 곳의 변화로 이어질 수 있다는 사실이다. 톰 피터스Tom Peters와 토니 아토스Tony Athos는 조직 모델을 7가지 요인으로 분류한 7S 프레임워크를 만들었다. 여기에는 전략strategy, 구조structure, 시스템system과 같은 경성 요인hard element과 스타일style, 직원staff, 기술skill, 공유가치shared value 등의 연성 요인soft element이 포함된다.

관리자들이 새로운 변화를 도입하려면 자신이 속한 비즈니스 영역에서 벗어나 전체를 보는 시야를 길러야 한다. 또 변화가 불러오는 필연적인 불편함을 직원들이 견뎌낼 수 있도록 그들을 동기부여하는 데 모든 노력을 쏟아야 한다.

나비 효과를 이해하는 관리자들은 변화의 과정에서 생길 수 있는 뜻밖의 반전이나 예상치 못한 결과를 맞아도 충격을 덜 받는다. 변화가 시작될 때부터 직원들에게 충분한 정보를 전달하면서 참여를 독려한다면 실패의 위험을 줄일 수 있다. 변화에 대한 반발은 언제나 존재한다. 단순히 불만을 나타내는 사람에서부터 명백하게 문제를 제기하는 사람까지 온갖 종류의 저항이 나타날 것이다. 변화의 필요성 자체를 받아들이지 않는 사람도 있다. 유일한 방법은 그런 사람들을 빠른 시간 내에 대체하는 것이다. 설득을 해서 통하는 사람들도 있겠지만, 그렇지 못한 사람들은 그들의 부정적인 마인드가 전 조직으로 확산되기 전에 신속하게 골라내야 한다.

마이클 비어의 방정식에서 제시하는 변화의 비용에는 권력의 이동, 사람이나 기술의 사양화, 인적 네트워크의 변화, 직원들의 정체성 약화, 인센티브 시스템의 개편 등이 포함된다. 직원들의 주차 공간을 조금 바꾸기만 해도 얼마나 많은 사람이 불안해하는지 떠올려보라. 아마도 어떤 사업부 전체나 생산라인의 변화로 인한 불안감은 그 수천 배에 달할 것이다. 때로 회사가 생사의 갈림길에 놓이는 경우도 발생할 수 있다. 그렇게 확연한 위기 상황에서는 변화에 대한 반대 여론이 들어설 여지가 없다. 건물의 불이 꺼지고 압류 집행관들이 사무실의 문을 자물쇠로 굳게 채워버리는 일이 벌어진다면 가장 적극적으로 변화를 반대하던 사람도 자신의 실수를 깨닫게 될 것이다. 하지만 변화를 위해 그렇게 극단적인 상황까지 원하는 관리자는 없으리라 생각된다.

변화에 대한 반발을 물리치고 조기에 변화의 방향을 적절히 조율하는 일은 관리자들의 몫이다. 그들은 모든 직원들에게 변화의 가치를 납득시켜야 한다. 이는 짧은 시간에 이루어지는 일이 아니며 전 직원을 설득하는 데는 몇 개월 또는 몇 년이 걸릴지도 모른다. 그들은 자신들이 누구이며 무슨 일을 하고 있는지 새롭게 인식할 필요가 있다. 어떤 변화도 한 차례의 연설이나 한 장의 메모만으로 이루어지지는 않는다. 아무리 멋진 말이나 글이라도 말이다.

변화를 이끄는 일은 외롭다. 그러므로 자신을 지지하는 동료들을 확보하고 그들과 정기적으로 의견을 나눈다면 의욕을 유지하는 데 큰 도움이 된다.

3 Managing Changes

저항을 관리하라

니콜로 마키아벨리는 《군주론》에서 이렇게 적었다. "가장 수행하기 어렵고, 가장 성공 여부가 의심스러우며, 가장 다루기 위험한 일은 새로운 질서의 창조다." 변화는 현 상태에 새로운 질서를 부여하는 과정을 수반한다. 현 상태가 아무리 불편해도 이를 유지하려는 사람이 있기 마련이다. 말하자면 미지의 전도유망한 미래와, 익숙하지만 음울한 현재 사이에 싸움이 벌어지는 것이다.

오늘날의 기업들은 최소 3~4년에 한 번씩 커다란 변화를 겪는다. 사실 세계 전체가 그렇게 돌아간다. 조직의 모든 관리자들은 그런 변화의 물결을 적절히 대비하고, 예측하고, 대응해야 한다.

변화에 대한 저항은 대개 다음 4가지 중 하나의 형태를 띤다.

1. 분파적 이기심

회사 전체에 도움이 되는 변화를 일부 직원들만 거부하는 경우.

2. 신뢰 부족이나 오해

관리자들이 자신이 수행한 행동의 결과를 충분히 판단하고 설명하지 못하는 경우.

3. 의견 충돌

직원들이 상황에 대한 관리자의 분석이나 그 상황을 고치기 위한 관리자의 처방에 동의하지 않는 경우.

4. 변화에 대한 인내 부족

직원들이 변화된 환경에 필요한 새로운 기술을 익히기 힘들다고 우려하거나, 그런 과정을 거치기에는 너무 게으르고 완강한 경우.[4]

간단한 예를 하나 들어보자. 최근 재택근무를 해도 되는지 묻는 직원들의 수가 늘어나는 추세다. 집에서 일을 하게 되면 회사 업무와 가족을 돌보는 일 사이의 균형을 맞추는 데 큰 도움이 된다. 더구나 기술 발전으로 인해 더 효율적인 재택근무가 가능하다. 회사 입장에서도 사무실 공간이 줄어드니 비용절감 효과를 얻을 수 있다. 그래서 당신은 어느 날 아침 출근해 앞으로 탄력근무 제도를 실시하겠다고 발표한다. 하지만 발표를 하자마자 직원들의 집중 공격을 받는다. 그들은 '탄력근무'가 직원들의 일하는 시간을 줄임으로써 그들을 정규직의 혜택에서 멀어지게 만드는 일이라고 이해한다. 말하자면 직원들을 프리랜서와 같은 신분으로 만들겠다는 의미로 받아들인다. "절대 그렇지 않아요" 당신은 강력하게 부인한다. 하지만 당신의 말은 설득력이 없다. 특히 당신이 회사에서 오래 근무하지 않아 직원들에게 충분히 신뢰감을 심어줄 시간이 없었다면 더욱 그렇다.

관리자들이 저지르는 또 하나의 전형적인 실수는 사소한 듯 보이는 변화가 엄청난 심리적 효과를 초래할 수 있다는 사실을 간과하는 일이다. 당신은 구내식당의 메뉴에서 디저트를 빼고 대신 과일을 포함시키면 누구에게나 환영받으리라 생각한다. 건강한 식단이기도 하면서 비용도 절감할 수 있으니까. 하지만 당신은 관리자가 직원들의 식성까지 이래라저래라 한다는 직원들의 원성에 직면할 것이다.

야근하는 직원들에게 택시비 지원하기와 같은 사소한 직원 혜택은 비용 절감 차원에서 줄이기에 안성맞춤인 항목으로 여겨진다. 하지만 그런 혜택이 제공하는 심리적 가치는 금전적 비용보다 훨씬 크다. 만일 이런 혜택을 없애버린다면 직원들에게 전달되는 메시지는 단순히 당신이 구두쇠 관리자라는 사실 정도가 아니다. 그들은 당신이 직원들을 가치 있게 여기지 않는다고 생각한다. 또 당신이 직원들에게 매년 소액의 보너스를 지급하다가 어느 한 해 갑자기 중단한다면 직원들이 느끼는 배신감과 분노는 보너스 액수에 비교되지 않을 정도로 클 것이다.

그러므로 당신이 주도하는 가장 작은 변화라도 이에 대한 저항의 크기는 최대치로 예상하는 편이 좋다. 저항을 관리하는 가장 좋은 방법은 현실을 지속적으로 개선하는 것이다. 문제가 발생한 후에야 어쩔 수 없이 모든 것을 바꾸려고 하지 마라. 일상적으로 직원들을 교육하고, 그들과 소통하며 함께 배우고, 그들의 의견을 듣고 조율해야 한다.

경영 실적이 하락했을 때 비로소 성과가 부진한 직원들을 해고하려 들어서는 안 된다. 집을 주기적으로 청소해야 하는 것처럼, 회사 조직을 건강하게 운영하기 위해서는 항상 다듬고 가지 치는 작업을 게을리하지 말아야 한다. 당신이 직원들에게 의견을 물었을 때 그들이 놀라거나 당황하게 만들면 안 된다. 그들은 자신의 의견을 기탄없이 내놓을 수 있어야 하며, 동시에 관리자의 행동에 영향을 미치는 조건이 무엇인지 알고 있어야 한다.

경우에 따라 관리자가 직원들을 은밀하게 움직이는 방법을 사용할 수도 있다. 예를 들어 다루기 어려운 직원이 있다면 변화의 과정에서 중요한 역할을 그에게 억지로 맡겨볼 수도 있다. 특히 그런 직원들을 잘 설득할 만한 충분한 시간이 없을 때 이런 방법은 효과적이다. 하지만 자칫하면 그들이 강압적이거나 부당한 대우를 받고 있다고 느낄 수도 있다.

물론 당신이 어떤 방식으로 변화를 도입해야 하는지는 때에 따라 다르다. 급박하게 변화를 이루어야 할 상황이라면 혼자서, 또는 당신을 돕는 소수의 직원들과 빠르게 움직여야 한다. 또 저항을 줄일 방법을 찾는 대신 어떻게든 극복해나가야 한다. 하지만 변화의 성격이 그다지 급하지 않거나 진행 중인 프로세스의 일부분을 바꾸는 정도라면 가능한 많은 사람들을 포용하고 조직 전체가 당신의 주도하에 새로운 방향으로 편안하게 나아갈 수 있도록 만드는 것이 최선이다.

어떤 경우든 당신은 관리자로서 변화의 이유 및 기대효과, 예상되는 결과, 저항의 원천 등을 완벽히 이해해야 한다. 또 어떤 저항에도 대응할 수 있는 분명한 전략을 수립함으로써 변화의 과정이 궤도를 벗어나지 않도록 해야 한다.

4 Managing Changes

포드의 실패, 인텔의 혁신

관리자들이 변화를 시도할 때 저지르기 쉬운 실수 중 하나는 변화에 필요한 시간을 과소평가하는 것이다. 조직을 변화시키는 일은 집을 개축하는 과정과 같다. 넉넉하게 예상 시간과 비용을 잡아도 실제로는 그 2배가 소요되기 마련이다. 하지만 가장 큰 실수는 변화의 필요를 애초에 부정하는 행위다.[5]

헨리 포드Henry Ford는 1926년 당시 세계에서 가장 유명한 사업가이자 자수성가한 억만장자였다. 그는 수백만 명의 미국인이 싼값에 자동차를 소유할 수 있게 만들었다. 또 국민들을 말과 마차에서 해방시켰으며, 사람들을 갈라놓았던 먼 거리의 장벽을 허물었다. 그의 이 모든 업적은 모델 T라는 자동차가 있었기에 가능했다. 튼튼하고 안정적이며, 무엇보다 값이 저렴한 제품이었다. 포드는 생산라인을 개선하고 생산 원가를 끊임없이 낮춤으로써 훌륭한 자동차를 만들어냈다. 잘 훈련된 기술자였던 포드는 모델 T를 스스로 조립할 수 있었다. 그는 대중을 위해 이 자동차를 만들었다는 데 커다란 자부심을 느꼈다.

하지만 1920년대에 들어서자 미국인들의 기호에 변화가 생겼다. 부유해진 사람들은 색다른 모델과 다양한 색깔의 자동차를 찾았다. 실용적 목적을 넘어 각자의 개성을 드러낼 수 있는 자동차를 원하게 된 것이다. 가족이 있는 사람은 가족용 차를 필요로 했으며, 젊은 미혼 남성은 좌석이 두 개만 있는 스포티한 자동차를 갖고 싶어 했다. 하지만 포드는 그런 추세에 대처할 수가 없었다. 모델 T는 워낙 잘 만들어진 자동차라 한번 구입한 사람이 다시 이 제품을 사는 경우는 드물었다. 모델 T의 중고 시장은 크게 성장했지만 신차 판매는 정체에 빠져 있었다.

더욱이 포드는 가격과 안정성이라는 2가지 경쟁력을 강화하는 일에만 전념하면서 멋진 스타일과 차별화된 기능을 원하는 고객을 돌아보지 않았다.

반면 제너럴 모터스의 최고경영자 알프레드 슬론Alfred Sloan은 이런 상황을 간파하고 즉시 행동에 돌입했다. 그는 매년 새 자동차 모델을 출시함으로써 사람들로 하여금 자신의 차에 아무런 문제가 없더라도 새 자동차로 바꾸고 싶은 욕구가 생기도록 유도했다. 제너럴 모터스는 소비자들이 자동차를 자신의 기호와 지위를 표현하는 패션의 하나로 받아들이기를 원했던 것이다.

하지만 포드의 임원들이 헨리 포드를 찾아가 이 모든 상황을 설명하고 추락하는 영업 실적을 보여주었을 때, 그는 그 숫자들이 모두 터무니없다고 일축하면서 임원들을 방에서 쫓아내버렸다. 최고 권력자에게 진실을 말하는 임무를 떠맡게 된 사람은 어니스트 칸즐러Ernest Kanzler였다. 그는 헨리 포드의 외아들 에드셀Edsel의 처남으로 포드의 고위 관리자로 근무하고 있었다. 칸즐러는 1926년 7페이지에 달하는 메모를 작성해 헨리 포드에게 전했다.

칸즐러는 이 글을 쓰기가 얼마나 어려웠는지, 그리고 자신이 헨리 포드의 업적을 얼마나 존경하고 있는지를 말하면서 글을 시작했다. 그리고 이렇게 이었다. "우리가 시장에서의 지위를 잃어가고 있는 이유는 세계가 당신에게서 많은 것을 배웠기 때문입니다. 경쟁자들은 공동의 노력을 기울이고 서로를 통해 학습하며 새로운 제품을 개발함으로써, 구매력을 갖춘 대중들을 놀라울 정도로 강력하게 끌어들이고 있습니다 … 경쟁자들이 새로운 자동차를 판매할수록 그들은 강력해지고 우리는 약해집니다 … 우리는 포드의 강점이 사라져가는 현실에 매우 놀라고 있습니다. 또 이런 상황에 대응할 수 있는 방법도 당장에는 존재하지 않습니다." 헨리 포드는 어떻게 반응했을까? 그는 자신에게 순종하지 않는 이 관리자를 해고해버렸다. 그리고 계속 모델 T를 생산하고 판매했다. 제너럴 모터스는 미국 시장 점유율에서 곧 포드를 추월했으며 그 후로는 한 번도 그 자리를 내주지 않았다.

포드는 이렇게 노골적으로 현실을 받아들이기를 거부했지만, 1985년에 인텔에서는 어떤 일이 벌어졌는지 살펴보자. 인텔은 1968년 창업 당시부터 로버트 노이스Robert Noyce, 고든 무어Gordon Moore, 앤디 그로브Andy Grove 세 사람이 함께 경영했다. 그들은 모두 피터 드러커Peter Drucker가 말한 이상적인 최고경영자, 즉 외부인의 시각으로 조직을 바라볼 줄 알고, 사고할 줄 알며, 행동할 줄 아는 경영자에 해당하는 사람들이었다. 그중 노이스와 무어는 자신감에 넘치는 순수한 지식인이자 기업인이었다.

그로브는 조금 달랐다. 그는 1936년 부다페스트의 유대인 가정에 태어났다. 그가 여덟 살 되던 해까지는 모든 사람들이 나치에 대한 공포에 시달렸다. 나치는 1944년부터 2차 세계대전이 끝날 때까지 헝가리에 살고 있던 유대인의 3분의 2를 학살했다. 전쟁이 끝난 후에도 10년 동안은 소련의 간섭과 폭정으로 얼룩진 시절이었다. 그로브는 스무 살이 되던 1956년, 아우슈비츠 수용소에서 살아남은 할머니의 권유로 가족을 등지고 헝가리를 탈출했다. 그는 노이스나 무어와 달리 힘든 노력이나 지적인 능력이 반드시 좋은 결과로 이어지지는 않는다고 생각했다. 그는 자신이 저술한 유명한 책의 제목처럼 '오직 편집광만이 살아남는다'라는 신념을 지니고 있었다.

그로브는 고위 관리자로서 중간 관리자나 영업 사원들과 대화하는 데 많은 시간을 보냈다. 고객들을 직접 상대하는 업무를 담당하는 사람들을 통해 회사의 현황을 생생하게 파악할 수 있다고 생각했기 때문이다. 그는 모든 문제가 주변에서부터 시작된다고 여겼다. 그래서 이런 말을 자주 했다. "눈은 가장자리부터 녹기 마련이다."

1980년대 중반까지만 해도 인텔은 논란의 여지가 없는 기술 업계의 거인이었다. 연간 매출액은 150억 달러에 달했으며 수익도 2억 달러를 넘었다. 모든 PC에는 마이크로프로세서가 장착되었으며 인텔은 이 업계의 지배자였다. 하지만 불행하게도 인텔은 여전히 자신들을 마이크로프로세서 기업이 아닌 메모리 칩 제조업체로 생각했다. 메모리 칩은 인텔이라는 기업을 출범시킨 제품이었으며 미래에 대한 전망도 나름 괜찮다고 여겨졌기 때문이다. 그러나 1980년대 중반 이후 일본 기업들이 이 분야에서 도약하기 시작했다. 그들은 훨씬 저렴한 가격으로 메모리 칩을 공급하면서 인텔의 전통적인 비즈니스를 위협했다. 인텔의 마이크로프로세서 사업은 성장일로에 있었지만 회사는 여전히 이 분야를 부수적으로 생각했다. 그리고 나날이 곤두박질하는 메모리 칩 가격에 대응하기 위해 제조 시설에 과도하게 투자했다.

그로브는 당시 인텔의 경영진이 회사의 발전을 가로막는 2가지 그릇된 신념에 강하게 사로잡혀 있었다고 말했다. 첫째, 메모리 칩이 회사의 주력 제품이라고 믿으면서 수많은 연구와 투자를 오직 이 영역에 집중했다. 둘째, 고객들이 인텔에서 모든 종류의 제품을 구입하고 싶어 한다고 생각했다. 마케팅 부서는 인텔이 특정 제품만 골라서 제조하면 안 된다고 고집했다. 고객들은 인텔이 모든 제품을 다 만들어내기를 바란다는 것이었다.

그로브는 이 문제를 두고 무어와 기진맥진할 때까지 씨름을 벌였다. 그로브가 무어에게 질문을 하나 던졌다. 회사에 변화를 시도하려는 관리자라면 당연히 생각해봄직한 질문이었다. "우리가 이사회에서 쫓겨나고 새로운 CEO가 온다고 가정해봅시다. 그 사람은 어떻게 할 것 같소?" 잠시 망설이던 무어가 대답했다. "메모리 칩 사업에서 손을 떼겠지요." 그로브가 말했다. "그렇다면 당신과 내가 지금 저 문을 잠시 나갔다가 돌아오면서 그렇게 할 수는 없을까요?"

그로브는 경영진의 관점에 변화를 줌으로써 그 사안을 어렵게 만들던 감정적 장벽을 극복하고 자신이 던진 질문에 스스로 답했다. 그리고 감정에 치우치지 않고 객관적 사실에 입각해서 문제를 바라봤다. 그는 인텔이 처한 상황을 냉정하게 평가함으로써 헨리 포드가 겪었던 운명을 피할 수 있었다.

그렇다고 인텔의 변화가 노력 없이 이루어졌다는 말은 아니다. 그들 역시 변화의 과정에서 많은 어려움을 겪어야 했다. 일단 경영진들을 설득하는 작업이 필요했다. 특히 그로브가 메모리 제품에 대한 연구를 계속하라고 승인했을 때처럼, 그 자신의 결심조차 흔들리던 순간도 있었다. 또 직원을 감원하고 공장을 폐쇄하고 고객들을 실망시키는 과정을 밟아야 했다. 하지만 놀랍게도 그로브가 평소에 많은 대화를 나누었던 중간 관리자들과 영업 사원들은 그 변화를 받아들였다. 그들은 새로운 시대가 찾아온다는 사실을 알고 있었던 것이다.

고위 경영진이 전사적 전략 수립에 몰두하고 있을 때, 조직의 심층부에서 영업과 제조에 대한 실무적인 의사결정을 수시로 내리고 있던 이 사람들은 앞으로 마이크로프로세서의 시대가 열릴 것이라고 이미 결론을 내린 상태였다. "그들에게 회사가 메모리 사업을 포기하게 만들 권한은 없었다. 하지만 수많은 단계로 이루어진 생산 프로세스를 적절히 조율하는 일은 그들의 몫이었다. 그 사람들은 우리가 메모리 사업에서 최종적으로 철수하는 과정을 쉽게 만들어주었다."

만약 관리자들에게 어떤 목표를 달성하기 위해 그 목표를 도중에 조정할 수 있는 권한이 있다면, 변화가 불러오는 충격은 매우 약해질 것이다.

5 Managing Changes

혼자서 해결하려 들지 마라

그로브는 관리자들과 영업 사원들이 작지만 분명하게 인텔을 변화시키고 있다는 사실을 깨닫고, 관리자들에게 직원들을 교육해 현실에 대한 불만족을 끊임없이 이끌어내라고 주문했다. 직원들 스스로 변화의 필요성을 이미 느끼고 있다면 변화를 유도하기가 매우 쉬울 것이다.

하지만 이렇게 새로운 시대에 대한 적응력이 뛰어난 조직을 만들기 위해서는 미래지향적인 관리자들이 필요하다. 또 관리자들만 새로운 기술을 개발하고 인적 네트워크를 확장하는 걸로는 부족하다. 모든 직원이 이런 노력을 기울여야 한다.

위대한 운동선수들은 경기를 여유 있게 진행한다고 말한다. 우리 같은 보통 사람이 보기에는 발이나 라켓 사이를 번개같이 날아다니는 공들도 챔피언들은 마치 슬로모션처럼 느긋하게 처리한다. 그들은 단순히 반응하기만 하는 것이 아니라 본능과 지식, 그리고 잘 훈련된 재능을 합쳐 의도적으로 움직인다. 또 남들에게는 혼란스럽게 보일 뿐인 움직임 속에서 일정한 패턴을 발견한다. 아마추어들은 눈앞의 일을 망치지 않으려고 현재에만 전전긍긍할 때 그들은 몇 동작 앞을 내다본다. 리더십 학자들은 이런 태도를 '발코니 위에 서기'라고 부른다.[6] 매일 반복되는 문제에서 벗어나 자신이 직면한 진정한 도전에 대해 정확한 관점을 갖는다는 의미다. 앤드 그로브와 고든 무어가 인텔에서 추구했던 방식이 바로 이것이었다.

하지만 정말로 훌륭하게 기능하는 조직에서는 리더뿐 아니라 모든 직원이 발코니 위에 설 수 있다. 항공사의 승무원은 자신이 현장에서 매일 경험하는 일을 항공사 전체의 차원에서 바라볼 필요가 있다. 만일 고객이 커피가 형편없다고 불평한다면 이는 단순히 커피 문제만이 아닐 수도 있다. 그 항공사의 고객 서비스 방식 자체에 불만을 품고 있을 가능성이 높은 것이다. 관리자들은 이런 식의 사고를 장려해야 하며, 직원들의 의견을 주의깊게 경청해야 한다. 관리자들은 그 문제를 어떤 기술적 해결책으로 풀 수 있는지, 또는 이를 위해 회사 전체가 새로운 가치 체계를 받아들여야 할 필요가 있는지 판단해야 한다.

변화를 추구하는 회사에 가장 독이 되는 것은 직원들이 변화에 대해 고립감과 무력감을 느끼는 일이다. 관리자들이 다른 직원들에게 관심을 갖고 문제 해결 과정에 그들을 참여시킨다면 집단 지성을 활용하는 데 큰 도움이 된다. 또한 직원들 사이의 불가피한 의견 충돌을 잘 활용한다면 창의적 해결책을 이끌어낼 수도 있다.

〈컬러 퍼플〉, 〈배트맨〉, 〈레인 맨〉 등의 영화를 만든 할리우드의 제작자 피터 거버Peter Guber는 자신이 젊은 임원으로서 컬럼비아 픽처스Columbia Pictures를 운영하는 막중한 임무를 맡았던 시절의 이야기 하나를 들려준다. 그는 당시 진행 중이던 어떤 프로젝트 때문에 워너 브러더스Warner Brothers의 창업자이자 전 CEO인 잭 워너Jack Warner를 방문했다. 워너는 회의 도중 컬럼비아 일은 잘돼가느냐고 거버에게 물었다. 거버는 사람들이 자신에게 수많은 문제를 들고 오는 일이 가장 힘들다고 대답했다. 워너는 독특하면서도 기억할 만한 비유를 들어 이렇게 조언했다.

> 회사를 동물원이라고 생각해보게. 그리고 자네는 동물원 관리인이라네. 회사에 출근하는 직원들은 모두 원숭이를 한 마리씩 데리고 오지. 원숭이는 그 사람들이 지닌 문제를 뜻하는 거야. 그들은 원숭이를 회사에 놓아두고 가려 한다네. 자네의 일은 그 원숭이들이 어디 있는지 찾아내는 거야. 직원들은 원숭이를 감추거나, 원숭이에게 사람처럼 옷을 입혀 찾기 어렵게 만들지. 하지만 자네는 동물원 관리인이야. 동물원을 깨끗하게 만들 책임은 자네에게 있어. 직원들이 퇴근할 때는 자네도 문 앞까지 함께 가서 그들이 원숭이를 데리고 돌아가는지 확인해야 하네. 원숭이를 두고 떠나게 해서는 안 돼. 그리고 그들이 회사에 다시 출근할 때는 원숭이를 잘 훈련시켜 돌아오도록 해야 하네. 다시 말해 문제에 대한 해결책을 찾아서 돌아오게 만들어야 해. 그렇지 않으면 자네의 사무실은 꽥꽥 소리치고, 뛰어다니고, 사방에 오물을 뿌려놓는 원숭이들로 엉망이 될 거야.[7]

직원들은 관리자인 당신에게 문제를 떠넘기려 한다. 당신의 역할은 그 문제를 그들에게 다시 돌려보내고 스스로 해결할 수 있도록 적절한 수단과 지식, 그리고 용기를 불어넣는 일이다. 손을 잡고 일일이 도와주거나 감독을 하지 않으면 일을 하지 못하는 직원들은 결국 다른 사람으로 대체할 수밖에 없다.

잦은 변화에도 동요하지 않고 자율적으로 운영할 수 있는 적응력 강한 조직을 만들기 위해서는 직원들에게 충분한 권한을 위임해야 한다. 관리자가 모든 문제를 혼자 해결하려고 노력하는 것은 자기중심적이고 조직에 해로운 자세다. 당신은 결국 그 문제들에 짓눌려 목표하는 실적을 거두지 못하게 될 것이다.

6

원대하고 어렵고 대담한 목표

기업의 비전은 사람들에게 종종 조롱의 대상이 된다. 허풍 떨기를 좋아하는 CEO들은 5년 후의 비전을 외치면서 현실성 없는 공약을 남발한다. 엔론은 몰락하는 순간까지 거창한 비전을 내세웠다. 회사의 공공연한 문제가 폭로되기 두 달 전에도 엔론의 회장 케네스 레이Kenneth Lay는 직원들에게 다음과 같이 편지를 써서 회사의 주식을 사라고 독려했다. "우리의 실적은 과거 어느 때보다 뛰어납니다. 그리고 비즈니스 모델도 강력합니다… 우리 회사는 오늘날 미국 기업 중 가장 훌륭합니다."

엔론에는 64페이지에 달하는 윤리 강령이 있었다. 그리고 이보다 짧은 '비전 및 가치Vision and Values' 강령, 즉 줄여서 V&V라고 부르는 선언문도 존재했다. 여기에는 이런 내용이 들어 있었다. "엔론은 우리가 속한 공동체의 파트너로서 특정한 기본 원칙에 맞춰 행동할 의무가 있다." 엔론은 자사를 존경, 정직성, 소통, 탁월함 등 4가지 핵심 가치를 지닌 '글로벌 기업 시민'이라고 표현했다. "우리는 남에게 대우받고 싶은 만큼 남들을 대우한다." V&V에는 이렇게도 적혀 있다. "우리는 모욕적이고 무례한 행위를 용납하지 않는다. 또한 무자비함, 냉담함, 거만함 같은 요소들은 이곳에 존재할 수 없다."

기업의 호언장담이 왜 직원들에게 회의를 느끼게 하는지 쉽게 알 수 있는 대목이다.

이번에는 업계에서 가장 유명하고 오래된 가치 강령 중 하나인 휴렛팩커드의 HP웨이[HP Way]를 살펴보자. 이는 회사를 공동 창업한 데이비드 팩커드가 작성했다.

■ HP웨이 ■

- 우리는 직원 개인을 신뢰하고 존중한다.

  우리는 직원들에게 적절한 수단과 지원이 주어진다면 그들이 훌륭하게 직무를 수행할 수 있다는 믿음을 바탕으로 모든 상황에 접근한다. 우리는 뛰어난 역량과 다양성 그리고 혁신적인 자세를 갖춘 직원들을 회사로 이끌고자 하며 회사에 대한 그들의 노력과 기여를 적절히 평가한다. HP 직원은 열정적으로 조직에 공헌하고 우리가 달성한 성공을 함께 나눈다.

- 우리는 뛰어난 성취와 공헌에 초점을 맞춘다.

  우리 고객들은 HP의 제품 및 서비스가 최상의 품질과 장기적인 가치를 제공하기를 기대한다. 이를 충족하기 위해서는 관리자들을 포함한 모든 HP의 직원이 다른 사람들에게서 열정을 이끌어내고 고객 니즈를 만족시키기 위해 최선의 노력을 기울이는 리더가 되어야 한다. 현재 유용한 기술이나 관리 방식도 미래에는 시대에 뒤떨어질 수 있다. 우리가 하는 모든 일이 시대를 앞서갈 수 있도록 직원들은 항상 새롭고 더 나은 업무 방식을 추구해야 한다.

- 우리는 정직함을 무엇과도 바꾸지 않는다.

우리는 HP 직원들이 개방적이고 정직한 태도를 바탕으로 다른 사람들의 신뢰와 충성심을 얻기를 바란다. 모든 직원들은 높은 수준의 비즈니스 윤리를 지켜야 하며 이를 조금이라도 훼손해서는 안 된다. 윤리적인 행위는 서면으로 작성된 HP의 정책이나 강령에 의해 보장되지 않는다. 그것은 조직에 통합된 한 부분으로, 즉 한 세대의 직원들로부터 다른 세대로 전수되는 뿌리 깊은 전통으로 확립되어야 한다.

- 우리는 팀워크를 통해 공동의 목표를 달성한다.

우리는 조직 내부, 또는 조직 사이의 효과적인 협력을 통해서만 우리의 목표를 달성할 수 있다고 믿는다. 우리는 고객, 주주, 그 밖에 우리에게 의지하는 모든 사람의 기대를 충족시키기 위해 전 세계의 직원들이 한 팀으로 일할 것을 약속한다. 우리의 비즈니스에서 발생하는 혜택과 의무는 모든 HP 직원들이 함께 나눈다.

- 우리는 유연성과 혁신을 장려한다.

우리는 직원들의 다양성을 지원하고 혁신을 촉진하는 포용력 있는 업무 환경을 창조한다. 우리는 명확하게 기술되고 모든 사람들이

동의한 통합적인 목표를 추구하며, 직원들이 그 목표를 향해 일하는 데 유연한 방법, 즉 조직을 위한 최선이라고 생각하는 방법으로 일할 수 있도록 한다. HP 직원들은 지속적인 훈련과 개발을 통해 자신의 기술과 능력을 기를 책임이 있다. 이는 특히 진보의 속도가 빠른 기술 산업, 그리고 사람들이 끊임없이 변화에 적응해야 하는 사업 영역에서 매우 중요하다.

이렇게 구체적이고 겸손한 HP웨이를 공허함과 오만함으로 가득 찬 엔론의 V&V와 비교해보라. 당신이 속한 조직은 어느 쪽에 더 가까운가? 휴렛팩커드의 문화는 창업자들이 2차 세계대전을 거치며 겪어온 경험과 개인적 특성을 바탕으로 만들어졌다. 데이비드 팩커드와 윌리엄 휴렛은 전쟁 이후에 직원들을 해고한 적이 있다. 그들은 이 일을 악몽 같은 경험으로 생각했기 때문에 다시는 그런 상황을 되풀이하지 않기로 마음먹었다. 그들은 그 후 40년간 직원들을 한 번도 감원하지 않았다. HP는 자사가 우위를 점할 수 있는 새로운 기술 영역에서 다른 기업들과 경쟁하고, 지속적인 혁신과 우수한 품질을 바탕으로 경쟁자들을 능가함으로써 자사의 제품과 서비스에 보다 높은 가격을 책정하는 전략을 사용해 시장에서 승리했다. HP는 수십 년 동안 직원들의 마음속에서 일관되고 정직하며 신뢰할 가치가 있는 기업의 이미지로 자리 잡았다.

짐 콜린스Jim Collins는 훌륭하게 작성된 비전에는 '핵심적 이념'과 '가시적 미래'라는 두 부분이 담겨 있다고 말했다.[8] 핵심적 이념이란 HP웨이에서 보는 바와 같이 기업의 존재 이유를 설명하는 내용이다. 즉 인류의 이익을 위해 좋은 제품을 창조하는 것, 그리고 건실하고 품위 있으며 뛰어난 성과를 거둘 수 있는 기업을 만드는 것이 휴렛팩커드 비즈니스의 당위성이었다. 이런 기업 이념은 시장, 고객, 제품 등에 아무리 많은 변화가 닥쳐도 영원히 살아남는다. 월트 디즈니 컴퍼니The Walt Disney Company는 설립 후 미디어 산업에 밀어닥친 수없는 변화의 물결 속에서도 인간의 상상력과 유익함에 대한 믿음, 그리고 냉소주의를 혐오한다는 이념을 견지했다. 이런 핵심적 가치들은 때로 비즈니스의 성공에 걸림돌이 되는 경우도 있다. 하지만 그 가치들이 계속 살아남는 이유는 직원들에게 목적의식을 심어주기 때문이다. 즉 직원들이 직장에 출근하는 이유가 이번 분기의 실적을 달성하기 위해서가 아니라, 자신이 일하는 조직을 통해 의미 있는 일을 성취하기 위해서라는 자긍심을 불어넣는 역할을 한다.

은행의 비즈니스 목표가 고객들에게 수수료를 받고 돈을 빌려주는 데 있다고 말한다면 단순히 그 조직의 기본적 활동을 나열한 것에 불과하다. 사실 그 은행이 실제로 하고 있는 역할은(정직한 은행이라면), 인간이 부를 쌓는 데 가장 중요한 경제적 안정성을 제공함으로써 사회를 성장시키는 일이다. 자신의 회사가 존재하는 목적에 대해 설명할 때 주당순이익을 생각하는 사람은 없을 것이다.

짐 콜린스는 이 개념을 잘 이해하지 못하는 사람들을 위해 다음과 같은 예를 든다. 어떤 사람이 당신에게 좋은 액수를 제시하며 회사를 팔라고 제안한다. 모든 사람이 회사를 넘기는 데 동의한다. 하지만 매각이 이루어진 다음 날 회사의 새 주인은 회사를 폐쇄하고 브랜드와 제품들을 없애버리기로 한다. 당신이 만든 모든 것들이 세상에서 흔적도 없이 사라진다는 말이다. 당신은 그 점을 안타깝게 생각하는가? 전혀 그렇지 않다면 당신에게는 핵심 가치나 이념이 없는 것이다. 반대로 이를 안타깝게 받아들인다면 당신이 매일 일을 하는 이유가 그런 감정을 이끄는 원인이다.

핵심 가치와 이념을 정의하는 일은 중간 관리자들보다는 CEO나 이사들의 임무다. 하지만 당신이 열정을 가지고 일하고 싶어 하거나, 다른 사람들을 그렇게 일하라고 독려하고자 한다면 먼저 자신이 왜 그 일을 하는지 알아야 한다. 상사가 아무리 그 이유를 설명해도 말이다.

콜린스가 말한 비전의 두 번째 부분은 '가시적 미래', 특히 대단히 진취적인 미래에 대한 언급이다. 그런대로 괜찮은 회사를 만들어서 적당히 돈을 벌겠다고 말해서는 안 된다. 스티브 잡스 식으로 당신의 제품을 통해 '세상을 바꿀 것'이라고 선언하거나 구글이 표방하는 대로 '세상의 모든 정보를 정리할 것'이라고 외칠 정도는 돼야 한다. 애초에 위대한 목표를 염원한다면, 비록 실패한다고 하더라도 평범한 목표를 지향하는 것보다 훨씬 앞서갈 수 있다. 1962년 케네디 대통령이 미국은 1960년대 말까지 달에 사람을 착륙시키겠다고 말한 것과 같은 강렬한 목표에는 별다른 설명조차 필요 없다. 콜린스는 모든 사람들이 즉시 이해할 수 있고 쉽게 결속이 가능한 목표를 BHAG, 즉 원대하고Big 어렵고Hairy 대담한Audacious 목표Goal라고 정의했다. BHAG는 굳이 구체적이거나 확실할 필요가 없다. 오히려 다소 요원해 보이는 편이 바람직하다. 그런 원대한 목표를 품은 직원들은 아침마다 침대를 박차고 일어나며 자신들이 뭔가 중요한 일의 일부분을 수행하고 있다고 느낄 것이다. 목표를 이룰 가능성이 아무리 적다 해도 말이다.

1940년 6월, 나치 독일이 유럽을 쑥대밭으로 만들고 있던 음울한 시기에 윈스턴 처칠은 앞으로 이 전쟁은 오랜 시간 계속되면서 막대한 피해를 가져올 것이라고 연설했다. 하지만 날마다 영국의 하늘을 지키기 위해 날아오르던 전투기 조종사들은 원탁의 기사들을 무색하게 만들 정도로 용맹

했다. 전쟁에서의 패배는 상상도 할 수 없었다.

> 비록 유럽의 넓은 지역에 걸쳐 있는 유서 깊고 저명한 국가들이 게슈타포와 같은 나치의 끔찍한 통치 도구의 수중에 들어갔거나 앞으로 들어갈 가능성이 있지만, 우리는 좌절하거나 실패하지 않을 것입니다. 우리는 끝까지 항전할 것입니다. 우리는 프랑스에서 싸울 것입니다. 우리는 바다와 대양에서 싸울 것입니다. 우리는 커지는 자신감과 힘을 바탕으로 하늘에서 싸울 것입니다. 우리는 어떤 대가를 치르더라도 우리의 섬을 지켜낼 것입니다. 우리는 해변에서 싸우고 땅에서 싸울 것입니다. 우리는 들판과 거리에서 싸울 것입니다. 우리는 언덕에서 싸울 것입니다. 우리는 결코 항복하지 않을 것입니다. 그러나 만에 하나, 비록 그럴 일이 없으리라 믿지만, 이 땅, 또는 이 땅의 일부가 적에게 점령되어 그들의 압제에 신음하게 된다면 바다 너머의 모든 대영제국이 영국 해군의 지원과 방어에 힘입어 싸움을 계속할 것입니다. 그리고 때가 되면 힘과 권능을 지닌 새로운 세계가 우리를 과거로부터 해방시킬 것입니다.

1940년 6월 4일 처칠이 의회에서 행한 연설은 BHAG의 정석을 보여주는 명확하고, 감동적이고, 기억할 만한 내용으로 가득했다. 그가 고통스러운 전쟁 속에서 국민들을 이끌 수 있었던 것은 이 연설에 힘입은 바가 크다. 강력한 비전은 사람들에게 변화의 필요성, 그리고 변화를 달성하는 데 요구되는 수단을 일깨워주는 역할을 한다. 또한 불가피한 장애물들을 극복하는 데 도움을 준다. 비전을 선포하는 일은 CEO의 몫일지 모르지만 매시간, 매일, 매주 실질적인 조치를 통해 그 비전을 반복적으로 강조하고 현실화하는 작업은 모든 관리자에게 달려 있다.

7 Managing Changes

이야기로 설득하라

1992년 빌 클린턴이 미 대통령 선거에 출마했을 당시, 그가 베트남 전쟁 참전을 회피했다거나 아내 몰래 외도를 했다는 소문이 돌면서 선거 캠페인이 위기에 빠졌다. 그가 뉴햄프셔의 민주당 프라이머리 선거에서 패하자 많은 사람들이 이제 클린턴은 끝났다고 생각했다. 대통령은 고사하고 민주당 대통령 후보로 선출될 가능성도 거의 없어 보였다. 하지만 클린턴은 정치란 '사람들에게 더 훌륭한 이야기를 들려주는 게임'이라고 오랫동안 믿어왔다. 다시 말해 사람들에게 현재의 상황과 더 좋은 미래로 향하는 길, 그리고 그들을 이끄는 사람들에 대한 이야기를 들려주는 일이었다. 이야기는 화폐처럼 사람들에게 쉽게 전파되고 교환된다.

클린턴이 선거를 유리한 국면으로 전환시키기 위해서는 낙담한 지지자들로부터 더 많은 모금을 끌어내 캠페인에 총력을 기울여야 했다. 그에게는 훌륭한 이야기가 필요했다. 할리우드 영화계에 있는 지지자 한 사람이 클린턴에게 여전히 선거에서 승리할 수 있다고 생각하느냐고 물었다. 클린턴은 "지금은 하이 눈High Noon입니다."라고 대답했다. 1952년에 발표된 영화 〈하이 눈〉은 어느 작은 마을의 보안관 이야기다. 그 보안관은 마을을 떠나지 않고 정오에 열차로 마을에 도착하는 악당과 싸우기로 결심한다. 하지만 어린 소년 한 명을 제외한 마을의 모든 사람이 보안관을 외면한다. 할리우드 영화사의 간부에게 이만큼 딱 맞는 이야기는 없었다. 그는 즉시 잠재적 기부자들에게 전화를 돌려서 이 이야기를 들려주기 시작했다. 빌 클린턴은 보안관이다. 겁쟁이 마을주민이 될지 용감한 어린 소년이 될지 선택하는 일은 당신들의 몫이다. 그리고 그 영화사 간부는 그날 오후까지 자신이 부탁받은 9만 달러를 모두 모금했다. 그는 클린턴 선거 사무실에 전화를 걸어 이렇게 말했다. "지금은 하이 눈입니다. 여기 당신들이 부탁한 돈이 있습니다. 가서 악당들을 물리치세요."[9]

당신이 관리자로서 위기의식을 이끌고 변화를 실행하기 위해서는 자신이 처한 도전적인 상황을 이야기로 만들어 직원들이 이를 다른 사람들에게 쉽게 전달할 수 있도록 해야 한다. 직원들끼리 커피를 마시며 대화를 나누는 자리에서 파워포인트 자료나 복잡한 숫자를 보여주는 사람은 없다. 하지만 사람들을 감동시키고, 깨닫게 하고, 놀라게 만드는 이야기들은 얼마든지 주고받을 수 있다. 모든 사람은 친구나 동료들에게 재미있는 이야기를 들려주고 싶어 하는 법이다.

당신이 당면한 문제나 해결책을 클린턴의 하이 눈과 같은 이야기로 바꿀 수 있다면, 자신의 포부를 훌륭한 결과로 이어지게 만들 가능성이 한결 높아진다.

8 Managing Changes

FC 리버풀의 혁신 이야기[10]

변화란 반드시 기존의 가치를 뒤엎고 새로운 것을 추구하는 일만은 아니다. 앞으로 나아가기 위해서는 때로 과거를 돌아보아야 할 때도 있다.

2010년 후반기에 몇 명의 미국인 투자자들은 리버풀 FC를 인수하기로 결정했다. 전 구단주들은 팀을 엉망으로 관리했다. 부채는 차고 넘칠 지경이었으며 팀은 팬들의 염원에도 불구하고 우승 트로피를 들어 올리지 못했다. 리버풀 팀의 역사에는 최고의 경험(유러피언 컵 우승 및 국내 리그 최다 우승)과 최악의 경험(훌리건 난동 및 많은 팬들의 목숨을 앗아간 헤이젤 참사와 힐스버러 경기장 참사)이 섞여 있었다. 리버풀과 온 생애를 함께한 빌 샹클리Bill Shankly 감독은 다음과 같이 말했다. "어떤 사람들은 축구를 삶과 죽음이 걸린 문제로 생각한다. 확실히 말하지만, 축구는 그것보다 훨씬 더 중요하다."

리버풀의 새 주인들은 뛰어난 재능을 지닌 사람들이었다. 구단주 존 헨리John Henry는 보스턴 레드삭스 야구팀을 인수해 80년간 계속된 무관의 설움을 깨고 월드시리즈 우승을 일궈낸 인물이다. 또 전직 펀드 매니저 제프리

비닉Jeffrey Vinik은 피델리티에서 마젤란 펀드Magellan Fund를 운영하며 엄청난 성공을 거두었다. 그 밖에 비닉의 파트너였던 마이클 고든Michale Gordon, 존 헨리의 전 펀드 매니저였던 데이비드 긴스버그David Ginsberg, 그리고 〈코스비 가족The Cosby Show〉 등의 유명 텔레비전 시리즈를 제작한 톰 워너Tom Werner 등이 함께 투자를 했다. 또 존 헨리는 세계에서 가장 영향력 있는 경영학자 마이클 포터Michael Porter 교수를 영입했다. 그는 보스턴 레드삭스에서 헨리의 전략 고문 역할을 맡고 있었다.

포터가 자신의 유명한 5가지 경쟁 요소 분석 모델Five Forces analysis model을 적용해서 영국 축구 리그라는 산업을 진단했다면 다음과 같은 결과를 얻었을 것이다. 우선 기존 경쟁자들과의 경쟁은 매우 치열하다. 손익 계산서 같은 재무제표뿐 아니라 매주의 경기 결과가 측정되어 경쟁자들과 비교하는 자료로 사용되고 있다. 반면 소수의 팀들만이 매년 리그를 지배하고 있기 때문에 신규 진입자의 위협은 적은 편이다. 대체제의 위협 역시 적다. 어떤 축구팀의 팬이 다른 팀으로 이동하는 일은 흔치 않다. 또한 구매자의 협상력도 약하다. 팬들은 자신이 응원하는 팀을 쉽게 바꾸지 않으며, 스폰서나 방송국은 이 때문에 필사적으로 스포츠의 인기를 활용하려고 한다.

문제는 선수들, 즉 공급자의 협상력이 지나치게 강하다는 점이 축구 산업의 매력을 저하시키는 원인으로 작용한다는 사실이다. 천정부지로 뛰어오른 선수들의 연봉 때문에 가장 성공적인 구단도 그다지 큰 이익을 내지 못하는 경우가 많다. 회계법인 딜로이트Deloitte에서 발간한 〈2010년 축구 경제 리뷰2010 Review on Football Finance〉에는 다음과 같이 기술되어 있다. "우리는 축구계가 오랫동안 지속된 '비영리적' 모델에서 한 걸음 더 나아가 끔찍한 재앙의 가능성을 품은 막대한 손실의 국면으로 접어드는 모습을 목격하고 있다."

헨리와 여러 투자자들이 리버풀을 인수할 무렵, 영국 축구계에는 3가지 비즈니스 모델이 존재했다. 첫째는 첼시나 맨체스터 시티로 대표되는 '백지수표' 모델로, 수십억 달러의 재산을 소유한 구단주가 팀의 성공을 위해 무제한 돈을 지출하는 경우다. 둘째, 맨체스터 유나이티드나 리버풀에 해당되는 차입매수 모델은 외국인이 빚을 내어 구단을 사들이는 경우다. 물론 팬들은 이런 상황을 좋아하지 않는다. 세 번째 아스널 모델은 구단의 경영진이 현금 흐름, 선수 이적, 자산, 입장 수익, 상품 판매, 방송 중계료 등에 꾸준하게 집중하면서 경쟁력을 유지하는 형태다. 그들은 어떻게든 우승해야 한다는 압박감에 지나치게 시달릴 필요가 없다.

헨리는 리버풀을 좋은 가격에 인수했다. 리버풀은 여전히 열성적인 팬들과 우수한 선수들을 보유하고 있었다. 하지만 헨리는 첼시 구단주처럼 수십억 달러의 자산가가 아니었다. 거의 파산 지경에 이른 리버풀을 위해 돈을 빌리는 일은 쉽지 않았다. 영국 축구팀을 인수한 미국인 헨리가 팬들의 지지를 끌어모을 수 있는 시간은 그리 많지 않아 보였다.

그가 취한 첫 번째 행동은 자신이 구단 역사의 중요성을 잘 이해하고 있다는 사실을 보여주는 일이었다. 그는 이 팀의 전설적인 선수 관리 시스템을 누구보다 잘 알고 있는 사람을 감독으로 임명했다. 1960년대부터 1990년대까지 리버풀이 가장 큰 성공을 누리던 시절, 이 관리 시스템의 핵심에는 '부트룸boot room'이라는 작은 공간이 있었다. 진흙투성이 축구화와 맛있게 끓는 차의 이미지로 대표되는 이 작은 방은 감독, 코치, 선수들이 서로 모여 대화를 나누던 장소였다. 이곳에서는 승리를 가져다준 습관이 만들어졌으며 미래의 감독들이 길러졌다. 내부에서 관리자를 선임하는 리버풀의 문화적 지속성은 부트룸이라는 공간을 통해 후대로 이어진 것이다.

하지만 1990년대 후반 실적이 부진했던 리버풀은 부트룸을 없애버렸다. 외부에서 감독을 영입하기도 했지만 팀의 경쟁력을 회복하는 데는 실패했다. 존 헨리는 많은 사람들이 존경하던 리버풀 선수 출신의 케니 달글리시를 감독으로 선임함으로써 상황을 반전시켰다. 그는 리버풀의 부트룸이 무엇을 의미하는지 완벽하게 알고 있는 사람이었다. 팀이 안정감을 되찾게 만든 이 조치에 팬들은 환호했다.

축구에서도 변화는 불가피하다. 하지만 헨리는 앞으로 나아가기 위해 과거로 되돌아가는 방법을 선택했다. 그는 자신이 인수한 팀의 문화를 세심히 연구하고 그 위에 새로운 문화를 구축했다. 그가 미래에 어떤 변화를 만들어가든, 그 변화는 문화적 영속성이라는 강력한 기반 위에 정착될 것이다.

9 Managing Changes

파괴적 혁신에 대해 알아야 할 것

역사학자 토마스 쿤Thomas Kuhn은 저서 《과학혁명의 구조The Structure of Scientific Revolution》에서 위대한 과학의 발전은 점진적이고 지속적인 실험의 결과로 나타나는 것이 아니라, 기존의 모든 관념을 뒤엎는 갑작스럽고 날카로우며 불편한 방식으로 이루어진다고 주장했다.

예를 들면, 수백 년 동안 과학자들은 태양이 지구를 돈다는 아리스토텔레스의 말이 사실이라고 믿었다. 갈릴레오는 이 학설에 문제를 제기했다는 이유로 로마 교황청에 끌려갔다. 그는 자신의 급진적인 견해를 스스로 '조롱하고 저주하고 증오하라'는 명령과 함께 평생 가택연금에 처해지게 되면서 이 이단적인 생각을 전파하는 데 실패했다.

쿤은 과학이 패러다임이라는 견고한 믿음의 모델 안에서 작동한다고 생각했다. 과학자들은 많은 실험을 하면서 그 패러다임을 입증하는 문화를 만들어나간다. 때로 패러다임에 위배되는 변칙이 발견될 때도 있지만 이는 규칙에 대한 예외적 현상 정도로 다루어질 뿐, 기존의 모델 자체를 뒤집지는 못한다. 그러다가 갈릴레오, 뉴턴, 아인슈타인과 같은 선구자들이 나타나 새로운 패러다임을 제시한다. 사람들은 처음에 이 아이디어를 조롱하고 거부하지만, 결국 이 이론이 오랫동안 축적된 변칙들을 설명할 수 있다는 사실을 깨달으며 새로운 패러다임을 수용한다. 과학자들이 과거의 학설로부터 새로운 학설로 이동하는 속도는 매우 느리기 때문에 새로운 믿음의 모델을 받아들이는 데에는 오랜 시간이 필요하다.

비즈니스의 세계에서도 똑같은 상황이 벌어진다. 대부분의 기업은 매우 보수적이라 다른 회사들과 같이 행동하고 비슷하게 생각하려 한다. 그러다가 월마트의 샘 월튼Sam Walton, 애플의 스티브 잡스, 라이언에어Ryanair의 마이클 오리어리Michael O'Leary 같은 사람들이 등장해 모든 것을 뒤바꾸어놓는다. 그동안 많은 대가를 치르고 불편함을 견디던 일이 어리석게 생각된다.

1960년대에 심장병의 원인인 동맥 폐색증에 시달리는 환자를 치료하는 획기적 발견이 이루어졌다. 심장외과 의사들은 막힌 곳을 피해 혈액의 흐름을 우회시키는 방법을 찾아냈다. 하지만 혈액이 심장까지 도달하게 만들려면 흉부를 절개하는 과정이 필요했다. 오랜 회복시간이 필요한 매우 복잡한 수술이었지만 성공한다면 환자의 수명을 크게 늘릴 수 있었다. 그러던 중 1974년 독일의 젊은 의사 안드레아스 그루엔트지그Andreas Gruentzig는 막힌 동맥을 치료하는 또 다른 방법을 발견했다. 그는 혈관이 막힌 부위에 작은 풍선을 삽입한 다음 이를 부풀려서 혈관을 확장하는 치료법을 개발했다. 훨씬 간단하면서도 환자에게도 충격이 덜한 방법이었다.

심장외과 의사들은 처음에 '풍선 혈관 확장술balloon angioplasty'이라고 불리는 이 치료법을 거부했다. 일단 수지타산이 맞지 않는데다, 자신들의 주 고객인 수술이 필요할 정도로 심각한 심장병 환자들에게는 사용하기가 어려웠기 때문이다. 반면 심장병 전문의들은 이 기술을 적극적으로 받아들였다.

자신들이 직접 새로운 치료법을 시술하는 일이 가능했기 때문이다. 그들은 환자들을 치료하는 데 있어 보다 많은 부분에 관여할 수 있게 되었고, 그에 따라 더 큰 보상을 받을 수 있었다.

그 후 20년간 심장 우회 수술과 풍선 혈관 확장술 모두 더욱 많은 환자들에게 적용됐다. 특히 혈관 확장술은 계속 정교하게 발전하면서 보다 심각한 심장병 환자들에게도 사용되기 시작했다. 1995년에는 풍선 혈관 확장술을 받은 환자의 수가 심장 우회 수술을 받은 환자의 수를 넘어섰다. 심장병 전문의들은 보다 새롭고 간단한 기술을 기꺼이 시도할 용의가 있는 새로운 고객들을 찾아냄으로써 파괴적 변화를 성공적으로 도입했던 것이다.

이는 파괴적 변화에 대한 전통적 사례 중 하나다. 다른 모든 산업 분야에서도 이와 비슷한 이야기를 쉽게 찾아볼 수 있다. 파괴적 변화는 기존의 기업이나 비즈니스 모델이 고객들에게 기능과 가격이 과도한 제품이나 서비스를 제공하기 시작하면서 발생한다. 이로 인해 더 단순하고 저렴한 제품을 판매하는 기업이 새롭게 진입할 수 있는 기회가 만들어지는 것이다. 기존의 기업들은 새로운 참가자들이 주는 위협을 인지하면서도 기존의 비즈니스 모델과 높은 수익성에 지나치게 익숙해 있기 때문에 새로운 기회를 포착하지 못한다. 시간이 지나면서 새로운 참가자는 지식을 쌓고 고객을 확보하며 제품을 발전시킴으로써 결국 시장에서 확고하게 선두를 지키던 기업을 추월하게 된다.[11]

신문 업계의 예를 들어보자. 1990년대에 온라인 신문이 생겨나기 시작하자 기존의 종이 신문 기업들은 웹사이트를 만들고 마케팅하는 데 수백만 달러를 투자했다. 그들은 인터넷의 막강한 영향력을 인지하고 있었기 때문에, 고객들이 저렴한 온라인 신문으로 이동하면 자신들은 값비싼 인쇄기와 배달비용에 발목잡혀 오도 가도 못하는 상황에 빠지게 될까 두려워했다. 문제는 그들이 종이에 인쇄된 콘텐츠를 온라인으로 바꾸고, 온라인 광고를 통해 수익을 거두는 방법에만 매달렸다는 데 있었다. 다시 말해 신문 기업들은 종이 신문에서 인터넷으로 이동하는 과정에서 콘텐츠와 광고의 특성 자체가 획기적으로 변하고 있다는 사실을 깨닫지 못했다. 자동차 회사나 백화점같이 전통적으로 신문 광고를 많이 하던 기업들은 인쇄된 신문에 지급하던 액수의 광고비를 온라인 버전에서도 똑같이 지불하려 하지 않았다. 또 독자들은 하나의 신문에서만 뉴스를 읽는 대신 '데일리 미Daily Me' 서비스와 같이 여러 온라인 매체에서 자신이 원하는 뉴스를 모아 맞춤형으로 즐기는 방법을 선호했다.

반면 애초에 종이 신문을 만드는 과정 없이 바로 온라인 신문으로 뛰어든 기업들은 전혀 다른 방법으로 비즈니스에 접근했다. CNET과 같은 기업들은 원래의 콘텐츠와 그들이 새롭게 편집한 콘텐츠들을 섞어서 제공하며 사용자 간에 상호작용이나 정보 공유를 유도한다. 그들은 또한 인쇄된 신문에서처럼 불특정 다수를 대상으로 한 광고가 아니라 매우 특화된 소비자 그룹을 목표로 하는 광고주들과 주로 거래한다. 말하자면 주말에 침대를 세일한다는 백화점 신문 광고와 특정한 분야에 관심 있는 독자들을 대상으로 하는 구글 광고의 차이를 생각하면 된다.

요컨대 기존의 신문 기업들은 수익성이 좋은 기존의 비즈니스를 보호하기 위해 안간힘을 썼다. 하지만 새롭게 시장에 진입한 참가자들은 전혀 다른 독자와 광고주들을 대상으로 전혀 다른 콘텐츠를 더 낮은 비용에 제공했다. 또 그들이 수익을 창출하기 위해 기대하는 매출 구조도 기존의 비즈니스 형태와 달랐다.

우리는 이런 사례를 매일 목격한다. 구글은 최근 문서작성 도구나 스프레드시트 같은 자사의 생산성 향상 소프트웨어들을 무료로 제공하기 시작했다. 반면 마이크로소프트는 전통적으로 이 제품들을 돈을 받고 판매해왔다. 물론 구글의 소프트웨어들이 그렇게 복잡하거나 정교한 제품은 아닐지도 모르지만 대부분의 사람들이 필요로 하는 기능 정도는 충분히 제공할 수 있다. 마이크로소프트의 워드나 엑셀 프로그램에 담긴 화려한 부가기능들이 모든 고객들에게 필요하지는 않다. 구글은 자사의 무료 소프트웨어를 사용하는 사람들을 대상으로 광고를 해서 매출을 올리는 길을 택한 반면, 마이크로소프트는 여전히 그 소프트웨어를 판매하는 일에 열중하고 있다. 구글의 전략이 시장의 주도적인 추세로 정착되기에는 시간이 걸리겠지만, 앞으로 대다수의 컴퓨터 사용자들이 무료 생산성 소프트웨어를 사용하는 모습을 상상하기란 어렵지 않을 것이다.

관리자들은 파괴적인 변화를 관리하는 데 언제나 어려움을 겪는다. 이 분명하고 충격적이며 불가항력적인 변화는 기존의 편안하고 수익성 높은 비즈니스 모델을 뒤엎어버린다. 또한 변화는 매우 느리게 일어나기 때문에 기존의 기업들은 그동안 무사안일주의에 빠져버린다. 말하자면 당신은 시장을 주도하고 있다고 생각하지만 몇 년 후에 시장이 변화하면서 자신도 모르는 사이에 지위를 빼앗겼다는 사실을 깨닫는 것이다. 이런 변화를 관리하기 위해서는 전혀 다른 사고방식, 즉 새로운 자원을 확보하고 낮은 비용으로 적절한 제품과 적절한 고객을 개발할 때까지 새로운 시도를 지속하는 사업가적 마인드가 필요하다. 자원이 넘쳐나고 수많은 아이디어가 난무하는 대기업에서 성장한 사람들에게 파괴적 혁신이란 그저 또 하나의 제품을 출시하는 과정쯤으로 여겨질 것이다. 하지만 결코 그렇지 않다.

관리자들은 파괴적 혁신에 대한 다음의 내용을 기억해야 한다.

- 파괴적 혁신은 새로운 고객들의 요구를 만족시키는 과정에서 일어난다. 기존의 제품들은 아무도 가치를 인정하지 않는 기능들을 제공하고 고객들에게 이에 대한 비용을 전가해왔다. 하지만 새로운 제품들은 고객들의 요구에 따라 그들이 기꺼이 비용을 지불할 용의가 있는 기능들에 중점을 두고 만들어진다. 새로운 고객들은 새로 나온 제품들에 충격을 받지 않는다. 그들은 그 제품들이 유용하고 차별화되어 있다면 기꺼이 구매한다.

- 파괴적 혁신의 산물인 새로운 제품들을 사용할 고객들은 기존의 고객들이 아니다. 기존의 제품들을 더 이상 소비하지 않는 사람들이 새로운 고객이다. 풍선 혈관 확장술이 발명되기 전에, 비교적 병세가 가벼운 심장병 환자들은 간단하게 수술을 받을 수 있는 방법이 없었기 때문에 아예 수술의 혜택을 받지 못했다.

- 파괴적 혁신은 작은 부분부터 시작해 점진적으로 발전해나가야 한다. 관리자들은 인내심을 갖고 고객들이 무엇을 원하는지, 그리고 어떻게 하면 이를 가장 효과적으로 제공할 수 있을지 파악해야 한다. 여기에는 많은 시행착오가 필요하다. 단순히 처음 떠오른 아이디어에 많은 돈을 쏟아부어 제품이나 서비스를 만들고 기존의 고객과 유통망을 통해 판매하려는 시도는 효과가 없다.

- 파괴적 혁신은 시장의 확대를 불러온다. 기존의 참가자들은 자신의 위치를 잃게 되고, 이전의 제품들은 가격이 떨어진다. 하지만 시간이 흐르면서 소비자는 더욱 늘어나고 제품도 다양해지며 시장의 규모도 커진다. 이런 과정을 이해하는 관리자들은 파괴적 혁신이 동반하는 변화를 두려워하지 않는다.

핵심 정리

변화 관리를 위한 10가지 좋은 습관

1. 변화란 갑작스런 충격이 아니라 지속적인 과정이라고 생각하라.

2. 위기의식이나 긴박감을 만들어라. 변화는 그런 마음가짐 없이 이루어질 수 없다.

3. 변화를 통해 비즈니스 자체뿐 아니라 문화가 달라진다는 사실을 이해하라. 직원들의 복장 규정을 바꾸는 일은 생산라인을 고치는 것 못지않게 획기적인 변화다.

4. 변화에는 저항이 있으리라는 사실을 예상하고 이에 적절히 대응할 수 있는 방안을 수립하라. 당신 스스로 변화의 이유를 이해하고 직원들에게 이를 교육한다면 가장 이상적이다.

5. 어려운 변화를 앞두고 있을 때는 인텔의 경영진이 스스로에게 던진 질문을 되새겨볼 필요가 있다. 만일 새로운 관리자가 부임해서 똑같은 상황에 처한다면 그는 어떻게 할 것인가? 이런 질문을 자신에게 하면서 눈앞의 상황을 보다 냉정하게 판단하라.

6. 당신이나 주변 사람들이 변화에 대해 나타내는 거부감의 본질을 인식하라. 당신이 현실이나 아이디어를 외면하는 이유는 그것들이 잘못됐다고 믿기 때문인가? 아니면 그 요인들이 당신의 안정적인 세계관을 침해해서인가?

7. 당신에게 필요한 변화를 구체적으로 명시하라. 엔론이 아닌 HP웨이를 본받아라.

8. 직원들이 당신에게 동조하도록 만들려면 사람들에게 영감을 주는 비전이나 이야기를 활용하라.

9. 과거를 잊어버리기 전에 과거의 무엇이 가치 있었는지를 정확히 인식하라.

10. 파괴적 변화를 주도하는 사람들을 잘 살펴보아라. 자신을 그들로부터 보호하려고 하지 말고 적절히 협업하라.

전략 관리 Managing Strategy

당신은 전략가인가

훌륭한 전략을 추구하는 관리자들은 법률과 규정의 변화, 기술의 변동, 서비스 부족 및 과잉에 시달리는 고객 등의 명백한 기회 앞에 주의를 게을리하지 말아야 한다. 전략적 기회는 생각했던 것보다 훨씬 분명한 경우가 많다.

SUCCESS

대부분의 관리자는 상사에게서 회사의 전략이 무엇인지 전달받고 이를 실천하라는 지시를 받는다. 물론 전략 기획 과정에 관리자들을 참여시키는 기업도 있다. 하지만 관리자들의 아이디어는 젊은 '전략 기획 담당자'들이 회사의 미래에 대해 상상력을 발휘해서 수립한 비현실적 계획 속에 묻혀버린다. 그 젊은이들은 전략을 어떻게 현실화할지에 대해서는 별로 관심이 없다.

고위 경영진들은 전략을 기획하는 일을 좋아한다. 지루한 현실로부터 벗어나 장밋빛 미래를 꿈꿀 수 있는 기회이기 때문이다. 투자자들 역시 주식시장에 호재로 작용할 멋진 전략을 보고 싶어 한다. 하지만 이는 미래의 예상 수익을 현재의 가치로 평가하는 일과 다름없는 단순한 시장 전망에 불과하다. 요컨대 주가와 전략은 모두 기업의 미래에 대한 희망사항이다.

물론 전략이 전혀 의미가 없는 건 아니다. 전략은 조직 구성원들에게 다양한 목표를 제시하며, 새로운 기회를 파악하는 데 도움을 주고 이를 현실화하기 위해 어떤 접근방법을 사용할지에 대한 아이디어를 제공한다. 하지만 한편으로는 직원들 사이에 깊은 냉소주의를 불러오기도 한다. 전략 문서의 유일한 존재 이유는 이사회가 회사의 전략이 무엇인지 물었을 때 서랍에서 꺼내 보여줄 무언가가 있어야 하기 때문이라고 비아냥대는 임원들도 많다. 어떤 사람들은 전략을 수립하는 일이 엄청난 시간낭비라고 생각한다. 조직의 현실에서 눈을 돌리게 하고, 경영 컨설턴트들의 열정적인 환상으로 채워진 허황된 계획에 동조하도록 만든다는 것이다.

뚜렷한 대가 없이 시간이나 자원을 투자하는 일에 '전략적'이라는 변명이 붙는 경우는 매우 흔하다. 극도의 악조건 속에서 매일 급박한 현실과 싸우는 관리자들에게는 절망적인 일이다.

그렇지만 전략이 당면한 비즈니스의 본질을 설명해주는 역할을 한다는 전제하에, 모든 관리자는 어느 정도 전략에 대해 이해할 필요가 있다. 다시 말해 앞날에 대한 허황된 꿈으로서의 전략은 별 가치가 없지만, 현재 당신 회사에 어떤 세력들이 영향을 끼치는지 파악하는 수단으로서 전략을 이해한다면 유용할 수 있다.

Managing Strategy

1 전략이란 무엇인가

행동에 돌입하기에 앞서 먼저 질문을 하나 해보자. 전략이란 과연 무엇인가? 경제사가 앨프리드 챈들러는 자신의 저서 《전략과 구조: 미국 제조 기업의 역사Strategy and Structure: Chapters in the History of the American Industrial Enterprise》에서 처음으로 전략이라는 단어를 비즈니스 영역에 사용했다.

챈들러는 위대한 미국 기업들의 역사를 돌아보면서 전략이란 장기적인 목표를 정하고 그 목표를 달성하기 위한 계획을 수립하는 일이라고 정의했다. 전략적 목표를 추구하기 위해서는 조직 구조를 명확히 세우고 명령 및 정보 전달 체계를 확립하는 과정이 뒤따라야 한다.

1960년대는 미국 기업들에게 매우 혼란스런 시기였다. 1950년대를 지배했던 경제적·사회적 신념들은 급격한 변화의 물결과 기존 가치의 붕괴 앞에 설 곳을 잃었다. 이런 과정은 다음 10년간 더욱 가속화됐다. 20세기 내내 미국 대중 소비자들의 취향에 편승해서 성공한 기업들은 변화하는 소비자의 기호, 외국 기업과의 경쟁, 급속히 발전하는 신흥 기술 기업들 속에서 자신들의 신념과 비즈니스 모델이 무너져간다는 사실을 깨달았다.

이 때문에 모든 기업의 경영진은 당시 새로운 전문 직종으로 부상하던 경영 컨설턴트들을 찾았다. 컨설턴트들이 전쟁에서 공을 세운 위대한 군인들의 전략을 본떠 만든 데이터 기반의 계획은 대단한 지적 신뢰감을 주었다. 초기의 비즈니스 전략은 주로 시장, 경쟁자, 역량, 고객 등에 대한 구체적인 이해를 바탕으로 기업의 성장을 위한 행동 계획을 수립하는 일이었다. 이에 따라 회사가 시장에서 어느 위치에 있는지를 파악하기 위한 기획부서가 탄생했다. 하지만 실무 부서에서는 기획부 직원들이나 그들이 작업한 결과물을 무시하는 경우가 많았다.

몇 년 후 '실행'을 강조하는 전략가들이 나타나기 시작했다. 그들은 기업들이 시장 점유율 확대나 단기적 성장에만 초점을 맞추면 장기적이고 지속가능한 강점의 개발을 위한 진정한 전략을 수립하지 못한다고 주장했다. 그들은 스위스, 프랑스, 독일 등지의 공작기계(기계를 만드는 기계) 제조 기업들이 컴퓨터와 같은 첨단 기술들을 사용해 미국의 경쟁자들을 멀찌감치 따돌리는 상황을 목격하고 나서 이런 사고방식을 갖게 되었다.

이 유럽 기업들은 사회적 여건이나 노동 환경이 미국 기업들과 비슷했지만 뛰어난 경영 능력을 바탕으로 경쟁에서 승리했다. 이런 관점을 통해 프로세스를 개선하고, 회사의 모든 비즈니스 행위를 상세히 분석해 긍정적으로 발전시키며, 낭비적 요소들을 제거하고, 직원들을 업무에 전적으로 참여시킴으로써 삶의 질을 높이는 일에 전략의 초점이 맞춰졌다.

하지만 이 역시 전략에 대한 제한적인 관점에 불과했다. 이제 전략은 회사의 비용과 고객들이 지불할 용의가 있는 가격 사이의 차이를 만들어내는 복잡한 상호작용 전체를 일컫는 개념으로 진화했다. 훌륭한 전략을 지닌 기업은 경쟁자들보다 이 차이를 더욱 크게 만들 수 있다. 자사의 지위를 파악하고 운영의 탁월성을 확보하는 일은 좋은 전략을 수립하기 위한 2가지 조건이다. 관리자들이 이 모든 요소들을 한데 모으는 데 성공하면 마법 같은 결과가 찾아오는 것이다.

테스코Tesco의 사례를 살펴보자. 이 기업의 전략은 단순히 좋은 식품을 좋은 가격에 제공하는 것이 아니다. 또한 클럽카드Clubcard 제도를 사용해서 고객 충성도를 끌어올리는 일도 일부에 불과하다. 테스코의 전략은 그 모든 행위들, 즉 고객들에게 특별한 쇼핑 경험을 만들어주고, 제품의 가격을 낮추며, 신선하고 다양한 제품들을 제공하는 일들의 집합을 의미한다. 탁월한 마케팅 및 물류 역량, 매장 및 경영 관리 능력은 이를 가능하게 하는 동력이다.

일례로 클럽카드 제도는 고객들이 더 저렴하게 물건을 구입하도록 해줄 뿐 아니라, 회사의 입장에서 어떤 제품을 어디에 진열해야 할지, 어떻게 하면 상품을 구매하고 선적하고 보관하는 일을 더욱 효과적으로 할 수 있을지 알려주는 역할을 한다. 즉 이 제도는 공급망 전체를 보다 효율적으로 만들어 거기에서 절감된 비용을 고객들에게 돌려줄 수 있도록 해준다. 반면 고객들의 기호나 구매 습관에 대한 지식이 부족한 경쟁자들은 더 많은 식품이 유통과정에서 부패할 수밖에 없고, 이 때문에 더 많은 비용을 지불해야 한다. 또 테스코 클럽카드는 소비자들이 보다 저렴한 가격에 더 좋은 제품을 선택할 수 있도록 정보를 제공하는 역할을 하기 때문에, 고객 충성도를 강화하는 데에도 도움을 준다.

이와 비슷한 사례로, 라이언에어는 비행에 필요한 경비를 줄이는 데 집중함으로써 고객들에게 최저가 항공료를 제공한다. 이 회사는 미국 사우스웨스트 항공사Southwest Airlines의 운영방식을 참고해 여러 획기적인 관행을 도입했다. 예를 들어 모든 항로에 같은 종류의 항공기를 취항시켜 정비를 쉽게 만들고, 직원들이 편안한 복장을 착용할 수 있도록 했다. 또 승객들에게 미리 좌석을 배정하지 않고 승객들이 알아서 자리를 잡도록 하고, 좌석 뒷주머니에 물건을 비치하는 과정과 같이 항공기 이륙 준비 시간을 지연시키는 모든 요소들을 없애버렸다. 이 기업의 본사 건물은 매우 검소하며 정책은 대단히 명확하다. 회사가 환불이 없다고 말하면 진짜 없는 것이다. 고객들이 5파운드짜리 항공권을 구매할 수 있는 이유는 이 때문이다. 기존의 경쟁사들이 저가 항공 시장에 진입한다고 해도 반드시 실패할 수밖에 없는 이유는 그들에게 라이언에어처럼 모든 부분의 비용을 절감하고 이를 고객에게 돌려주는 시스템이 정착되어 있지 않기 때문이다. 다시 말해 고비용의 구조로 저가 항공에 뛰어드는 기업은 성공할 가능성이 전혀 없다.

하버드 대학교의 마이클 포터 교수는 기업에서 통칭 '전략'이라 부르는 일련의 행동들을 결정하는 5가지 경쟁 요소five-force를 정리한 이론으로 유명하다. 포터는 어떤 산업 분야건 경쟁의 정도를 결정하는 5가지 기본 요인이 있으며, 그 요인들의 상대적 강약에 따라 기업들이 수행하고 있거나 수행해야 할 행위가 결정된다고 주장했다.

포터 교수의 5가지 경쟁 요소는 다음과 같다.

- 신규 진입자의 위협
- 고객의 협상력
- 대체 제품 및 서비스의 위협
- 공급자의 협상력
- 업계에서 기존 경쟁자와의 경쟁

예를 들어 철강 생산이나 타이어 제조처럼 투자대비 수익률이 낮은 산업에서는 이 요인들의 영향이 매우 크다. 반면 에너지 서비스나 청량음료 업계와 같이 수익이 높은 산업 분야에서는 그 영향이 덜 미친다. 요컨대 이 요인들의 영향력이 약할수록, 장기적이고 지속가능한 수익을 거두게 될 가능성은 높아진다.

포터가 주장하는 핵심 이론 중 하나는, 모든 산업 분야에 수익성의 높고 낮음을 결정하는 특성들이 있으며 이는 매우 뒤집기 어렵다는 것이다. 요컨대 비즈니스의 본질과 구조에 따라 그 비즈니스의 한계가 애당초 결정되어 있는 것이다. 일례로 제약 업계의 수익성은 유가나 승객의 기호에 따라 수익이 좌우되는 항공 업계에 비해 항상 높다. 당신은 자신이 속한 업계에서 이 5가지 요인이 무엇인지 정확히 이해하고 그에 대응할 방법을 찾아내야 한다. 포터 교수는 뛰어난 실행만이 당신을 성공으로 이끌 것이라고 말한다.

이런 관점으로 볼 때, 전략의 의미란 앞서 말한 5가지 요인을 정확히 파악하고 그 요인들을 방어하거나 그것의 위협을 최소로 줄이는 방법을 이해하는 과정이라고 할 수 있다. 라이언에어와 사우스웨스트 항공이 성공할 수 있었던 이유는, 모든 것을 단순화하는 작업에 초점을 맞춤으로써 기존의 대형 항공사들의 관행을 답습하지 않고 모든 분야를 개선하려고 노력했기 때문이다. 그들은 승객들이 항공사에게 진정으로 원하는 게 무엇인지를 다시 판단해서 비용을 낮추고, 불필요한 서비스를 제거했으며, 승객을 'A에서 B까지 이동시키는' 일에만 집중하는 서비스 등을 만들어냈다. 회사의 조직도 이런 원칙에 따라 구성했다.

마이클 포터는 이렇게 말했다. "전략의 본질은 경쟁자들이 하지 않은 일을 선택해서 실행하는 것이다.”

그는 스웨덴 가구 유통업체 이케아IKEA를 예로 들어 설명한다. 대부분의 가구점들은 영업 사원이 전시 매장에서 고객에게 제품의 샘플을 보여준다. 고객들이 사진이나 카탈로그를 참조해 가구 제작을 의뢰하면, 8주쯤 후에 완성된 가구가 집으로 배송된다. 하지만 이케아에서는 고객이 엄청난 규모의 창고형 매장을 돌아다니며 필요한 제품을 직접 산다. 매장에는 모든 제품이 전시되어 있으며, 고객들은 원하는 제품을 골라 집으로 가져간 다음 직접 조립한다. 이케아는 낮 시간에 일하는 부모들을 위해 아이 돌보기나 연장 영업 같은 서비스도 실시한다. 이 업체의 서비스, 가격, 제품들은 고객의 요구에 최적화되어 있다. 포터에 따르면 젊은 가구 구매자들에게 멋진 제품을 저렴한 가격에 제공한다는 이케아의 마케팅 콘셉트는 ‘그런 목표를 가능하게 만드는 일련의 적절한 행동들’을 통해서 이제 이 회사의 전략이 되었다는 것이다.

그러므로 훌륭한 전략이란 시장에서 당신이 어떤 위치에 놓여 있는지를 정의하고, 5가지 요인에 대한 정확한 이해를 바탕으로 어떤 행동을 해야 하고 하지 말아야 할지 결정한 다음, 그 행동들을 논리적이고 매끄럽게 잘 조율해나가는 과정이다. 또한 이것이 바로 관리자의 전략적 업무다.

1990년대에 등장한 전략에 대한 세 번째 학설은 관리자들이 변화하는 환경에 창조적으로 적응해나가는 과정이 전략이라고 생각하는 이론이다. 이렇게 주장하는 사람들의 선두주자인 캐나다 맥길 대학교McGill University의 헨리 민츠버그Henry Mintzberg 교수는 훌륭한 관리자들이란 ‘단순히 온실에서 분석적 기술을 사용해 전략을 개발하는 지적 스타일이 아니라, 수천 송이의 전략적 꽃이 만발한 정원에서 성공의 패턴을 발견하는 통찰력 있는 스타일로' 미래를 내다본다고 했다. 이 관점의 핵심은 전략을 특정한 관리적 접근 방식이나 태도가 아닌, 변화에 대한 위기의식을 갖는 등의 건강한 관리적 행위로 정의했다는 것이다. 즉 행동하지 않는 것보다 행동하는 것을 중시여겼다. 하지만 이 이론에는 관리적 혼란이나 초점의 상실을 가져올 수 있다는 위험 요소도 존재한다. 수천 송이의 꽃들을 지켜보는 일은 쉽지 않다. 특히 매일매일 업무가 잔뜩 쌓여 있는 관리자들의 경우에는 더욱 그렇다.

전략에 대한 네 번째 이론은 최고의 기업들이 성공하는 이유가 '핵심 역량', 즉 남들보다 우월한 기술과 능력에 초점을 맞추기 때문이라는 주장이다.[1] 여기에는 직원들의 재능, 특별한 기술, 금융 능력 등이 포함된다. 요컨대 핵심 역량을 바탕으로 전략을 개발하는 기업들은 시장에서 승리할 가능성이 높다. 이는 직관적으로 봐도 매우 타당하다. 사람들은 기술이나 경험이 없는 영역보다 자신이 가장 잘하는 일을 했을 때 성공하기 마련이다. 회사의 성장을 위해 기존에 주력하던 사업과 전혀 다른 분야로 진출한 기업들은 자신들에게 성공할 수 있는 기술이 부족하다는 사실을 깨닫는다. 훌륭한 요리사가 자신의 레스토랑을 프랜차이즈 사업으로 확장하다 실패할 가능성이 높은 이유는, 그가 재능을 마음껏 발휘할 수 있는 장소가 이사회 회의실이 아니라 주방이기 때문이다. 델이나 마이크로소프트와 같은 기술 기업들도 유통업에 대한 경험이 부족한 상태에서 직영 매장을 설립하려다 실패한 적이 있다.

하지만 모든 기업이 하나의 제품이나 서비스만 제공해야 한다는 의미는 아니다. 리처드 브랜슨이 이끄는 버진 그룹은 음악, 여행, 휴대전화, 운송, 금융 서비스 등 매우 다양한 사업을 운영한다. 하지만 이 기업의 핵심 역량은 그중 어느 하나의 사업에 국한되지 않는다. 그들의 핵심 역량은 브랜드를 개발하고 이를 관리하는 데 있다. 사실 버진 그룹은 스스로를 '유명 브랜드를 지닌 벤처 캐피털 조직'이라고 부른다. 자신들이 '돈, 품질, 즐거움, 그리고 경쟁적 도전의식의 가치'를 추구하는 기업이라는 의미다. 그들은 새로운 사업 기회를 분석하고 시장을 선택하며, 새로 만들 회사에 버진 그룹의 브랜드 특성과 장점을 적용할 가치가 있는지 면밀히 검토한다. 일단 새로운 벤처 기업이 출범하게 되면 버진이라는 이름이 제공하는 상업적 가치, 독특한 개방적 관리 스타일, 창업자 리처드 브랜슨의 명성과 마케팅 능력 등을 활용한다. 자신들의 핵심 역량을 잘 파악하는 버진 그룹은 2011년 현재 30개 국가에서 300개의 회사를 설립했고, 5만 명의 직원들을 채용 중이며, 110억 파운드의 연매출을 올리고 있다.

대부분의 관리자들은 회사에서 고위 경영진이 되기 전까지 전사적 경영 전략(이는 관리자들에게 요구되는 전략적 계획, 즉 기존에 확립된 전사적 전략을 수행하기 위한 일련의 전술들과 다르다)과는 별 관계가 없다. 하지만 그들도 기업 전략의 내용이 무엇인지, 왜 그런 전략이 수립되었는지, 그 전략은 어떻게 변할 수 있는지 등에 대한 이해가 필요하다. 맨 처음 수립한 전략을 시종일관 변함없이 유지하는 기업은 드물다.

대부분의 전략은 지적 시행착오 과정의 형태로 나타난다. 고위 경영진은 가설을 개발하고, 실험하고, 만일 가설이 실패한다면 이를 신속히 변경한다. 구글이 자사 매출액의 대부분을 차지하는 검색광고 애드워즈AdWords를 시작한 것은 창업 후 불과 3년 만의 일이다. 이 사업을 시작한 후에도 검색 엔진을 이용하는 사용자들이 검색 결과에 광고가 함께 붙어 나오는 일을 좋아할 거라고 예상한 내부 직원은 별로 없었다. 사용자들이 이를 전혀 개의치 않고, 오히려 광고가 검색을 더욱 효과적으로 만든다는 사실이 명백해지자 구글은 여기에 더 많은 투자를 감행했다. 하지만 이는 기획 회의를 통해 한 번에 완성된 형태로 등장한 전략이 아니다.

훌륭한 전략을 추구하는 관리자들은 법률과 규정의 변화, 기술의 변동, 서비스 부족 및 과잉에 시달리는 고객 등의 명백한 기회 앞에 주의를 게을리하지 말아야 한다. 전략적 기회는 생각했던 것보다 훨씬 분명한 경우가 많다.

2 Managing Strategy

P&G와 나이키의 개방형 혁신 전략

기업들이 가장 피해야 할 태도 중 하나가 '여기서 개발한 것이 아니다not invented here(자신들이 직접 개발하지 않은 기술이나 연구 성과를 인정하지 않는 배타적 조직문화나 태도를 의미함—옮긴이)'라는 사고방식이다. 자사에서 만들어지지 않은 아이디어는 추구할 가치가 없다는 의미다. 불행히도 이 편협한 마음가짐은 곳곳에 만연해 있다. 자신의 시장이나 제품, 그리고 유통 채널들을 보호하기 쉬웠던 시절에는 관리자들이 이런 생각을 갖고도 비즈니스에서 살아남을 수 있었다. 하지만 더 이상은 그렇지 않다. 이제 회사 외부의 세계와 거리를 두는 관리자들은 치명적인 타격을 입게 된다. 개방형 혁신open innovation이라는 새로운 개념을 이해하면 그 이유를 알 수 있다.

개방형 혁신은 기업 개선을 위한 아이디어를 회사 외부에서 찾는 과정이며, 썬 마이크로시스템즈의 공동 창업자 빌 조이Billl Joy의 말대로 '세상의 똑똑한 사람 모두가 당신 회사에서 일하지는 않는' 현실에 대응하는 일이다. 놀라울 정도로 많은 관리자들이 회사 바깥에서 아이디어를 찾으려 하지 않는 이유를 나름대로 제시한다. 그들은 다른 기업에 효과가 있다고 자신의 회사에도 반드시 그렇다는 법은 없다고 생각한다. 상황은 언제나 달라지기 마련이라는 것이다.

하지만 오늘날의 관리적 혁신에 따른 기술의 발전은 세계가 어디로 움직이는지에 대한 통찰을 모든 사람에게 제공한다. 우리는 인터넷 기반의 소통과 정보 공유를 통해 세계가 거의 장벽이 없는 상태로 변화하는 모습을 목격하고 있다. 나름대로의 동기와 이유를 지닌 일단의 혁신가들과 개발자들은 오픈소스 소프트웨어 플랫폼인 위키피디아와 리눅스를 만들어 냈다. 애플은 자사의 제품 혁신 과정에 외부 인력을 참가시켜 큰 성공을 거두었다. 애플의 앱스토어는 수천 명의 외부 개발자들이 만든 프로그램들로 가득하다. 그들은 회사가 전혀 상상하지 못한 방식으로 애플의 플랫폼을 활용해서 소비자들에게 커다란 가치를 선사했다.

그런가 하면 2009년에 넷플릭스가 영화 추천 시스템의 품질을 개선하기 위해 외부인에게 100만 달러의 상금을 제공한 것은 '개방형 혁신'에 대한 또 하나의 사례다. X 프라이즈 재단X Prize Foundation에서도 게놈, 개인 우주여행, 대체 에너지와 같은 분야의 발전을 촉진하기 위해 비슷한 대회를 열었다. 이 콘테스트는 인류 발전을 위한 여러 중요한 문제에 관심과 능력을 지닌 우수한 인재를 찾아보자는 목적에서 시작됐다.

P&G는 2000년대 들어 자사의 모토를 '여기서 개발한 것이 아니다'라는 태도에서 '자랑스럽게도 다른 곳에서 발견했다proudly found elsewhere'라는 개념으로 바꾸면서 회사 외부로부터 혁신적인 제품과 프로세스를 도입해왔다고 말한다. P&G는 이를 위해 그들의 필요와 관심을 외부에 널리 알리고, 이에 대한 아이디어를 지닌 사람들을 영입한다. 그리고 그 아이디어들을 현실화시킬 준비에 돌입한다. 어떤 스타트업이 P&G에 비즈니스 제안

을 해온다면, P&G는 이를 검토하는 데 많은 시간을 쓸 수 없다. 스타트업이 그 안에 망해버릴 수도 있기 때문이다. 또한 관리자들은 외부에서 들여온 아이디어를 내부 조직에 정착시키도록 노력해야 한다. P&G에 아무리 훌륭한 아이디어가 흘러들어오더라도 저절로 제품화되지는 않는다. 회사는 모든 직급의 관리자들이 이 아이디어를 받아들이고 적절히 현실화할 수 있도록 독려해야 한다. 그렇지 않다면 '개방형 혁신'이란 말은 공허한 외침에 불과하다. 요컨대 P&G가 언제 어디서나 혁신을 활용할 준비가 되어 있다면, 이런 모든 내부적 변화들은 회사에 큰 가치를 돌려줄 것이다.

반면 보잉Beoing이 드림라이너 787 여객기를 개발하는 과정에서 벌어진 상황은 개방형 혁신의 잘못된 사례 중 하나다. 이 회사는 비행기 개발 비용을 절감하기 위해 디자인의 많은 부분을 여러 외부 기업에 의뢰했다. 보잉은 그 외부 기업들이 디자인 작업을 위해 자체적으로 연구개발에 투자를 하고, 후에 자사와 하청계약을 맺어 비행기를 실제로 제작하는 과정에 참여하도록 했다. 하지만 수많은 부품들을 통합해야 하는 기술적 난제는 보잉을 좌절하게 만들었다. 그렇게 제작된 787 기는 제대로 움직이지 않았다. 외부 기업들에게 제작 과정을 개방함으로써 이익을 보려던 보잉의 계획은 이루어지지 않았다.

개방형 혁신을 올바르게 추진하기 위해서는 권한 위임과 직접적 통제 사이에서 균형을 잘 맞추는 일이 필요하다. 외부의 많은 아이디어와 영향력에 대해 개방적인 자세를 유지하는 일은 바람직하다. 하지만 그 아이디어들을 현실화하기 위해 어느 시점에서는 적절한 투자와 제품화 작업을 진행해야 한다. 그러므로 관리자는 공동의 목표를 추구하는 과정에서 그 모든 업무가 차질 없이 이루어지도록 조율할 의무가 있다.

나이키Nike가 2010년 발표한 그린익스체인지GreenXchange는 또 다른 차원에서 개방형 혁신이 이루어진 사례다. 이것은 기업들이 기술적 혁신에 대한 내용을 다른 사람들과 공유함으로써 그 기술들이 다양한 영역에서 활용될 수 있도록 만들어주는 개방형 플랫폼이다. 나이키는 스포츠 장비를 만들면서 제품의 소재에 대해 많은 지식을 축적했다. 그중 많은 재료들이 스포츠와 관계없는 다른 비즈니스 영역에서도 유용하게 활용될 수 있다. 예를 들어 그들이 고무 밑창을 댄 운동화를 제작하는 과정에서 확보한 소재 기술은 개발도상국에서 저렴한 지붕 소재를 개발하는 데 적용되기도 한다. 나이키는 그럴 의무가 없음에도 불구하고 다른 사람들이 자사의 발명품을 사용하는 것을 허용해 회사의 명성을 높이고 자사의 혁신 과정에 많은 외부 혁신가들을 끌어들인다. 비록 이런 과정이 명백한 경제적 혜택을 가져다준다고 장담할 수는 없지만, 나이키는 다른 기업이나 사람들 간에 형성된 지적·상업적 우호관계가 긍정적 결과로 되돌아올 것이라는 신념을 지니고 있다.

관리자가 통제를 느슨하게 하는 일은 항상 두려움을 수반한다. 하지만 우리의 삶은 이미 개방, 공유, 그리고 한때 요지부동이었던 통제의 벽과 사적 영역의 붕괴를 향해 줄달음치고 있다. 관리자들도 이런 추세를 따라야 한다.

3 Managing Strategy

나쁜 실패와 좋은 실패

실패를 좋아하는 사람은 없다. 하지만 실패가 성공의 핵심 요소라는 말은 이미 비즈니스 세계에서 유명한 경구다. 실패를 경험하지 않은 사람은 성공할 수 없다. 이 말은 사실이지만, 직원들이 자신의 실패를 편안하게 생각할 수 있는 문화를 갖춘 기업은 매우 드물다. CEO가 실패의 중요성에 대해 아무리 강조한다 해도, 직원들이 실패했을 때 일자리를 잃게 될까 두려워하거나 직장생활이 힘들어질 거라고 예상한다면 CEO의 말에 귀를 기울이지 않을 것이다. 직원들이 실패에 대해 혼란을 겪는 이유는 기본적 정의가 부족하기 때문이다. 비즈니스에는 좋은 실패와 나쁜 실패, 피해야 하는 실패와 기대할 만한 실패, 멍청한 실패와 지적인 실패 등이 섞여 있다. 이 모든 종류의 실패를 하나의 잣대로 판단하는 일은 바람직하지 않다.

나쁜 실패는 사람들의 부주의나 고의적 범죄로 인해 야기된 실패를 말한다. 일례로 서류 작업을 제대로 처리하지 못해 중요한 계약 건을 놓친 담당자는 징계를 받아 마땅하다. 반대로 복잡한 가설을 세우고 이를 테스트하는 과정에서 발생한 실패는 결론에 도달하기 위한 핵심적 과정이다.

혁신에는 실험이 필요하고, 실험은 실패를 동반한다. 실험을 하지 않는 회사는 지속가능한 경쟁 우위를 개발하지 못한다. 그들은 단지 예전에 했던 일만을 반복할 수 있을 뿐이다. 좋은 실패는 선택의 범위를 줄이거나, 관련된 지식을 습득하게 만들어줌으로써 결국 당신을 성공으로 이끈다.

관리자들은 실패를 통해 조직의 성공 가능성을 높일 수 있다고 판단되는 경우에만 실패를 감수해야 한다. 그렇지 않다면 실패를 피하는 편이 좋다.

실패는 적절한 방식으로 이루어져야 한다. 만일 당신이 위험 부담이 큰 프로젝트를 시작한다면 시작 단계에서 자신이 어떤 일을 하고 있는지 명확히 규정할 필요가 있다. 그리고 동료들에게 당신이 취하는 행동의 목적을 설명하고, 프로젝트에 필요한 자원을 적절하게 확보해야 한다. 또한 모든 사람들이 그 프로젝트의 결과에 대해 동일한 수준의 기대를 하도록 만들어야 한다. 성공의 가능성은 얼마나 되는가? 가능성이 낮다면, 이 일의 목적은 무엇인가? 어떤 것을 배우려 하는가? 실패를 최소화하기 위해 어떤 측정 기준을 사용하는가? 당신이 결과보다 과정에 초점을 맞추고 그 과정을 계획대로 실행한다면, 실패라는 결과가 나오더라도 이 모든 일을 이미 성공이라 부를 수 있을 것이다.

다른 사람들로 하여금 실패할 가능성이 있는 일을 하도록 설득하고자 한다면 그들이 실패를 편안하게 느끼도록 만들어야 한다. 그들은 매일 저녁 집에 돌아가 가족과 친구들에게 자신이 어떤 일을 하고 있는지 설명할 것이다. 결코 이렇게 말하지 않게 만들어라. "내가 하는 일은 아마 실패할 거야." 그런 사람들은 아마 조만간 다른 곳에서 일하기를 원하게 될 것이다. 직원들이 다음과 같이 생각할 수 있어야 옳다. "나는 지금 아무도 시도해보지 않은 흥미로운 일을 하고 있어. 그 일이 성공한다면 더없이 좋겠지. 하지만 실패한다고 해도 그런 일에 도전했고 조직을 더욱 발전시켰다는 보상을 받게 될 거야."

사람들이 이렇게 생각하도록 하려면 위험도가 높은 프로젝트에 투입된 직원들에게 명확한 역할이 주어져야 한다. 모든 일에는 과정이 중요하다. 만일 직원들이 분명한 역할과 업무를 부여받고 이를 위해 최선의 능력을 발휘할 수 있다면, 비록 그들의 노력이 실패로 돌아간다 하더라도 자신의 역량에 대한 자신감과 만족감을 얻게 될 것이다. 토요타의 생산 시스템에서 볼 수 있듯이, 직원들이 실패의 과정에 참여하거나 단순히 실패를 찾아내기만 하더라도 더 나은 조직을 만들 수 있다는 생각을 갖게 하는 일이 중요하다.

물론 그런 문화를 만들어내는 일은 관리자들에게 주어진 가장 어려운 과제 중 하나다. 앨런 멀러리Alan Mulally가 포드의 CEO로 취임했을 때, 회사는 일 년에 수십억 달러의 적자를 보고 있었다. 멀러리는 회사의 상황을 파악하기 위해 300개에 달하는 각 부서의 운영 현황에 대한 보고서를 제출하라고 지시했다. 그리고 보고서에 부서별 상황을 색깔로 나타내라고 요청했다. 녹색은 사업이 잘되고 있다는 의미이고, 노란색은 주의해야 한다는 뜻이며, 붉은색은 문제가 있다는 표시였다. 처음 몇 주 동안은 모든 보고서가 녹색으로 채워졌다. 관리자들의 태도에 절망한 멀러리는 이렇게 물었다. "도대체 잘되지 않는 일은 전혀 없다는 말인가요?" 그는 곧 노란색 표시가 들어간 보고서를 하나 받게 되었다. 멀러리는 보고서를 제출한 사람을 칭찬했다. 그러자 노란색과 붉은색으로 가득 찬 보고서가 물밀 듯 밀려들었다.

부서 관리자들로 하여금 현재 상황에 문제가 있다는 사실을 인정하게 만든 일은 멀러리가 회사를 정상화하는 바탕이 되었다. 멀러리는 이렇게 말하곤 했다. "당신은 비밀로 하는 일을 관리할 수 없습니다."[2] 문제를 밖으로 드러내고 모든 사람의 문제로 만들면, 더 신속하고 효과적인 해결책을 도출할 수 있는 것이다.

그러므로 좋은 실패를 경험하기 위해서는 자신이 하는 일을 구체적으로 파악해야 한다. 그 일의 목적은 무엇인가? 이 일은 실험의 과정인가? 우리는 이를 통해 배우고 있는가 아니면 단순히 남들에게 보여주기 위함인가? 모든 사람들이 이 일에 대해 이해하는가? 이 일의 성공에 보상이 연결되어 있는가? 만일 그렇다면 그 연결 고리를 끊는 편이 좋다. 사람들은 보상이 주어지는 일만 하려 들기 때문이다. 프로젝트를 작은 업무 덩어리로 나누고, 진행을 멈출지 아니면 계속할지 결정하는 단계별 점검 과정을 세워라. 그리고 가능하다면 빨리, 그리고 더 적은 대가를 치르며 실패하라.

일단 실패를 겪었다면 그 실패를 정확한 관점으로 바라보는 일이 중요하다. 상황을 시정하는 조치가 필요한가? 어떤 사람을 해고하거나 업무 프로세스를 개선해야 하는가? 배울 점이 있는 실패인가? 좋은 실패를 했는가 아니면 그렇지 못한가? 그런 후에 관리자로서 해야 할 가장 핵심적인 임무는 긍정적인 실패를 한 직원에게 적절하고 가시적인 보상을 제공함으로써 조직의 구성원들에게 무엇이 가장 중요한지 알려주는 일이다.

4 Managing Strategy

성공 이후를 대비하는 것

화려한 경력을 자랑하던 테니스 스타 로저 페더러Roger Federer는 2011년 초가 되면서 쇠락의 조짐을 보이기 시작했다. 세계 1위 자리를 다른 선수에게 내준데다, 나이도 30대로 접어들고 있었던 것이다. 페더러는 여전히 세계 2위의 막강한 선수였지만 그에 대해 오가는 말들은 부정적이기만 했다. 로저 페더러가 아니었다면 세계 2위라는 자리는 대단한 성취를 의미할 수 있었다. 하지만 이미 최고의 자리를 경험한 페더러가 세계 두 번째 강자가 됐다는 사실을 사람들은 실패라고 생각했다. 다행스럽게도, 그해 벌어진 호주 오픈 개막 전날에 페더러는 다음과 같은 긍정적인 관점을 내보였다. "세계 1위의 선수가 경기를 잘하면 사람들은 엄청나게 수선을 떨고, 조금 부진한 경기를 하더라도 괜찮다고 해요. 최고의 자리에 있는 사람은 실패할 리가 없다는 거지요. 하지만 그 사람이 세계 2위로 떨어졌다면, 예전이라면 난리를 칠 만한 성과를 거둬도 사람들은 그냥 잘했다는 식으로 반응해요."

그가 깨달은 대중의 사고방식은 스포츠뿐 아니라 비즈니스의 세계에도 만연하다. 사람들은 결과에 과도하게 집착한 탓에 성공과 실패의 진정한 원인을 제대로 이해하지 못한다. 편협한 승리자는 자신이 승리했다는 사실 하나로 모든 일을 정당화한다. 또 편협한 실패자는 그동안 진행했던 계획을 전부 무시해버리고 모든 일을 새롭게 시작하려 한다. 실패와 마찬가지로 성공에 대해서도 올바른 관점을 지니고 결과보다 과정을 중시하는 일은 언제나 중요하다.

2011년 당시 이미 16차례의 그랜드 슬램 대회를 제패한 경력을 보유한 페더러는 경기력 향상을 위해 다시 노력하기 시작했다. 그는 이전에 한 번도 같이 일해보지 않은 사람을 코치로 고용했다. 자신의 게임에 대한 장단점을 편견 없이 봐줄 수 있는 사람을 원했던 것이다.

하지만 그가 결코 바꾸지 않은 단 한 가지는 자신의 신념이었다. 이는 그가 테니스 역사상 최고의 선수가 될 수 있었던 원동력이기도 했다. 갈고 닦은 기술과 힘든 노력이 그를 정상 부근까지 이끌 수는 있었다. 하지만 그가 진정으로 뛰어난 선수가 될 수 있었던 이유는 경기 중에 결코 두려움을 느끼지 않기로 한 자신의 결심 때문이었다. 경기가 아무리 불리하게 전개돼도 그는 자책하거나 패배를 상상하는 대신 참고 견디며 최선의 상황을 기대했다. 상대편 선수가 제풀에 무너질지는 누구도 알 수 없는 일이다. 하지만 자신의 신념과 노력은 스스로 통제가 가능하다.

로저 페더러의 성공은 자신을 냉정하고 객관적으로 바라보는 능력에 힘입은 바 크다. 그는 다른 사람이 어떻게 말하든 무엇이 성공이고 실패인지를 스스로 판단한다. 마찬가지로 훌륭한 관리자는 사람들의 부정확한 입방아에 개의치 않고 효과적인 업무 프로세스와 적절한 판단력을 세우는 데 집중한다.

성공의 가장 큰 위험 중 하나는 과도한 자신감을 불러온다는 사실이다. 실패를 경험한 사람들은 그 이유를 알기 위해 노력한다. 비행기가 추락하거나 주가가 폭락하면 관계자들은 대대적인 조사에 돌입하고 위원회를 구성해서 왜 그런 일이 발생했는지 파악하려고 노력한다. 하지만 성공에는 그런 과정이 없다. 사람들은 떠들썩한 축하의 환호성 속에서 성공의 이유가 무엇이었는지 잊어버린다. 일을 잘 구상했기 때문인가? 실행을 잘해서인가? 아니면 운이 좋았을 뿐인가?

우리가 성공의 요인을 정확하게 판단하지 못하면 이를 통해 아무것도 배우지 못하며, 성공을 다시 반복하기도 어렵다. 게다가 성공을 했다는 사실 때문에 자신이 얼마나 실패에 가까이 갔었는지 간과하게 된다.

미국 항공사 제트블루는 2000년 창업 이후 '인간미 넘치는 비행기 여행 bring humanity back to air travel'이라는 슬로건을 표방하며 세계적인 명성을 누려왔다. 이 회사는 어떤 경쟁자보다 훌륭한 서비스를 고객에게 제공한다는 신념을 바탕으로 미국 국내선 비행기에 좌석 등받이 텔레비전을 설치하거나 승객에게 더욱 편안한 헤드셋을 지급하는 등 여러 가지 혜택을 내놓았다. 또한 날씨가 나쁠 때도 운항을 취소하는 비율이 다른 항공사들에 비해 훨씬 낮다고 자랑했다. 즉 제트블루는 날씨가 더 나빠지기 전에 승객들을 빨리 탑승시키고 신속하게 출발하는 방법을 선호했다.

하지만 제트블루의 이런 무모한 방식은 2007년 밸런타인데이에 된서리를 맞았다. 뉴욕 JFK 공항을 강타한 눈보라 때문에 제트블루 항공기에 탑승했던 수백 명의 승객들은 추운 기내에서 화장실의 악취를 맡으며 11시간 동안 비행기에 갇혀 있었다. 분노한 고객들이 수많은 항공편의 예약을 취소하면서 회사는 수백만 달러의 손실을 입었다. 회사의 명성도 급격히 추락했다. 며칠 뒤, 제트블루의 CEO가 뉴욕에서 열린 한 코미디 쇼에 등장했다. 사회자는 그가 무대로 나오는 시간을 잠시 늦추면서 이렇게 말했다. "그가 정신을 차릴 때까지 좀 기다려주기로 하죠."

돌이켜보면 제트블루의 공격적인 날씨 대응 전략 때문에 이 회사의 항공기 운항이 악천후로 지연되는 횟수는 2003년에서 2007년 사이에 3배나 늘어나 있었다. 회사는 많은 고객 서비스 상을 받았지만, 위험의 가능성도 그만큼 높이고 있었으며 결국 참담한 실패를 맛보게 됐다. 계속되는 성공이 나날이 커지는 실패의 위험성을 가리고 있었던 것이다.

제트블루처럼 성공한 기업은 서비스 평가가 낮은 회사에 비해 재난이 닥쳤을 때 더 큰 어려움을 겪는다. 고객들은 평가가 그저 그런 항공사를 이용할 때 으레 서비스가 좋지 않을 거라고 예상한다. 반면 제트블루는 고객으로부터 깊은 신뢰를 얻었지만 그 신뢰가 처참하게 무너지는 경험했다. 다행히 이 회사는 사태에 적절히 대응했다. CEO가 전면에 나서 백배사죄하고 비행기 안에서 악몽 같은 시간을 보낸 승객들에게 규정을 바꿔서라도 최대한 보상하겠다고 약속했다. 또한 차후 비행기의 운항이 과도하게 지연될 경우 승객에게 항공료를 신속하게 환불해주고 무료 항공권 등의 혜택을 제공하기로 했다.

고객 서비스가 회사의 명성을 좌우하는 경우, 기업의 위상이 추락하는 데는 2가지 이유가 있다. 하나는 신뢰를 잃게 행동하기 때문이며 또 하나는 문제를 공정하게 해결하지 않기 때문이다. 제트블루는 고객의 신뢰를 회복하기 위해 지나치다 싶을 정도로 파격적인 조치를 취하며 문제 해결을 위해 노력했다. 그들은 예약 시스템을 개선하고 직원 교육을 강화했으며 운영 체계를 더욱 효과적으로 향상시켰다. 또한 차후에 같은 문제가 다시 발생할 경우 공항의 수하물 처리나 터미널 예약 같은 조치를 신속하게 담당할 임원들을 선임했다.

제트블루는 세간의 찬사에 취해 자사의 프로세스를 돌보지 않음으로써 성공을 제대로 관리하지 못했다. 그들은 고객들을 종종 실망시켜온 다른 항공사들에 비해 실패의 나락에서 빠져나오기 위해 더 힘겨운 노력을 기울여야 했다.

성공의 세 번째 위험은 우리의 마음을 닫아버리고 좋은 습관을 변화시킨다는 점이다. 우리는 성공을 하면서 우리를 성공으로 이끌었던 호기심, 성실함, 개방성, 위험을 감수하는 마음가짐 같은 자세를 망각해버린다. 대신 현실에 안주하면서 주변을 다른 '성공적인' 사람들로만 채우고, 자신을 뛰어넘거나 개선하려고 노력하기보다 이미 갖고 있는 것들을 보호하고 비축하는 데 전념한다.

앨버트 아인슈타인은 중년에 접어들면서 바로 이런 상황에 빠졌다. 그는 당시 세계에서 가장 유명한 과학자였다. 사실 어릴 때의 그는 그렇게 똑똑하지 않았으며 학교에서는 다소 건방진 아이였다. 하지만 십대가 되면서 학교에서 배운 내용과는 전혀 상관없는 과학의 세계로 빠져들었다. 그의 상상은 빛의 속도로 우주를 누볐으며 시간과 공간을 관통했다. 그는 대학을 졸업하고 교수가 되는 일에 실패하자 스위스 특허청에 취직했다. 그리고 20대 중반의 몇 개월 동안 과학의 역사를 바꿔놓는 다섯 편의 짧은 논문들을 발표했다. 뉴턴의 물리학에 도전장을 던지면서 시간과 우주에 대한 인류의 관점을 바꿔놓는 획기적인 업적이었다.

갑자기 수많은 학교에서 그를 초빙하려고 애쓰기 시작했다. 그의 이론이 학계의 신뢰를 얻으며 폭넓게 수용되자 그는 세계 최고의 과학자로 부상했다. 흰색 머리카락과 수염, 그리고 파이프는 괴팍하면서도 천재적인 과학자의 이미지를 대변했다. 하지만 세간의 모든 관심은 그의 과학적 창의성을 훼손하는 역할을 했다. 그는 이렇게 불평했다. "나는 명성을 얻으면서 점점 멍청해져요. 물론 흔한 현상이지요."[3] 그는 나이가 들면서 더 이상 젊은 시절의 열정과 자유로움을 바탕으로 사고하는 일이 어렵다는 사실을 깨달았다. 그는 젊은 물리학자들의 새로운 아이디어들을 일축해버리곤 했다. 특히 자신의 이론에 반박하는 과학자들은 더욱 심하게 무시했다. 그는 우주의 불확실성을 주장하는 관점을 매우 싫어해서 이런 유명한 말을 했다. "신은 우주를 두고 주사위 놀이를 하지 않는다." 그는 자신의 지적 세계에 일어난 일을 경멸했다. 심지어 자신이 가장 큰 유명세를 누리고 있을 때에도 한 친구에게 편지를 보내 이렇게 말했다. "지적 능력은 쇠퇴해가는데 화려한 명성만 석회화된 세포 주위에 드리워져 있다네."[4]

캘리포니아의 사업가 스튜어트 브랜드Stewart Brand는 1968년부터 1972년 사이에 《지구백과Whole Earth Catalog》라는 책을 펴냈다. 이 책에서는 당대 미국을 지배하던 보수적 문화에 거부감을 느끼는 사람들, 그리고 보다 창의적이고 지속가능한 삶의 방식을 추구하는 사람들을 위한 옷이나 책, 도구, 농사에 필요한 씨앗 등의 각종 물건을 소개했다. 또한 인간의 삶에서 환경과 생태계의 중요성을 강조했다. 이 아이디어는 이후 크게 확산되며 현대인들에게 지배적인 믿음으로 자리 잡았다. 인류의 발전에 기여한 수많은 영감의 원천이 된 책이었다.

30년 후, 애플의 창업자 스티브 잡스는 이 책이 자신에게 가장 큰 영감을 가져다준 책들 중 하나라고 밝혔다. 특히 1974년 출간된 이 책의 최종판에는 독자들에게 권하는 이런 말이 담겨 있다. "계속 성공을 갈망하고,

우직하게 전진하라Stay hungry, Stay foolish." 스티브 잡스는 이 구절이 자신이 다른 사람에게 할 수 있는 최고의 조언이라고 말했다.

이 말은 관리자가 실패와 성공을 관리하는 과정에서 명심해야 할 최고의 조언이기도 하다.

핵심 정리

전략 관리를 위한 10가지 좋은 습관

1. 당신이 속한 산업의 구조를 이해하라. 그 구조로 인해 비즈니스의 수익성이 결정된다.

2. 항상 변화에 대비하라. 중요한 변화는 종종 예상하지 않을 때 찾아온다.

3. 사람들은 현 상태를 거부하는 변화에 늘 불평을 한다.

4. 낡은 전략을 고수하기 위해 애쓰는 사람이 되지 마라.

5. 전략은 비즈니스 환경의 변화에 따라 유동적으로 바뀌어야 한다.

6. 자신의 실패뿐 아니라 성공에 대해서도 객관적으로 생각하라.

7. 방어적인 태도를 버려라. 어떤 경우에도 도움이 되지 않는다.

8. 개방적인 자세를 지녀라.

9. 실험을 장려하고, 그 결과에 따른 보상과 처벌의 기준을 명확히 정립하라.

10. 고귀한 실패를 통해 적절한 전략을 발견하라.

에필로그

마크 저커버그가 셰릴 샌드버그를 영입한 이유

나는 이 책을 시작하면서 사람을 관리하는 일의 핵심은 지위가 아니라 책임이라고 말했다. 훌륭한 관리자들은 자신이 해야 할 일을 능숙하게 수행한다. 그들은 직책을 이용해서 남들에게 어떻게 행동하라고 강요하지 않는다. 단지 사람들의 존경심에 의존할 뿐이다. 그들은 항상 친절하고 사려 깊게 행동한다. 그럴 필요가 없을 때에도, 아무도 지켜보지 않을 때에도 다르지 않다. 뿐만 아니라 사람들에게 깊은 신뢰를 심어주고, 이를 바탕으로 어려운 일들을 이루어낸다.

또한 훌륭한 관리자들은 자기 자신을 정확히 파악한다. 자기의 강점과 약점이 무엇인지 항상 알고 있으며 다른 사람들과의 관계를 긴밀하게 만들기 위해서라면 그들을 거리낌 없이 신뢰한다.

하지만 훌륭한 관리자들이란 무엇보다 맡은 일을 해내는 사람들이다. 그들은 항상 앞으로 나아가며, 지나간 일을 후회하기보다 과거로부터 배우려고 노력한다. 그리고 더 좋은 미래를 만들기 위해 오늘 자신이 무엇을 통제할 수 있는지 알고 있다. 그들은 운전대에 앉아 핸들을 잡는 일을 개의치 않으며, 리더로서 해야 할 일을 열정적으로 받아들인다. 또한 두려운 일도 기꺼이 맞닥뜨리며 그로 인해 자신이 더 발전하리라고 믿는다. 그들은 두려움 때문에 아무것도 하지 않기보다, 차라리 무언가를 시도해서 실패하는 길을 택한다.

관리는 사람, 비전, 운영의 세 영역으로 나뉘며, 모든 요소가 똑같이 중요하다. 만일 당신이 뛰어난 직원을 채용한 후 그를 열심히 일하게 만들어서 위대한 비전을 성취한다면 당신은 세계적 수준의 뛰어난 관리자다.

하지만 이 경우에도 당신이 어떤 유형의 관리자인가에 따라 상황은 매우 달라질 수 있다. 모든 매체에서는 관리자들이 일하는 방식에 대해 매일같이 갑론을박한다. 당신은 그중에서 자신에게 맞는다고 생각되는 패턴과 습관을 파악할 필요가 있다.

미국 잡지 〈틴 보그Teen Vogue〉의 편집장 에이미 애슬리Amy Astley는 몇 년간 발레 무용수들을 훈련시키는 일을 한 적이 있다. 그녀는 이때의 경험으로 인해 일에 대한 높은 수준의 기대치를 갖는 버릇, 그리고 문제를 그럴듯하게 포장하지 않는 습관을 지니게 되었다고 말한다. "업무에 대한 기대치를 높게 잡는 습관은 나를 성장시키고 오늘날의 내 모습을 만들어준 계기가 됐습니다. 나는 주변 사람들을 그렇게 심하게 대하지는 않아요. 단지 그들에게 높은 기대치를 갖지요. 모든 사람들이 그 수준을 다 만족시키지는 못해요." 이런 접근방식은 그녀가 회의를 하는 방법도 바꾸어놓았다. 그녀는 처음 편집장이 되었을 때 모든 사람들을 회의실에 모아두고 대규모 직원 회의를 하곤 했다. "6개월 정도 그런 식으로 회의를 해보니 회의실이 고등학교 식당처럼 변한다는 사실을 깨달았어요. 어느 무리에서건 튀는 여자 아이들이 있는 법이지요. 그중 두 명이 제일 친한 친구 사이에요. 그들 둘이 이야기를 늘어놓으면서 다른 사람들의 입을 막아버려요. 나머지 사람들은 벙어리처럼 한마디도 안 하는 거예요. 그러니 새로운 아이디어가 나올 수가 없지요." 그녀는 또한 그렇게 많은 사람들이 회의를 하게 되면 각자의 책임을 모면하는 일이 쉬워진다는 사실을 알게 됐다.

에이미는 직원 개인과 일대일 회의를 진행하는 방법을 택했다. 그녀는 이를 통해 직원들에게 분명한 방향을 제시하고, 그들의 의견을 세심하게 청취하며, 그들에게 책임을 부여하거나 명확한 행동지침을 내릴 수 있었다. 또한 창조적 성향을 지닌 사람들은 사적인 회의에서 더욱 용감한 태도를 보이고, 동료들이 듣지 않을 때 훨씬 파격적인 아이디어를 제시한다는 점을 깨달았다.[1]

모든 산업 분야나 조직에는 각자의 영역에 적합한 독특한 관리 방식이 있는 법이다. 변호사이자 전 프랑스 재무부 장관인 크리스틴 라가르드 Christine Lagarde는 2011년에 국제통화기금IMF의 총재로 선출됐다. 그녀는 금융계에 더 많은 여성들이 일했다면 2008년의 글로벌 금융위기는 그렇게까지 악화되지 않았을 거라고 말한다. 크리스틴은 IMF의 수장이 된 후 전임자들에 비해 훨씬 많은 자문위원들을 선임해서 조언을 구하는 방법을 택했다. "내 관리 방식은 보다 포용적이지요. 제가 여자라서 그렇다고 생각해도 좋아요. 여성들은 아무래도 포용적인 경향이 있으니까요. 나는 조직을 운영할 때는 결단력을 발휘하는 편이지만, 행동에 돌입하기 전에 많은 사람들의 조언을 얻고 그들의 아이디어를 경청하려고 애쓰지요."[2]

라가르드는 국제기구의 수장으로서 정치적인 문제에도 깊은 관심을 기울인다. 반면 텍사스 출신의 억만장자 로스 페로H. Ross Perot의 방식은 다르다. 그는 기술 기업을 경영하면서 많은 돈을 벌었으며 미국 대통령 선거에 무

소속으로 두 차례나 출마했다. 그가 일할 때 즐겨 강조하는 원칙은 "준비, 발사, 조준"이다. 페로는 다른 기업들이 조준하고, 목표물을 찾고, 준비하는 데 너무 많은 시간을 소비하기 때문에 시기를 놓친다고 주장한다. 그는 일단 준비가 되면 바로 총을 발사한 후에 총알이 얼마나 목표물에 가깝게 맞았는지를 확인하고 가늠자를 다시 조정하는 편이 훨씬 효과적이라고 말한다. 먼저 수많은 시도를 해본 후에야 성공을 기대할 수 있다는 것이다.

마이클 블룸버그Michael Bloomberg는 자신의 회고록 《월가의 황제 블룸버그 스토리Bloomberg by Bloomberg》에서 블룸버그 단말기 판매 사업 초창기에 대해 이렇게 썼다. "물론 우리는 많은 실수를 저질렀다. 대부분은 우리가 처음 소프트웨어를 만들기 시작했을 때 미처 생각하지 못하고 넘어갔던 문제들이었다. 하지만 우리는 계속 일을 해나가며 그 문제들을 해결했다. 그런 방식은 오늘날에도 이어지는 중이다. 경쟁자들이 제품을 완벽하게 디자인하려고 애쓰고 있을 때 우리는 이미 시제품 5차 버전을 완성했다. 경쟁사들은 비로소 철사와 나사를 들고 일하러 나섰지만 우리는 이미 시제품 10차 버전을 출시했다. 이것이 계획과 실행의 차이다. 우리는 첫날부터 바로 행동에 돌입하지만, 다른 회사들은 계획을 어떻게 세워야 할지 다시 계획하는 데 몇 달을 허비한다."

당신은 이런 방식을 회사나 본인의 관리 방식에 적용할 수 있는가? 만일 당신이 몇 개월 동안 계획만 세우고 있다면, 거기에 특별한 이유가 있는가? 아니면 그저 일을 질질 끌면서 당신이 속한 세계의 또 다른 블룸버그에게 시장을 내줄 생각인가? 당신은 관리자에게 당연히 부여된 임무를 수행하며 책임을 다하고 있는가, 아니면 그 임무를 피하고 있는가?

그 모든 일은 당신이 하루의 순간순간을 어떻게 관리하는가, 직원들과 어떻게 대화를 나눌 것인가, 또 어떻게 일상적인 예의를 지킬 것인가와 같은 사소한 부분에서 시작한다. 페이스북은 2004년 설립 이후부터 영리하고 천재적인 프로그래머이자 괴팍한 성격의 창업자 마크 저커버그의 이미지 위에서 성장했다. 이 회사의 우선순위는 뛰어난 프로그래밍 기술이었지, 직원들을 관리하는 일이 아니었다.

하지만 저커버그는 회사의 문제를 인식하고 해결에 나섰다. 회사의 투자자들은 그를 많은 기업의 임원들과 만나게 해주면서 그중 한 명쯤은 페이스북에 적합한 인물이 있으리라 기대했다. 마침내 저커버그는 구글의 임원이었던 셰릴 샌드버그Sheryl Sandberg를 만나게 된다. 두 사람은 여러 차례 저녁을 함께 하면서 삶에 대한 개인적 철학부터 인터넷 광고 비즈니스에 이르기까지 다양한 대화를 나누었다. 결국 저커버그는 그녀에게 페이스북의 최고운영책임자COO 자리를 제안했다. "세상에는 정말 훌륭한 관리자들이 있는 법이지요. 큰 조직을 관리할 수 있는 사람 말이에요." 저커버그는 이렇게 말했다. "한편 매우 분석적이고 전략에 특화된 사람들도 있습니다. 내 경우는 후자에 해당하는 것 같네요. 한 사람이 이 2가지 재능을 다 갖춘 경우는 드물어요."[3]

샌드버그는 페이스북에서 일하기 시작했을 때 수백 명의 직원들 책상을 하나하나 찾아다니며 인사를 나눴다. "안녕하세요. 셰릴 샌드버그라고 합니다." 그녀는 매주 월요일 오전과 금요일 오후에 저커버그와 정기 회의를 하고, 저커버그가 '다른 회사에서라면 내가 직접 했어야 할 일들'이라고 불렀던 업무들을 처리해나갔다. 다시 말해 관리를 시작한 것이다. 페이스북에는 어떻게 수익을 내야 하는지에 대한 문제를 포함해 해결해야 할 사안들이 넘쳐났다. 샌드버그는 이 문제들을 해결하기 위해 고위 경영진을 불러 모아 장시간 회의를 진행했다. 그리고 마침내 광고 기반의 비즈니스 모델을 만들자는 합의를 이루어냈다. 페이스북은 2010년부터 수익을 내기 시작했고 사용자 수도 이전보다 10배로 늘었다.

위대한 관리자들은 세계를 움직이는 커다란 힘이다. 하지만 훌륭한 관리자가 되기 위해서는 남들이 성가시고 귀찮게 생각하는 일에서 가장 좋은 결과를 만들어야 하는 경우가 종종 발생한다. 회의를 좋아하는 사람은 아무도 없다. 하지만 회의는 비즈니스에서 꼭 필요한 요소다. 따라서 당신은 회의를 최대한 이용할 필요가 있다. 즉 회의의 달인이 되어야 한다는 말이다. 회의를 통해 직원들에게 궁금한 내용을 묻고, 그들을 설득하고, 동기를 부여하라. 또 당신의 기술을 개발하고 다른 사람들에게 당신의 가치를 깨닫게 만드는 계기로 삼아라.

또한 인적 네트워크를 넓히는 일도 중요하다. 성공은 확산되는 법이다. 성공한 사람들은 성공을 이룬 다른 사람들과 알게 되는 경우가 많다. 오늘날의 기업들은 많은 측면에서 불평의 대상이 된다. 넘쳐나는 관리적 용어, 관료주의적 행태, 시간 낭비 요소 등등 많은 사람들이 자신의 직장에 불만을 토로하며 하루를 보낸다. 하지만 훌륭한 관리자들은 그런 와중에도 무언가를 하려고 노력한다. 그리고 그런 태도를 지닌 사람들을 주위에 둔다. 그들은 무기력함과 고통에 자신을 내주지 않는다. 요컨대 훌륭한 관리자들은 환경을 변화시키거나 혹은 자신에게 발전할 기회를 주고 다른 사람의 성공에 영향을 받을 수 있는 환경을 스스로 찾아간다.

하지만 그 모든 요소 중에 훌륭한 관리자들에게서 나타나는 가장 커다란 특징은 남들에게 관심을 갖는다는 사실이다. 그들은 신참 직원을 훈련시키는 일이든, 넘치는 쓰레기통을 비우는 일이든 모든 주변의 일들을 꼼꼼하게 챙긴다. 아무도 하려 하지 않는 허드렛일에도 직접 빗자루를 들고 나선다. 그리고 메모가 어떻게 정리됐는지, 슬라이드가 어떻게 만들어졌는지 같은 사소한 일도 놓치지 않는다. 그들은 해야 할 업무를 모두 목록화하고 그 모든 일들을 빠뜨리지 않고 완료한다.

그들은 남들에게 좋은 인상을 주는 일, 사람들을 예의있게 대하는 일이 중요하다는 사실을 알고 있다. 또한 전략적인 사안들을 충분히 고려해야 한다는 점도 이해한다. 그들은 무언가를 배우는 일에 매우 진지하며, 모든 업무들이 반드시 통합적으로 이루어지도록 최선을 다한다. 훌륭한 기업에서는 여러 사업부들이 저마다의 벽에 갇혀 업무를 진행하기보다 완벽하게 들어맞는 톱니바퀴처럼 서로 지원하고 개선을 유도하며 최선의 기능을 발휘한다. 그들은 실험을 해서 실패를 경험할 수 있다. 하지만 이는 의도적인 실패다. 빠르고 자주, 그리고 지적인 노력을 기울이는 가운데 실패하는 것이 궁극적인 성공에 도달하는 가장 확실한 길이기 때문이다.

이 모든 이야기는 상식적으로 들릴 수 있다. 하지만 이를 실천에 옮기는 사람들은 많지 않다. 아직도 관리에 대한 책이 수없이 저술되고 있는 이유는 이 때문이다.

주석

프롤로그

1 Interview, *Harvard Business Review*, 2011. 4., p. 140

2 Adam Lashinsky, 'How Apple Works: Inside the World's Biggest Start-up', *Fortune Magazine*, 2011. 5. 23.

3 Fred Hassan, 'The Frontline Advantage', *Harvard Business Review*, 2011. 5.

4 John P. Kotter, 'What Leaders Really Do', *Harvard Business Review*, 1990. 5-6.

5 M.W. McCall, M.M. Lombardo and A.M. Morrison, *The Lessons of Experience*, The Free Press, 1988.

1 자기 관리

1 Warren Bennis, *On Becoming a Leader*, Basic Books, 1989., p. 56
《워렌 베니스의 리더》, 류현 옮김, 김영사, 2008

2 Jerr Boschee and Syl Jones, 'The Mimi Silbert Story', The Institute for Social Entrepreneurs, 2000.

3 Kerry Patterson, Joseph Grenny, David Maxfield, Ron McMillan and Al Switzler, *Influencer: The Power to Change Anything*, McGraw-Hill, 2007.
《인플루엔서》, 김경섭·김정원 옮김, 김영사, 2011

4 Russell Bishop, *Workarounds that Work*, McGraw-Hill, 2011., p. 19

5 Gary Wolf, 'Steve Jobs: The Next Insanely Great Thing', *Wired*, 1996. 2.

《스티브 잡스의 세상을 바꾼 명연설》 중 Part 1., 미르에듀, 2011

6 David Allen, *Getting Things Done*, Piatkus, 2002.

《끝도 없는 일 깔끔하게 해치우기》, 공병호 옮김, 21세기북스, 2011

7 David Maister, 'Go For What You Really Want', *Legal Business*, 1996. 1.

8 Laura Nash and Howard Stevenson, 'Success that Lasts', *Harvard Business Review*, 2004. 2.

9 해당 장의 일부는 다음의 글에서 발췌함: Delves Broughton, P., 'Leadership is not just for the extraverts', *The Financial Times*, 2010. 11. 29. © The Financial Times Limited 2010. All rights reserved.

10 Adam Grant, Francesca Gino and David Hoffman, 'Reversing the Extroverted Leadership Advantage: The Role of Employee Proactivity', *The Academy of Management Journal*, Vol. 54, 2011.

11 Scott Berkun, *Confessions of a Public Speaker*, O'Reilly, 2011.

《명연사 명연설 명강의》, 이해영 옮김, 에이콘출판, 2011

12 Sian Beilock, *Choke: What the Secrets of the Brain Reveal about Getting It Right when You Have to*, Constable, 2011. 《부동의 심리학》, 박선령 옮김, 21세기북스, 2011

13 Paul Sullivan, *Clutch: Why Some People Excel under Pressure and Others Don't*, Portfolio, 2010. 《클러치》, 박슬라 옮김, 중앙북스, 2011

14 해당 장의 일부는 다음의 글에서 발췌함: Delves Broughton, P., 'Nothing beats the exercise of judgement', *The Financial Times*, 2010. 9. 6. © The Financial Times Limited 2010. All rights reserved.

15 Joseph Stiglitz, 'Needed: A New Economic Paradigm', *Financial Times*, 2010. 8. 19.

16 해당 장의 일부는 다음의 글에서 발췌함: Delves Broughton, P., 'The Hollywood boss is no work of fiction', *The Financial Times*, 2010. 9. 10. © The Financial Times Limited 2010. All rights reserved.

2 직원 관리

1 Steven Levy, Simone Schuster, *In the Plex: How Google Thinks, Works, and Shapes our Lives*, 2001., p. 230, 구글 폰 개발자인 Andy Rubin에 관한 내용을 인용함.

《In the Plex 0과 1로 세상을 바꾸는 구글 그 모든 이야기》, 위민복 옮김, 에이콘출판, 2012

2 Geoff Smart and Randy Street, *Who: The A Method for Hiring*, Ballantine Books, 2008.

《누구를 어떻게 뽑을 것인가》, 전미영 옮김, 부키, 2012

3 George Anders, *The Rare Find: Spotting Brilliance before Anyone Else*, Viking, 2011., p. 122

4 Malcolm Gladwell, *Blink: The Power of Thinking without Thinking*, Penguin, 2006. 《블링크》, 이무열 옮김, 21세기북스, 2005

5 Michael Kortt and Andrew Leigh, 'Does Size Matter in Australia?', *The Economic Record*, Vol. 86, No. 272, 2010. 3., pp. 71-3

6 Rakesh Khurana, 'The Curse of the Superstar CEO', *Harvard Business Review*, 2002. 9.

7 Peter Drucker, 'There's More than One Kind of Team', *Wall Street Journal*, 1992. 2. 11.

8 Larry Hirschhorn, *Managing in the New Team Environment: Skills, Tools, and Methods*, iUniverse, 1991.

9 해당 장의 일부는 다음의 글에서 발췌함: Delves Broughton, P., 'Break the model on employee behaviour', *The Financial Times*, 2010. 10. © The Financial Times Limited 2010. All rights reserved.

10 해당 장의 일부는 다음의 글에서 발췌함: Delves Broughton, P., 'Time to stand up to the crisis junkies', *The Financial Times*, 2011. 9. 5. © The Financial Times Limited 2011. All rights reserved.

11 R.A. Heifetz, M. Linsky and A. Grashow, *The Practice of Adaptive Leadership: Tools and Tactics for Changing your Organization and the World*, Harvard Business School Press, 2009. 《적응 리더십: 최고의 조직은 어떻게 변화에 적응하는가》, 김충선 옮김, 더난출판사, 2012

12 해당 장의 일부는 다음의 글에서 발췌함: Delves Broughton, P., 'Joined-up thinking', *The Financial Times*, 2011. 6. 8. © The Financial Times Limited 2011. All rights reserved.

13 Clayton M. Christensen, Matt Marx and Howard H. Stevenson, 'The Tools of Cooperation and Change', *Harvard Business Review*, 84, No. 10, 2006. 10.

14 J. Mark Weber and J. Keith Murnighan, 'Suckers or Saviors? Consistent Contributors in Social Dilemmas', *Journal of Personality and Social Psychology*, 95:1340-53, 2008.

15 B. Henderson, 'Brinkmanship in Business', *Harvard Business Review*, 1967. 3.

16 Teresa M. Amabile, 'How to Kill Creativity', *Harvard Business Review*, 1998. 9-10.

3 프로세스 관리

1 Sir John Hunt, *The Conquest of Everest*, E.P. Dutton and Company, 1953.

2 토요타 시스템에 대한 완벽한 분석은 다음을 참고함: Steven Spear and H. Kent Bowen,

'Decoding the DNA of the Toyota Production System', *Harvard Business Review*, 1999. 10.

3 Robert Hof, 'Jeff Bezos: Blind Alley Explorer', *Business Week*, 2004. 8. 19.

4 Saras Sarasvathy, 'What Makes Entrepreneurs Entrepreneurial', University of Washington, 2001.

5 Brigadier General Huba Wass de Czege, US Army Retired, 'Systematic Operational Design: Learning and Adapting in Complex Missions', *Military Review*, 2009. 1-2.

6 'Vinod Khosla: How to Succeed in Silicon Valley by Bumbling and Failing…', *Silicon Valley Watcher*, 2009. 6. 28.

7 T.X. Hammes, 'Dumb-dumb Bullets', *Armed Forces Journal*, 2009. 7.

8 Andy Grove, *High Output Management*, Vintage, 1986.
《탁월한 관리》, 성병현 외 옮김, 대경출판, 1998

9 Kathleen L. McGinn, 'Planning to Play it by Ear', *Harvard Business Publishing Newsletters*, 2003.

10 해당 장의 일부는 다음의 글에서 발췌함: Delves Broughton, P., 'A new route from idea to reality', *The Financial Times*, 2010. 11. 3. © The Financial Times Limited 2010. All rights reserved.

4 숫자 관리

1 Jonathan Byrnes, *Islands of Profit in a Sea of Red Ink: Why 40% of your Business Is Unprofitable and How to Fix It*, Viking, 2010. 《레드오션 전략》, 이훈 · 구계원 옮김, 타임비즈, 2010

2 William E. Fruhan, *Financial Strategy: Studies in the Creation, Transfer and Destruction of Shareholder Value*, The Free Press, 1991.

3 McKinsey & Company Inc., Tim Koller, Richard Dobbs and Bill Huyett, *Value: The Four Cornerstones of Corporate Finance*, John Wiley & Sons, 2010.
《기업가치란 무엇인가》, 고봉찬 옮김, 인피니티북스, 2011

4 Viral Acharya, Conor Kehoe and Michael Reyner, 'The Voice of Experience: Public versus Private Equity', *McKinsey on Finance*, 2009. 봄, 16-21.

5 John Graham, Cam Harvey and Shiva Rajgopal, 'Value Destruction and Financial Reporting Decisions', *Financial Analysts Journal*, 62, 2006.

6 해당 장의 일부는 다음의 글에서 발췌함: Delves Broughton, P. 'When to turn a blind eye to the facts', *The Financial Times*, 2010. 9. 20.. © The Financial Times Limited 2010. All rights

reserved.

7 Peter Tingling and Michael Brydon, 'Is Decision-based Evidence Making Necessarily Bad?', *MIT Sloan Management Review*, 2010. 6.

8 Steven Fazzari, R. Glenn Hubbard and Bruce Petersen, 'Financing Constraints and Corporate Investments', *Brookings Papers on Economic Activity*, no. 1, 1988., p. 141

9 Sir William Thompson (Baron Kelvin of Largs), Lecture on 'Electrical Units of Measurement' (delivered 1883), *Popular Lectures and Addresses*, Volume 1, Macmillan, 1889., pp. 73-4

10 Robert S. Kaplan, 'Conceptual Foundations of the Balanced Scorecard', *Working Paper 10-74*, HBSP, 2010.

5 변화 관리

1 Choe Sang-Hun, 'Yun Jong-Yong Relishes Evolution', *The New York Times*, 2005. 7. 9.

2 Peter Lewis, 'A Perpetual Crisis Machine', *Fortune*, 2005. 9. 19.

3 'Gerstner-Changing Culture at IBM', *HBS Working Knowledge*, 2002. 12. 9.

4 John Kotter and Leonard Schlesinger, 'Choosing Strategies for Change', *Harvard Business Review*, 1979. 3-4.

5 이 문장은 다음 책에서 발췌함: Richard Tedlow, *Denial: Why Business Leaders Fail to Look Facts in the Face-And What to Do About It*, Portfolio, 2010.
《CEO의 현실부정》, 신상돈 옮김, 아이비북스, 2010

6 Ronald Heifetz and Donald Laurie, 'The Work of Leadership', *Harvard Business Review*, 1997. 1.

7 Peter Guber, *Tell to Win: Connect, Persuade and Triumph with the Hidden Power of Story*, Crown Business Books, 2011., p. 149 《성공하는 사람은 스토리로 말한다》, 김원호 옮김, 청림출판, 2012

8 James Collins and Jerry Porras, 'Building your Company's Vision', *Harvard Business Review*, 1996. 10.

9 Peter Guber, *Tell to Win: Connect, Persuade and Triumph with the Hidden Power of Story*, Crown Business Books, 2011., p. 121 《성공하는 사람은 스토리로 말한다》, 김원호 옮김, 청림출판, 2012

10 해당 장의 일부는 다음의 글에서 발췌함: Delves Broughton, P., 'The winning tactic of cultural continuity', *The Financial Times*, 2010.10.11. © The Financial Times 2010. All rights reserved.

11 C.M. Christensen, M.W. Johnson and D.K. Rigby, 'Foundations for Growth: How to Identify

and Build Disruptive New Businesses', *MIT Sloan Management Review 43*, 2002. 봄, pp. 22-31

6 전략 관리

1 Gary Hamel and C.K. Prahalad, *Competing for the Future, Harvard Business School Press*, 1996. 《(게리 하멜 & C. K. 프라할라드의) 시대를 앞서는 미래 경쟁 전략》, 김소희 옮김, 21세기북스, 2011

2 Keith Naughton, 'The Happiest Man in Detroit', *Businessweek*, 2011. 2. 3.

3 Walter Isaacson, *Einstein: His life and Universe*, Simon & Schuster, 2007., p. 272 《아인슈타인》, 이덕환 옮김, 까치, 2014(개정판)

4 ——, p. 317

에필로그

1 Amy Astley와 나눈 인터뷰, 'Corner Office', *The New York Times*, 2012. 2. 4.

2 Gillian Tett와 나눈 인터뷰, 'Power With Grace', *Financial Times*, 2011. 12. 9.

3 Ken Auletta, 'A Woman's Place', *The New Yorker*, 2011. 7. 11.

관리자를 위한 추천도서 리스트

- Steven Gary Blank, *The Four Steps to the Epiphany: Successful Strategies for products that Win*, Quad/Graphics, 2005.
- W. Edwards Deming, *Out of the Crisis*, MIT Press, 2000.
- Jason Fried and David Heinemeier Hansson, *ReWork: Change the Way You Work Forever*, Vermilion, 2010. 《똑바로 일하라》, 정성묵 옮김, 21세기북스, 2011
- Tony Hsieh, *Delivering Happiness: A Path to Profits, Passion and Purpose*, BusinessPlusUS, 2012. 《딜리버링 해피니스》, 송연수 옮김, 북하우스, 2010
- Guy Kawasaki, *Reality Check: The Irreverent Guide to Outsmarting, Outmanaging, and Outmarketing Your Competition*, Penguin, 2011. 《리얼리티 체크》, 조은임 옮김, 빅슨북스, 2009
- James Dyson, *Against the Odds: An Autobiography*, Texere Publishing, 2000. 《계속해서 실패하라》, 박수찬 옮김, 미래사, 2012
- Warren Bennis, Daniel Goleman and James O'Toole, *Transparency: How Leaders Create a Culture of Candor*, Jossey Bass, 2008. 《투명성의 시대》, 배인섭 옮김, 엘도라도, 2008
- Chip Heath and Dan Heath, *Switch: How to Change Things when Change is Hard*, Random House Business, 2011. 《스위치》, 안진환 옮김, 웅진지식하우스, 2010
- Geoffrey A. Moore, *Crossing the Chasm: Marketing and Selling Technology Products to Mainstream Customers*, Capstone, 1998. 《캐즘 마케팅》, 유승삼 외 옮김, 세종서적, 2002. ; 원서 3판 번역서: 《제프리 무어의 캐즘마케팅》, 윤영호 옮김, 세종서적, 2015

— Geoffrey A. Moore, *Inside the Tornado: Strategies for Developing, Leveraging, and Surviving Hypergrowth Markets*, HarperPaperbacks, 2004. 초판 1999.
《토네이도 마케팅》, 유승삼 외 옮김, 세종서적, 2001

— Clayton M. Christensen, *The Innovator's Dilemma: When New Technologies Cause Great Firms to Fail*, Harvard Business School Press, 1997. 《혁신기업의 딜레마》, 이진원 옮김, 세종서적, 2009.

— Clayton M. Christensen, *The Innovator's Solution: Creating and Sustaining Successful Growth*, Harvard Business School Press, 2003. 《성장과 혁신》, 딜로이트컨설팅코리아 옮김, 세종서적, 2005

— Robert Cialdini, *Influence: The Psychology of Persuasion*, HarperBusiness, 2007.
《설득의 심리학》, 황혜숙 옮김, 21세기북스, 2013

— Thomas McCraw, *Creating Modern Capitalism: How Entrepreneurs, Companies and Countries Triumphed in Three Industrial Revolutions*, Harvard University Press, 1998.

— Geoff Smart and Randy Street, *Who: The A Method For Hiring*, Ballantine Books, 2008.
《누구를 어떻게 뽑을 것인가》, 전미영 옮김, 부키, 2012

— Jim Collins, *Good to Great: Why Some Companies Make the Leap ... And Others Don't*, Random House Business, 2004. 《좋은 기업을 넘어… 위대한 기업으로》, 이무열 옮김, 김영사, 2005

— Jim Collins and Morten T. Hansen, *Great by Choice: Uncertainty, Chaos and Luck-Why Some Thrive Despite Them All*, Random House Business, 2011.
《위대한 기업의 선택》, 김명철 옮김, 김영사, 2012

— Steven Levy, *In the Plex: How Google Thinks, Works, and Shapes Our Lives*, Simon & Schuster, 2011. 《In the Plex 0과 1로 세상을 바꾸는 구글 그 모든 이야기》, 위민복 옮김, 박기성 감수, 에이콘출판, 2012

— Peter Guber, *Tell to Win: Connect, Persuade and Triumph with the Hidden Power of Story*, Crown Business Books, 2011. 《성공하는 사람은 스토리로 말한다》, 김원호 옮김, 청림출판, 2012

— Michael E. Porter, *Competitive Strategy: Techniques for Analyzing Industries and Competitors*, Free Press, 2004. 《마이클 포터의 경쟁전략》, 조동성 옮김, 21세기북스, 2008

— Robert H. Waterman and Tom Peter, *In Search of Excellence: Lessons from America's Best-Run Companies*, Profile Books, 2004. 《초우량 기업의 조건》, 이동현 옮김, 더난출판사, 2005

— Tom Peters, *The Little Big Things: 163 Ways to Pursue Excellence*, HarperBusiness, 2010.
《리틀 빅 씽》, 최은수·황미리 옮김, 더난출판사, 2010

— John P. Kotter, *Leading Change*, Harvard Business School Press, 1996.
《기업이 원하는 변화의 리더》, 한정곤 옮김, 김영사, 2007

— Tom Rath, *StrengthsFinder 2.0*, Gallup Press, 2007.

— Scott Belsky, *Making Ideas Happen: Overcoming the Obstacles Between Vision and Reality*, Penguin, 2011. 《그들의 생각은 어떻게 실현됐을까》, 이미정 옮김, 중앙북스, 2011

— Peter Sims, *Little Bets: How Breakthrough Ideas Emerge From Small Discoveries*, Random House Business, 2012. 《리틀 벳: 세상을 바꾼 1천 번의 작은 실험》, 안진환 옮김, 에코의서재, 2011

— John Wooden, *Wooden On Leadership*, McGraw-Hill Professional, 2005. 《(조직을 성공으로 이끄는) 우든의 리더십》, 박기영 옮김, 이지북, 2006

— James Surowiecki, *The Wisdom of Crowds: Why the Many Are Smarter Than the Few*, Abacus, 2005. 《대중의 지혜: 시장과 사회를 움직이는 힘》, 홍대운·이창근 옮김, 랜덤하우스코리아, 2005

— Peter M. Senge, *The Fifth Discipline: The Art and Practice of the Learning Organization*, Random House Business, 2006. 《학습하는 조직》, 강혜정 옮김, 에이지21, 2014

— Gary Hamel and C.K. Prahalad, *Competing for the Future, Harvard Business School Press*, 1996. 《(게리 하멜 & C. K. 프라할라드의) 시대를 앞서는 미래 경쟁 전략》, 김소희 옮김, 21세기북스, 2011

— Peter F. Drucker, *The Practice of Management*, Butterworth-Heinemann, 2007. 《경영의 실제》, 이재규 옮김, 한국경제신문사, 2006
원서 초판 Peter F. Drucker, *The Practice of Management*, HarperCollins, 1993

— Teresa Amabile and Steven Kramer, *The Progress Principle: Using Small Wins to Ignite Joy, Engagement, and Creativity at Work*, Harvard Business School Press, 2011. 《전진의 법칙》, 윤제원 옮김, 오지연 감수, 정혜, 2013

— Robert F. Hurley, *The Decision to Trust: How Leaders Create High-Trust Organizations*, Jossey Bass, 2011.

— Mike Figliuolo, *One Piece of Paper: The Simple Approach to Powerful, Personal Leadership*, Jossey Bass, 2011.

— Bill George, *True North: Discover Your Authentic Leadership*, Jossey Bass, 2007. 《나침반 리더십》, 김중근 옮김, 청림출판, 2007

— David Allen, *Getting Things Done: The Art of Stress-Free Productivity*, Piatkus, 2002. 《끝도 없는 일 깔끔하게 해치우기》, 공병호 옮김, 21세기북스, 2011

— David Allen, *Ready For Anything: 52 Productivity Principles For Work and Life*, Piatkus, 2011. 《준비된 자가 성공한다》, 고희정 옮김, 청림출판, 2005

훌륭한 관리자의 평범한 습관들

조직을 관리하는 일, 사람을 책임지는 일

초판 1쇄 발행 2016년 3월 14일
초판 9쇄 발행 2023년 7월 4일

지은이 | 필립 델브스 브러턴
옮긴이 | 박영준
발행인 | 김형보
편집 | 최윤경, 강태영, 임재희, 홍민기, 김수현
마케팅 | 이연실, 이다영, 송신아
디자인 | 송은비
경영지원 | 최윤영

발행처 | 어크로스출판그룹(주)
출판신고 | 2018년 12월 20일 제 2018-000339호
주소 | 서울시 마포구 양화로10길 50 마이빌딩 3층
전화 | 070-5080-0459(편집) 070-8724-5877(영업) 팩스 | 02-6085-7676
이메일 | across@acrossbook.com

ISBN 978-89-97379-83-5 03320

만든 사람들
편집 | 김형보, 강태영
교정교열 | 최윤경
디자인 | ZINO DESIGN 이승욱

MANAGEMENT
MATTERS